Kant e o Poder da Imaginação

Kant e o Poder da Imaginação

Jane Kneller

Tradução:
Elaine Alves Trindade

MADRAS®

Publicado originalmente em inglês sob o título *kant and the Power of Imagination* por Cambridge University Press.
© 2007, Jane Kneller
Direitos de edição e tradução para o Brasil.
Tradução autorizada do inglês.
© 2010, Madras Editora Ltda.

Editor:
Wagner Veneziani Costa

Produção e Capa:
Equipe Técnica Madras

Tradução:
Elaine Alves Trindade

Revisão da Tradução:
Cristian Clemente

Revisão:
Maria Cristina Scomparini
Neuza Rosa
Flávia Ramalhete

Dados Internacionais de Catalogação na Publicação (CIP)
(Câmara Brasileira do Livro, SP, Brasil)

Kneller, Jane
Kant e o poder da imaginação/Jane Kneller; tradução Elaine Alves Trindade. – São Paulo: Madras, 2010.
Título original: Kant and the power of imagination.
Bibliografia.

ISBN 978-85-370-0633-7

1. Imaginação (Filosofia) 2. Kant, Immanuel, 1724-1804 I. Título.

10-10828   CDD-111.85

Índices para catálogo sistemático:
1. Kant: Imaginação: Filosofia 111.85

É proibida a reprodução total ou parcial desta obra, de qualquer forma ou por qualquer meio eletrônico, mecânico, inclusive por meio de processos xerográficos, incluindo ainda o uso da internet, sem a permissão expressa da Madras Editora, na pessoa de seu editor (Lei nº 9.610, de 19.2.98).

Todos os direitos desta edição, em língua portuguesa, reservados pela

MADRAS EDITORA LTDA.
Rua Paulo Gonçalves, 88 — Santana
CEP: 02403-020 — São Paulo/SP
Caixa Postal: 12183 — CEP: 02013-970
Tel.: (11) 2281-5555 — Fax: (11) 2959-3090
www.madras.com.br

Índice

Prefácio e agradecimentos..7
Introdução 9
    Panorama Geral...22
    Descrição do Livro...23
1 – Kant e o Romantismo..30
    Kant e Novalis..31
    Kant e Rousseau...42
2 – O Poder da Liberdade Imaginativa..................................49
    A Liberdade Imaginativa de Baumgarten a Kant.........50
    Imaginando o Sumo Bem..57
3 – Os Interesses do Desinteresse 73
    Interesse Moral e Interesse Intelectual no Belo 73
    Interesse Intelectual pela Natureza, pela Arte e por Outras Pessoas..79
4 – A Reflexão Estética e a Primazia do Prático 86
    A Primazia do Prático: Metodológico.........................87
    A Primazia da Razão Prática: Metafísica....................96
    A Primazia Mediada da Razão Prática.........................105
5 – A Falha da Imaginação de Kant 111
    Reflexão Imaginativa e Gosto 116
    O Excesso Imaginativo e o Progresso Moral 121
    A Dimensão Imaginativa da Especulação Metafísica......... 131
6 – Reflexões Imaginativas sobre o Si Mesmo em Novalis e Hölderlin..140
    O Projeto de Fichte 143

    Novalis 147
    Hölderlin 152
    Conclusão... 156
7 – O Kantismo de Novalis e o Romantismo de Kant................ 158
    O Kantismo de Novalis 160
    O Romantismo de Kant... 172
    Conclusão... 181
Bibliografia.. 183
Índice Remissivo 193

Prefácio e agradecimentos

Este livro contém um trabalho que tem sido desenvolvido nos últimos quinze anos. Durante esse tempo, fui muito auxiliada pelo encorajamento e pelos conselhos de colegas e alunos maravilhosos de diversos lugares: filósofos e estudiosos demais para serem mencionados aqui, mas talvez alguns consigam identificar suas influências em partes desta obra. Que isto seja um gesto de agradecimento e de profundo apreço por seu tempo e suas conversas profundas. Três constelações de estudiosos merecem ser citados com relação a esta publicação, todas ligadas de uma forma ou de outra ao *National Endowment for the Humanities* (NEH): O Seminário de Verão do NEH "What is Enlightenment?" [O que é o Iluminismo?], coordenado por James Schmidt na Universidade de Boston durante o bicentenário da Revolução Francesa; o *Workshop* do NEH "Figuring the Self" [Imaginando o eu], coordenado por David Klemm e Günter Zöller na Universidade de Iowa, durante o primeiro semestre de 1992; e o *NEH Summer Institute for College Teachers* [Instituto de Verão NEH para Professores Universitários] sobre *Nature, Art and Politics after Kant: Reevaluating Early German Idealism* [Natureza, Arte e Política depois de Kant: Revisitando o Pré-Idealismo Alemão], dirigido por Karl Ameriks e por mim na Universidade Estadual do Colorado em 2001. Os participantes desses encontros do NEH se mostraram verdadeiramente inspirados e inspiradores; sem eles, muito deste livro permaneceria sem ser escrito, e até mesmo incompreendido.

Sou especialmente grata aos professores do Departamento de Línguas e Literaturas Germânicas da Universidade de Cincinnati pelo período muito construtivo que passei lá fazendo meu mestrado em literatura e estética alemã. Eles foram incrivelmente tolerantes com uma *Ausländerin* da Filosofia, recém-doutorada em estética kantiana, que insistia em transformar cada trabalho em mais um ensaio de filosofia.

Agradeço especialmente a Richard Schade por me apresentar a beleza do barroco alemão, o humor do Iluminismo alemão e por confiar a mim o cargo de editora assistente no *Lessing Yearbook*. Espero que me perdoe por retornar à grei filosófica. A ideia de romantismo deste livro foi profundamente influenciada pela orientação de Hans-Georg Richert e Helga Slessarev e (como não eram muito admiradores de Kant) dedico o subitem Novalis deste trabalho à memória deles.

Vários capítulos desta obra contêm material já publicado anteriormente. Gostaria de agradecer aos seguintes editores por terem autorizado a reimpressão de trechos de: "Imaginative Freedom and the German Enlightenment", *Journal of the History of Ideas*, 51, 1990; Marquette University Press, para os textos: "The Interests of Disinterest", de *Proceedings of the Eighth International Kant Congress*, ed. Hoke Robinson, Marquette University Press, © 1995, Marquette University Press Reprinted com permissão de Marquette University Press; "The Failure of Kant's Imagination", em *What is Enlightenment?: Texts and Interpretations,* ed. James Schmidt, The Regents of the University of California, University of California Press, 1996 © 1996, University of California Press, 1996; "Romantic Conceptions of the Self in Hölderlin and Novalis", reimpresso por permissão de *Figuring the Self: Subject, Individual, and Spirit in Classical German Philosophy*, ed. por David E. Klemm e Günter Zöller, The State University of New York Press, © 1997, State University of New York, todos os direitos reservados; "Aesthetic Value and Primacy of the Practical in Kant's Philosophy", *Journal of Value Inquiry,* 36, 2002 e "Novalis' Other Way Out", em *Philosophical Romanticism*, ed. Nikolas Kompridis, Routledge, 2006.

Também devo um agradecimento especial a Hilary Gaskin, da Cambridge University Press, por seus conselhos e orientações sempre úteis durante todo o processo de publicação, e a Jackie Warren, pela maneira com que conduziu o trabalho nas fases finais de produção. O olho clínico de Barbara Docherty nos detalhes foi absolutamente inestimável para a edição do livro e gostaria de agradecê-la em particular pelo tempo e cuidado dedicados.

Finalmente, aos três filósofos mais próximos a mim – Michael, Miroslav e Rosavera: obrigada respectivamente por seu saudável ceticismo diante das afirmações sobre a objetividade, por sua atitude crítica sobre todas as doutrinas estabelecidas e por sua habilidade em transformar coisas simples em mágica. Espero que tenha assimilado parte de tudo isso, pelo menos em teoria.

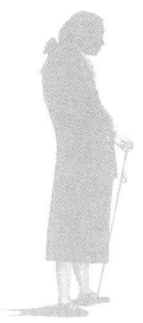

Introdução

Este livro localiza a teoria estética de Kant no contexto do conjunto da sua filosofia e também na teoria estética alemã do século XVIII. Apesar de o objetivo desta obra não ser inicialmente histórico, acho útil enquadrar a análise da teoria da imaginação de Kant historicamente, localizando suas opiniões em uma linhagem de estetas alemães que vai do pré-iluminismo até o início do Romantismo no país. Kant não costuma ser visto como um defensor dos valores didáticos da estética nem como um precursor do pré-romantismo alemão, mas os capítulos no início e no fim do livro (capítulos 1 e 7) defendem que esses são aspectos importantes do projeto estético de Kant. Ao fazer isso, situam a teoria estética de Kant entre a pedagogia estética racionalista e os primeiros estéticos românticos alemães de forma a ressaltar traços comuns dessas teorias, que no geral são bem diferentes. Dada a tendência em classificar o Romantismo como um misticismo irracional de herdeiros estranhos, ligá-lo às filosofias racionalistas pode parecer improvável. Este livro procura mostrar que o foco em certos aspectos importantes, porém negligenciados, da teoria estética de Kant abre uma janela para o elo entre essas duas perspectivas na teoria estética alemã do século XVIII. Essa ligação é o reconhecimento e a ascensão gradual do poder da imaginação.

A estética e a crítica de arte racionalistas na Alemanha antes de Kant eram limitadas por princípios rígidos em muitos aspectos, de forma que Alfred Bauemler pôde dizer de Gottsched, Bodmer, Breitinger e seus círculos que o conceito da crítica (*Kritik*), que Shaftesbury "maneja com admirável senso de humanidade, torna-se em Leipzig e em Zurique um instrumento de castigo para os pecadores poéticos".[1] Ainda

---

1. Alfred Bauemler, *Kant's Kritik der Urteilskraft* (Halle: Max Niemeyer Verlag, 1923), pp. 97-98.

que a preocupação do Iluminismo com a educação demandasse uma reconciliação, se não uma superação, da divisão entre as faculdades cognitivas "mais altas" e "mais baixas" da razão, dos sentidos, da percepção e das sensações interiores. O papel da imaginação gradualmente assume um grande significado como poder mental que interliga esses aspectos da experiência humana.² Assim, encontramos a imaginação representando um papel crucial na explicação da cognição em Kant, papel esse que é, por sua vez, adaptado e incorporado à sua teoria da beleza. Dieter Henrich destaca que, como Kant costumava ensinar a *Metafísica* de Baumgarten e no seu curso de Antropologia trabalhou diretamente a parte do texto que fala da psicologia empírica, incluindo a doutrina das faculdades cognitivas inferiores e a imaginação: "Assim, não é surpresa que Kant tivesse desenvolvido sua própria estética antes de definir os problemas que pretendia resolver na *Crítica da Razão Pura*."³ Ainda que por um tempo após escrever sua primeira *Crítica* Kant negasse a possibilidade de uma crítica do gosto – ou seja, uma crítica do poder da imaginação nos juízos sobre a beleza –, mudou de ideia uma vez que percebeu que poderia dar uma explicação dos elementos universais desses juízos, especialmente da relação *genérica* e harmoniosa entre o poder da imaginação e a compreensão, sem precisar determinar regras empíricas ou *a priori*. Henrich defende que há certa continuidade na visão da imaginação de Kant entre sua pré-crítica e a visão da crítica final que o gosto pudesse reivindicar uma justificativa *a priori*:

> Quando repensou a epistemologia da *Crítica da Razão Pura,* Kant rapidamente viu que seus teoremas epistemológicos sobre a relação entre a imaginação e a compreensão lhe permitiriam produzir uma explicação do juízo estético cujas fontes não fossem empíricas o tempo todo, mas de certa forma derivadas de uma explicação da possibilidade do nosso conhecimento dos objetos. Portanto, a nova explicação teria o *status a priori* de uma visão transcendental. Agora podemos entender por que Kant notou que poderia executar seu

---

2. Isto se torna claro na tentativa de Baumgarten de descobrir uma "lógica" especial das faculdades cognitivas inferiores, que incluía a imaginação. Bauemler destaca que Wolf já preparava o caminho para esse movimento em sua discussão sobre as "expectativas dos casos similares" (*Erwartung ähnlicher Fälle*) como uma função de interferência (indução) baseada nas faculdades cognitivas mais inferiores. *Ibid.*, pp. 188-197. Cf. também *Das Irrationalitätsproblem im ästhetischen Denken des 18. Jahrhunderts* (Halle, 1923; republicado Darmstadt: Wissenschaftliche Buchgesellschaft, 1967) por uma consideração da ascendência da imaginação nesse período.
3. Henrich, *Aesthetic Judgment and the Moral Image of the World* (Stanford: Stanford University Press, 1992), p. 33.

plano, uma vez concebido, sem grandes problemas. A maior parte do conteúdo de sua estética estava disponível para ele havia muito. As visões e os aparatos conceituais das atividades cognitivas tinham apenas de ser transferidos para um novo contexto.[4]

Kant não inventou nem mudou as ideias racionalistas das faculdades envolvidas de maneira a torná-las mais precisas, afirma Henrich. Assim, na primeira *Crítica*, Kant descreve cuidadosamente a natureza e o funcionamento da imaginação na cognição: ela opera subconscientemente, ao menos em parte, e é a *fonte* de todas as combinações realizadas pela variedade sensível, mas não das regras que regem sua atividade combinatória.[5]

A teoria estética de Kant em sua forma final ainda usa o aparato da psicologia racionalista, mas de modo mais articulado. Entretanto, ainda é possível acrescentar ao argumento de Henrich que esse refinamento da teoria da faculdade da psicologia teve consequências dramáticas para a teoria estética alemã: a nova articulação que Kant faz das funções da imaginação minou a estrutura hierárquica das abordagens racionalistas mais antigas. Na terceira *Crítica*, Kant teoriza sobre um novo tipo de relação entre a imaginação e a compreensão, no qual a primeira está "livre" da segunda – em outras palavras, a imaginação seria capaz de operar independentemente de sua função de processar o material dos sentidos dentro dos produtos da experiência por meio de conceitos *a priori*. Isso não significa que a liberdade imaginativa, nesse sentido, opere livre do pano de fundo experimental, mas simplesmente que, dentro do contexto de uma experiência já sintetizada, a imaginação pode funcionar em uma capacidade diferente para refletir sobre um complexo sensorial sem "determinar" um objeto. Em vez disso, o resultado é um tipo de sentimento.[6] Uma consequência importante da explicação

---

4. *Ibid.*, pp. 34-35.
5. *Ibid.*, p. 37.
6. Um tema importante surge aqui envolvendo a questão do papel cognitivo da reflexão. Henrich, em bases históricas, distingue reflexão do julgamento reflexivo. O primeiro é a capacidade "primitiva" da ideação inconsciente, que coincide com as operações da mente, mantendo-as distintas e permitindo uma "consciência" das operações da mente. Esse processo é discutido no contexto do gênio e da fantasia no capítulo 7 deste livro, mas o papel completo de tais processos e sua relação com os julgamentos estéticos e cognitivos não podem ser tratados aqui. Uma obra importante sobre a função anterior da reflexão foi escrita por Beatrice Longueness: *Kant and the Capacity to Judge: Sensibility and Discursivity in the Critique of Pure Reason*, trad. Charles T. Wolfe (Princeton: Princeton University Press, 1998). Veja também a discussão de Henry Allison sobre a visão de Longueness acerca da reflexão com respeito ao julgamento reflexivo, em *Kant's Theory of Taste* (Cambridge: Cambridge University Press, 2001), capítulo 1, pp. 14ff.

mais complexa de Kant sobre o funcionamento imaginativo é uma nova consideração da forma que a liberdade imaginativa contribui para uma consciência total em nós, como sujeitos individuais, das nossas próprias operações cognitivas (inclusive as morais). A teoria de Kant, portanto, destaca o fato de que o poder da imaginação produz um "sentimento de vida", tornando-nos conscientes de nós mesmos por meio do prazer que "forma a base de um poder muito especial de distinção e de juízo" (V: 204, 277). Essa noção complexa do funcionamento da imaginação é a essência do juízo estético reflexivo e toma como seu objeto (isto é, determina *a priori*) o sentimento de prazer e dor (XX: 208). Como tal, o poder da imaginação assume um papel central na mediação da teoria e da prática *a priori* (XX: 206-208).

Dar à imaginação um papel de liderança não é o mesmo que dizer que ela é a única estrela do espetáculo humano, nem Kant nunca afirmou que fosse. Mas isso, sem dúvida, abre caminho para uma guinada filosófica que nos leva a considerar a imaginação como o protagonista no palco mental humano. Essa é a ligação com o Romantismo que o refinamento da psicologia racionalista da faculdade desenvolvido por Kant possibilitou. Os primeiros teóricos do Romantismo na Alemanha adotaram a função imaginativa complexa como o conceito explanatório central na análise da subjetividade humana. Charles Larmore, em *The Romantic Legacy*, sugere que a principal influência de Kant no Romantismo foi a visão de que a mente realmente determina a experiência humana, embora não tenha sido apenas a intuição "copernicana" de Kant a ter tamanha influência no Romantismo. O Romantismo também apoiou-se mais especificamente no reconhecimento por Kant de uma atividade mental especial que (de alguma forma) se conecta com a "questão da sensação" (aquilo que é dado) e que não é em si mesma nem compreensão pura nem razão prática pura. Charles Larmore destaca que, para os românticos, a imaginação significa mais que uma faculdade de imaginação e associação, mas essencialmente "o enriquecimento da experiência por meio da expressão". No entanto, tal formulação também capta muito bem a explicação de Kant para a "liberdade" imaginativa do juízo estético reflexivo, resultando em um peculiar prazer "desinteressado" universalmente comunicável e expresso em juízos acerca do gosto e daquilo que é sublime. Larmore ainda destaca que "Normalmente os românticos consideravam a imaginação, assim compreendida, não como uma faculdade mental entre outras, e com certeza não como um mero órgão de faz de conta, mas sim como a própria essência da mente". As proposições deste livro defendem a tese de que a transição do conceito de imaginação contido na terceira *Crítica* de Kant, em que é considerada uma faculdade central e mediadora, para a visão pré-romântica da imaginação como faculdade *primária* é um passo lógico, não um salto irracional, na filosofia da subjetividade humana.

Em sua explicação do conceito de *Darstellung* (literalmente: um "colocar antes", geralmente traduzido como "representação" ou "apresentação"), Martha Helfer esboça o desenvolvimento dessa noção na filosofia de Kant como "um termo técnico que designa a mediação da imaginação entre a sensibilidade e a compreensão". Ela argumenta que essa noção kantiana da mediação imaginativa é de grande importância para o pensamento filosófico e estético subsequente:

> Assim, *Darstellung* constitui um ponto essencial de tangência entre o Idealismo e Romantismo alemães, e a exploração crítica dessa noção kantiana de representação em várias disciplinas origina uma interação tremendamente produtiva entre filosofia, estética, literatura e teoria linguística no discurso crítico alemão por volta de 1800.[7]

Helfer argumenta que o conceito de *Darstellung* cria problemas para Kant de três maneiras relacionadas. O primeiro deles é o coração do problema, e resulta do fato de a síntese imaginativa na cognição ser, para Kant, "uma arte escondida nas profundezas da alma humana":

> há uma rachadura na junção principal do argumento de Kant em favor da unidade sintética subjacente à intuição e à compreensão da cognição [...] Uma vez que a unidade sintética da percepção está além dos limites da *Crítica* transcendental, o sujeito sensível não pode representar-se a si mesmo como realmente é, como sujeito moral racional. O fato de a razão impor tais limites ao escopo da pesquisa filosófica revela o terceiro problema que Kant encontra: o problema da apresentação ou representação retórica de seu sistema filosófico.[8]

Explorarei o nível no qual o próprio Kant viu esses aspectos de sua explicação da mediação imaginativa, ou o reflexo disso como "colapsos" em seu sistema, no capítulo 5. Helfer está bastante certa ao compreender a ideia que Kant faz da (re)apresentação como uma mediação imaginativa, mas não está claro se ele estava preocupado em dar uma explicação sobre o fundamento ou a fonte subjacente dessa

---

7. Martha Helfer, *The Retreat of Representation: The Concept of Darstellung in German Critical Discourse* (Albany: State University of New York Press, 1996), p. 10.
8. *Ibid.*, p. 11.

faculdade, nem que achasse necessário fornecer uma teoria unificada da subjetividade em um sentido mais forte. Se a reflexão imaginativa, como proponho no capítulo 4, deve ser vista como o desempenho da tarefa de mediação no sentido de fornecer uma interface ou uma ponte entre a afetividade e a razão de modo que os seres humanos possam passar de um aspecto de si para outro, isso não implica que na mente de Kant, pelo menos, essas aporias sejam tão problemáticas como os próprios românticos chegaram a acreditar. Lacoue-Labarthe e Nancy, bem como Andrew Bowie e outros que veem Kant como um catalisador para o Romantismo, também tendem a enfatizar a falta de uma explicação profunda para a unidade entre o sujeito e o objeto, exigências morais e leis naturais, e a prática e a teoria como um trampolim para a filosofia romântica. Portanto, Bowie, como Helfer, argumenta que Kant deixou um grande problema não resolvido em sua teoria graças à sua incapacidade de dar uma explicação para o conhecimento da liberdade ao mesmo tempo em que impunha a necessidade de agir de acordo com uma crença existente dentro desse conhecimento: "Tanto nas partes práticas como nas teóricas de sua filosofia, Kant deixa uma lacuna bem onde o princípio mais importante está localizado".[9] Lacoue-Labarthe e Nancy explicam a dívida romântica para com Kant, por meio de raciocínios parecidos, como o problema que chamam de "enfraquecimento do sujeito" resultante da negação de Kant da possibilidade de uma "Intuição original" – isto é, uma intuição que produz para si mesmo "aquilo que é dado":

> Como resultado, tudo que sobra do sujeito é o "Eu" como uma "forma vazia"... que "acompanha minhas representações". Isso se deve à forma do tempo, que é a "forma do sentido interno" que não permite apresentação *substancial*. Como se sabe, o "cogito" kantiano é vazio.[10]

Lacoue-Labarthe e Nancy veem a valorização da moral de Kant como um tipo de compensação para o sujeito cognitivo enfraquecido, mas aqui, novamente, o problema torna-se uma das realidades do sujeito: "Como um sujeito moral, em resumo, o sujeito não recupera sua substância. Muito pelo contrário, a questão da sua unidade, e, portanto,

---

9. Andrew Bowie, *Aesthetics and Subjectivity: From Kant to Nietzsche* (Manchester: Manchester University Press, 1990), p. 22.
10. Philippe Lacoue-Labarthe e Jean-Luc Nancy, trad. Philip Barnard e Cheryl Lester, *The Literary Absolute: The Theory of Literature in German Romanticism* (Albany: State University of New York Press, 1988), p. 30.

do seu próprio 'ser-sujeito', é levada a um campo de alta tensão". Essa tensão também é referida por eles como a mais dramática de todas, a "crise" que os românticos consideram como seu ponto de partida.[11]

Todos esses estudiosos estão absolutamente certos ao apontar com precisão esses temas como catalisadores do Romantismo; contudo, ao dramatizarem o problema como uma "lacuna" ou "crise", tendem a subestimar o grau para o qual a geração mais nova dos filósofos poéticos adaptaram e desenvolveram algumas das melhores tentativas de Kant de solucionar esses problemas. Lacoue-Labarthe e Nancy reconhecem que Kant realmente tentou resolver o problema na terceira *Crítica*, mas consideram essa solução falha graças à natureza meramente regulatória dos princípios de Kant que dependem de sua tentativa de unificar a subjetividade. Contudo, no caso de Novalis, pelo menos, a natureza regulatória da filosofia era exatamente tudo o que a filosofia poderia ser, o que, para ele, não era um problema em si. Helfer, por sua vez, comentando o fato de Novalis ver a filosofia solucionada em forma de "poesia", enfatiza que "Entretanto, a poesia não suplanta a filosofia no programa estético de Novalis: 'Sem a filosofia, a poesia é incompleta [...] (II: 531, nº 29)'".[12] Um dos objetivos mais importantes deste livro é mostrar que as soluções do próprio Kant avançaram bastante em direção às opiniões de Novalis e dos pré-românticos: a teoria de Kant permitiu que se considerasse a importância da imaginação criativa e reflexiva em geral como uma fonte possível para a realização de mudanças reais no mundo.

A fundamentação desse ponto exige não só um olhar cuidadoso para as visões de Kant sobre o poder da imaginação e das suas funções para além dos juízos de gosto, mas também uma visão menos limitada do Romantismo. Boa parte da argumentação deste livro gira em torno da consideração do pré-romantismo alemão como uma posição filosófica; mais que isso, uma visão suficientemente perto em espírito da posição contraespeculativa do kantismo para ser capaz de ligar-se a ele com facilidade. Trabalhos recentes firmaram esta visão em sólidos estudos. Os filósofos e os teóricos de crítica literária estão há muito desfazendo a caricatura dos pré-românticos alemães como irracionalistas místicos, e a opinião um tanto tradicional de que o primeiro e o último período do romantismo alemão são completamente diferentes filosoficamente.[13]

---

11. *Ibid.*, pp. 31-32.
12. Helfer, *The Retreat of Representation*, p. 88.
13. O trabalho mais influente nesse tema é o de Manfred Frank, *Einführung in die Frühromantische Ästhetik* (Frankfurt am Main: Suhrkamp Verlag, 1989), trad. Elizabeth Millán-Zaibert como *The Foundations of Early German Romanticism* (Albany: SUNY Press, 2004).

Ao mesmo tempo, têm brotado ao longo dos últimos 25 anos novos estudos que tratam a filosofia de Kant em uma grande variedade de formas que vão além da primeira *Crítica* e sua teoria moral como é conhecida, embora malcompreendida algumas vezes, resumidas em *Fundamentos da Metafísica da Moral*.[14] A teoria política de Kant, seus estudos sociais e antropológicos, sua teoria da história e sua abrangente abordagem metodológica têm sido temas de interesse, pesquisa e análise textual minuciosa em vários idiomas e círculos de estudiosos.[15] O

Cf. também a introdução de Karl Ameriks para o *The Cambridge Companion to German Idealism* (Cambridge: Cambridge University Press, 2000), p. 13: "The greatest problem for the philosophical appreciation of German Romanticism may be simplez the word romanticism itself". Parte III sobre "Idealismo e Romantismo" é uma introdução resumida muito útil para o *Frühromantik*. Surgiram vários textos traduzidos dos escritos filosóficos dos pré-românticos alemães, incluindo até o meu *Novalis: Fichte Studies* (Cambridge: Cambridge University Press, 2003) e uma edição em inglês de *Allgemeine Brouillon* de Novalis, ed. David Wood, será lançada pela SUNY Press (2007). A edição de Jay Bernstein do *Classic and Romantic German Aesthetics* (Cambridge: Cambridge University Press, 2003) inclui seleções dos primeiros teóricos alemães sobre arte (Lessing, Moritz) e dedica grande parte aos trabalhos de Hölderlin e Novalis, bem como a Schiller e Friedrich Schlegel. A edição dos trabalhos de Frederick Beiser referentes a essa tradição, *The Early Political Writings of the German Romantics* (Cambridge: Cambridge University Press, 1996), bem como sua importante contribuição para a história político-filosófica da época em *Enlightenment, Revolution and Romanticism* (Cambridge, MA: Harvard University Press, 1992), presta testemunho para um crescente interesse filosófico nos pré-românticos alemães. Ao mesmo tempo, o interesse filosófico literário nesses pensadores está em crescimento com trabalhos como *Representation and Its Discontents: The Critical Legacy of German Romanticism* de Azade Seyhan (Berkeley: University of California Press, 1992) e *From Romanticism to Critical Theory: The Philosophy of German Literary Theory* de Andrew Bowie (London: Routledge, 1997), sendo dois ótimos estudos nessa área.

14. Um enorme interesse recentemente sobre a estética de Kant pode ser visto em novas traduções da terceira *Crítica* (incluindo até uma nova tradução do título do próprio livro) e em vários importantes trabalhos interpretativos em língua inglesa sobre *Crítica do Juízo* que também dedica a mesma atenção à teoria estética (John Zammito – *The Genesis of Kant's Critique of Judgment*, Chicago: University of Chicago Press, 1992, é um bom exemplo). Estudos em língua inglesa sobre a teoria estética de Kant têm a tendência de centrar a atenção à teoria do gosto de Kant na *Crítica do Juízo Estético*, a primeira metade de sua *Crítica do Juízo*. O memorável tratamento de Paul Guyer, *Kant and the Claims of Taste* (Harvard University Press, 1979), juntamente com outros, menos compreensíveis, foram característicos nesse aspecto. Um trabalho mais recente abordou a relação da moral e da estética, principalmente o trabalho de Guyer *Kant and the Experience of Freedom: Essays on Aesthetics and Morality* (Cambridge: Cambridge University Press, 1993). O *Kant's Theory of Taste* de Henry Allison (veja nº 6) dedica um capítulo à ligação entre moral e a teoria do gosto em Kant. O *The Role of Taste in Kant's Theory of Cognition* de Hannah Ginsborg (New York: Garland Press, 1990) observa a relação entre a estética e o conhecimento, como também faz Christel Fricke em *Kants Theorie des reinen Geschmacksurteils* (A Teoria de Kant do Julgamento Puro do Gosto, Berlim: de Gruyter, 1990).

15. O excelente livro sobre a gênese da terceira *Crítica* de John Zammito (veja nº 14) liga-o à sua *Antropologia* bem como para a geração mais jovem dos "idealistas estéticos". As obras em língua inglesa que lidam com os escritos políticos de Kant e sua ligação a

foco em trabalhos de Kant filosoficamente "menos importantes" que, todavia, foram escritos durante o período crítico tem sido muito útil para preencher lacunas, explicar inconsistências e, talvez o mais importante, em muitos casos corrigindo caricaturas comuns ao revelar a complexidade das teorias de Kant. Allen Wood talvez tenha ido mais longe que qualquer outro estudioso nesta matéria.[16] Ao concentrar-se especialmente nos escritos de Kant sobre religião e história, ele se opõe a muitas críticas-padrão contra Kant, mostrando a compatibilidade entre a teoria moral de Kant e as explicações materialistas e naturalistas do desenvolvimento, do progresso e da cultura humana. Ao explicitar cuidadosamente os detalhes da concepção teleológica de Kant da natureza e da humanidade e a sua reconstrução da explicação kantiana da coordenação entre a "finalidade da natureza" e as finalidades racionais humanas da promoção da cultura, Wood desmonta as críticas da teoria moral de Kant que a veem orientada em direção a uma esfera *noumenal* externa à natureza, individualista em suas propostas, e insensível às condições materiais humanas do seu rigor. Um resumo completo da totalidade da explicação de Wood foge do escopo desta introdução, mas podemos esboçar a sua estrutura dizendo que o argumento depende do aparato natural como catalisador inicial do desenvolvimento cultural humano. A já conhecida noção de Kant sobre a "sociabilidade associal" abarca a progressão das espécies em direção à liberdade, à igualdade e à comunidade cada vez maiores a partir das inclinações egoístas naturais e as batalhas sociais resultantes delas. O progresso social humano deve ser interpretado (segundo regras) como um propósito da natureza: "O propósito da Natureza exige que os seres humanos se elevem em

---

temas sobre a teleologia inclui Patrick Riley, *Kant's Political Philosophy* (Totowa, NJ: Rowman & Littlefield, 1983), Yirmiahu Yovel, *Kant and the Philosophy of History* (Princeton: Princeton University Press, 1980) e Thomas Auxter, *Kant's Moral Teleology* (Macon, GA: Mercer University Press, 1982). Estudos importantes sobre os escritos antropológicos de Kant incluem trabalho, além de Allen Wood, de Holly Wilson, Robert B. Louden, Patrick R. Frierson, entre outros. Exemplos representativos de alguns de seus trabalhos estão incluídos em B. Jacobs e P. Kain, *Essays in Kant's Anthropology* (Cambridge: Cambridge Unversity Press, 2003). John Zammito traça o desenvolvimento histórico do conceito no caso de visões conflitantes de Herder e Kant, em *Kant, Herder and the Birth of Anthropology* (Chicago: University of Chicago Press, 2002). Reinhard Brandt e Werner Stark publicaram trabalhos importantes sobre a *Antropologia* de Kant e foram responsáveis pelo crescente interesse nessa área graças ao trabalho detalhista na compilação e edição em Kant Archiv at the Philips-Universität, Marburg, as anotações dos estudantes da palestra nas aulas de Antropologia de Kant. O livro *Lectures on Kant's Political Philosophy* de Hannah Arendt é uma das tentativas mais conhecidas de ligar a teoria estética de Kant à teoria política (Chicago: University of Chicago Press, 1982).
16. Cf. seu *Kant's Ethical Thought* (Cambridge: Cambridge University Press, 1999).

certo ponto da tutela da natureza e comecem a determinar finalidades coletivas e racionais" (p. 298). Wood dá uma explicação convincente da relação que Kant vê entre a natureza e a razão humana em termos de seus fins:

> Como os humanos são os únicos seres da natureza capazes de determinar um fim último, podem ser considerados como o fim definitivo da natureza na medida em que determinam um fim derradeiro. A Natureza não tem um fim último a não ser *graças* aos seres humanos; ou, o que vem a ser a mesma coisa, não existe um fim último *até que os seres humanos tenham o seu* quando determinam um [...] A filosofia da história de Kant pode ser vista como uma teodiceia ou teoria da providência divina, como ele próprio geralmente diz. Mas, se for assim, é uma grande novidade e talvez pouco ortodoxa. Na visão de Kant, o plano da providência permanece incompleto até que *nós, seres humanos,* o completemos (p. 311).

O problema da instituição de uma ordem social justa – o "sumo bem" que Kant diz ser um mandato direto da moral – implica a exigência aparentemente impossível de que nós mesmos combinemos os fins naturais com fins morais de forma que, em resumo, a bondade moral e a felicidade sejam sistematicamente proporcionais. Wood destaca que essa exigência da proporcionalidade sistemática dos fins naturais e racionais não é apenas uma característica "arquitetônica" barroca da teoria de Kant, mas fundamental para a sua ética. Kant insiste que a lei moral exige que os humanos, como espécie, tentem criar esse sistema como o único meio de garantir o progresso sistemático em direção à moralidade. Baseando-se em *Religião dentro dos limites da razão pura*, Wood argumenta que para Kant "A busca da moral própria pode ser distinguida do progresso moral da raça humana, mas [Kant argumenta que] os dois fins estão necessariamente relacionados. Os seres humanos devem ingressar em uma comunidade livre para realizar a tarefa". E acrescenta, "O progresso moral da raça humana, na visão de Kant, é apenas possível por meio de uma extensão progressiva dessa comunidade moral livre para mais e mais pessoas, até que ela, por fim, abranja toda a raça humana" (p. 315). O problema com essa exigência é que ela pede que o indivíduo se comprometa com um projeto que apenas a espécie como um todo pode realizar. Isso leva, na teoria moral de Kant (V: 114ff), para os (mal) afamados postulados de Deus e da imortalidade, crença em que está a condição necessária para a esperança racional que cada indivíduo necessita para carregar nos ombros a sua parte do fardo dessa enorme ordem. Esse tema é examinado em mais detalhes no capítulo 2. Contudo, destacarei aqui apenas que Wood explica a atração de Kant pelos postulados de Deus e da imortalidade como forma de mudar a esperança não para o "além", por esperança, mas para que possa existir uma comunidade humana iluminada de fiéis livres, que não está associada à coerção do estado.

Wood corretamente destaca que a comunidade da fé racional que Kant previu está, até agora, distante da realidade social de nossa época e é praticamente impossível ver como alguém poderia criar coragem e carregar a reforma social em qualquer comunidade religiosa "realmente existente". Wood defende a compreensão histórica da situação de Kant: em uma era de reservado otimismo iluminista, Kant tinha razão em esperar pela formação de uma comunidade religiosa racional e declarada livremente. Interpretar Kant dessa forma pode sugerir um tipo de ideal socialista, e tal sugestão não está fora de propósito, argumenta Wood, caso não se espere uma mudança cataclísmica:

> tal visão seria kantiana ao acreditar que, se vamos cumprir nossa vocação coletiva histórica, precisaremos encontrar (ou inventar) uma forma de comunidade ética capaz de gradualmente reformular nossa vida social profundamente corrupta ao revolucionar e unir os corações dos indivíduos por meio de uma força livre da razão. Para Kant, entretanto, a raça humana não pode mais esperar cumprir essa vocação moral distante da religião organizada, assim como não pode esperar atingir a justiça por meio da anarquia (p. 320).

Creio que a explicação de Wood mostra quão problemático o "postulado" religioso se tornou e, assim, como é improvável para as pessoas envolverem-se de coração e mente para pôr em prática a mudança nas sociedades contemporâneas. Se a religião, mesmo em uma versão "socialista", é a única comunidade alternativa e um público racional não pode mais considerar pertencer a ela, então uma nova visão tem de ser possível, ou o progresso moral está condenado. Mas se for verdade que não podemos ter esperança em uma mudança apocalíptica, não é igualmente impossível, após décadas e séculos de possibilidades encerradas e reformas sociais devastadas, racionalmente ter esperança de uma mudança gradual a longo prazo? Quero propor, nos capítulos a seguir, que a teologia natural de Kant fornece um "plano B" para o caso de a visão moral tornar-se nebulosa. A eventual experiência da beleza disponível e seus interesses presentes, produzidos por meio da imaginação criativa, também podem possibilitar a indivíduos desesperados que se juntem a outros em comunidades que visam à mudança. Se não houver um modelo disponível em um determinado momento, pelo menos é possível moldar uma nova comunidade na imaginação e, como artistas de qualquer veículo, encontrar formas de "expressar" essa comunidade em uma experiência concreta. Para mim, essa é a promessa moral da liberdade imaginativa e o verdadeiro poder da imaginação em Kant.

Voltando à teoria estética de Kant, podemos dizer que ela é um caminho útil e interessante para resolver algumas das dificuldades que sua teoria moral causa às teorias do progresso social. O interesse na relevância da teoria estética de Kant para o restante do seu sistema é certamente crescente, ainda que muito do seu trabalho até hoje tenha sido focado predominantemente no juízo de gosto puro e no sublime.[17] Por sua vez, os capítulos neste livro destacam o papel do poder da imaginação como uma atividade criativa e os interesses a que essa atividade dá origem. Portanto, apesar de este livro discutir em detalhes a natureza do juízo desinteressado "puro" do gosto, com algum detalhe, em vários subitens, dou destaque à explicação de Kant na terceira *Crítica* ao juízo *interessado* que Kant diz que pode produzir o desinteresse estético e ao papel da imaginação em tais juízos. Concentro-me na elevação da função da imaginação de Kant para o *status* de faculdade criativa e para sua explicação em textos "menores" (*Antropologia* e ensaios "ocasionais") sobre os perigos e o potencial desse poder. Os capítulos que seguem, portanto, não disputam a afirmação da autonomia dos juízos de gosto puros, ponto que Kant repisa bem. Na verdade, concentro-me nos juízos interessados da reflexão estética, dependentes do juízo "puro" da visão reflexiva estética que engloba um reino da experiência humana independente do juízo cognitivo moral e do seu papel de condição para os interesses envolvidos. Esses capítulos focam formas específicas nas quais a noção da independência imaginativa serve a propósitos maiores para que Kant descreva uma faculdade mediadora entre o "é" da natureza e o "deve ser" da moral. A este respeito, elaboram um tema

---

17. O trabalho detalhado de Felicitas Munzel mostrando como o caráter moral é escolhido, desenvolvido e mantido via uma interação complexa com a moral, a pedagogia e a estética é parecido com o que estou fazendo aqui. Entretanto, o foco dela está essencialmente na formação do caráter moral no indivíduo e sua análise do papel da estética nesta formação está no papel do gosto no sentimento. Os capítulos neste livro focam mais o papel que a imaginação representa na produção desse sentimento e o papel que o sentimento (de esperança) representa ao apoiar a moral social. Felicitas Munzel, *Kant's Conception of Moral Character: The "Critical" Link of Morality, Anthropology, and Reflective Judgment* (Chicago: University of Chicago Press, 1999).

que é muito discutido em *Imagination and Interpretation in Kant*, de Rudolf Makkreel, dizendo que a "imaginação é um poder que tanto exibe quanto supera os limites da experiência".[18] Esse livro foi em muitos aspectos pioneiro nos estudos da estética kantiana pela amplitude e pela profundidade das análises do papel da imaginação e a tese de que o juízo reflexivo é juízo interpretativo. As interpretações de Makkreel considerando Kant um proto-hermenêutico trouxe à luz aspectos da teoria do juízo estético de Kant que antes eram ignorados, e seu trabalho liga a erudição de Kant que foca os aspectos teóricos de duas visões sociais e culturais com outras explicações filosóficas dessa ligação com o Romantismo. Entretanto, um problema dessa visão é que Kant parece querer dar um tipo de privilégio sistemático à razão prática sobre todos os outros tipos de experiência. Os capítulos deste livro defendem a visão de que a imaginação no juízo reflexivo serve como um poder (de mediação) igualmente importante, combatendo explicitamente visões influentes que pressupõem a "primazia da prática" em Kant.

Por fim, o trabalho a seguir considera e responde outro problema para a visão de que a imaginação pode ser compreendida como uma faculdade central na explicação de Kant: a acusação de algumas correntes pós-modernistas ou pós-iluministas, e algumas feministas,[19] de que a filosofia de Kant não pode de fato avaliar a imaginação em razão da sua antipatia filosófica, e mesmo cultural e pessoal, com a afetividade e o reino da emoção e do sentimento. Esse tema tem recentemente ganhado destaque em textos como a antologia editada por James Schmidt, *What is Enlightenment? Eighteenth Century Answers and Twentieth Century Questions*.[20] Considero sérios esses argumentos, debatendo no final que Kant é, mesmo assim, muito menos hostil à importância da liberdade imaginativa do que às vezes parece ser.

Portanto, creio que a compatibilidade entre Kant e o pré-romantismo alemão está não só em suas reais inovações filosóficas com respeito à natureza da imaginação e da sua liberdade, mas também, de certa

---

18. Rudolf A. Makkreel, *Imagination and Interpretation in Kant: The Hermeneutical Import of the Critique of Judgment* (Chicago: University of Chicago Press, 1990).

19. Para uma crítica feminista de Kant sobre essas linhas, veja Robin May Schott, *Cognition and Eros: A Critique of the Kantian Paradigm* (University Park, PA: Pennsylvania State University Press, 1988), e também "The Gender of Enlightenment", em *Feminist Interpretations of Immanuel Kant*, ed. Robin May Schott (University Park, PA: Pennsylvania State University Press, 1997), pp. 319–37. Minha "The Aesthetic Dimension of Kantian Autonomy" (pp. 173–189) in *Feminist Interpretations* tenta determinar alguns desses assuntos em termos da teoria estética de Kant e pelo contraste com a resposta de tal crítica de Onora O'Neill, em *Constructions of Reason* (Cambridge: Cambridge University Press, 1989).

20. Riverside: University of California Press, 1996.

forma, vejo uma compatibilidade de tom entre as suas teorias estéticas. Em outras palavras, Kant não está livre da sensibilidade irônica do pré-romantismo, como se costuma pensar quando nos baseamos nas explicações-padrão e unilaterais tanto acerca de Kant como acerca do pré-romantismo alemão.

Panorama Geral

O livro é composto de uma série de capítulos; cada um deles lê a teoria estética de Kant como uma mediação entre sua teoria moral e sua explicação do conhecimento humano. A chave para esta interpretação é a concepção de Kant do poder da imaginação e, especialmente, do que chamo de poder "transformador" da imaginação que Kant desenvolve pela primeira vez apenas na terceira *Crítica*. Defendo aqui que o juízo reflexivo estético vai além das metas mais limitadas da dedução e da análise dos juízos de gosto da terceira *Crítica*. A estética de Kant debate os interesses que se ligam ao juízo reflexivo estético que ultrapassam seu valor puramente estético.

Entretanto, ler a estética kantiana como parte de um projeto moral maior esbarra em certas dificuldades, pode-se até dizer "hostilidades", dentro da explicação da imaginação de Kant. Ele frequentemente expressa uma visão obscura da faculdade da imaginação que pode talvez ser classificada como extrafilosófica, mas que, no entanto, vai contra a possibilidade de considerar as capacidades imaginativas humanas como ponto central das preocupações kantianas morais e sociais. No capítulo 5, abordo críticas da motivação de Kant ao caracterizar a imaginação como faculdade subordinada, ou como misteriosa e até mesmo perigosa. Esse capítulo discute que, afinal, tais críticas podem ser contra o fato de que a atitude de Kant em relação ao poder imaginativo criativo "indisciplinado" não era sempre negativa. Sua defesa do "entusiasta" e seu caso de amor confesso com a metafísica têm uma contínua influência em sua filosofia que ressurge, afirmo, em tentativas esporádicas de encontrar um lugar seguro para a metafísica especulativa em seu sistema filosófico completo.

Por fim, tendo em conta essa interpretação da teoria estética de Kant, defendo a afirmação (feita a partir de fundamentos históricos no capítulo 2) de que há uma continuidade sólida entre os valores iluministas do trabalho crítico de Kant e os valores do pré-romantismo alemão. O foco principal aqui é a figura paradigmática central desse movimento, Friedrich von Hardenberg, conhecido como Novalis. Ele era aluno e amigo de Schiller em Jena e, com os outros membros do chamado "círculo romântico de Jena", tomou partido no debate vigoroso sobre a revisão do kantismo que Fichte empreendia. Além disso, foi em Jena que a filosofia de Kant se tornou o foco da discussão filosófica, graças ao enorme sucesso das obras de divulgação publicadas por Reinhold no fim da década de 1780 e início de 1790 naquela universidade. Obras recentes têm enfatizado a importância de Jena como o primeiro local de estudo e discussão prolongados sobre a filosofia de Kant, bem como a sua relevância para o desenvolvimento das ideias de Fichte e mais tarde do idealismo alemão (veja Karl Ameriks, *Kant and the Fate of Autonomy: Problems in the Appropriation of the Critical Philosophy*).[21] Contudo, pouco foi escrito sobre o trabalho de Kant para a filosofia dos pré-românticos alemães, que estavam no centro do debate sobre o kantismo em Jena naquela época. Os capítulos 6 e 7 deste livro trazem um diálogo entre esses dois filósofos notáveis por meio da exploração da recepção de Kant por Novalis e do próprio interesse de Kant em questões relacionadas com o papel da imaginação na unificação da natureza e da moral no sujeito humano. Essas questões, e algumas das respostas de Kant, penso, tornaram-se o ponto central do projeto romântico.

Descrição do Livro

O capítulo 1, "Kant e o Romantismo", introduz o tema geral do livro: a teoria da imaginação de Kant não está demasiado distante da definição de "romantização" de Novalis. Ao mostrar o que Novalis quis dizer com esse termo, e quanto esse diverge das representações distorcidas e estereotipadas do Romantismo como algo místico e sobrenatural, preparo o terreno para abordar as visões de Kant sobre as ideias ditas "místicas", como aquela do "suprassensível". Da mesma forma, essa "romantização" para Novalis é um processo tanto de reconhecimento do comum no misterioso quando de desmistificação do extraordinário, argumento que as visões de Kant também levam em conta durante esse procedimento dicotômico. O compromisso de Kant com a possibilidade de expandir e desenvolver nossos poderes mentais é discutido, juntamente com a influência de Rousseau na sua visão geral sobre o valor da recriação de nós mesmos e do nosso mundo.

Os capítulos 2 a 4 examinam as opiniões estéticas de Kant no contexto histórico e situam-nas também no contexto maior da sua filosofia como um todo. O capítulo 2, "O poder da liberdade imaginativa",

---

21. Cambridge: Cambridge University Press, 2000.

prepara terreno explorando o conceito de liberdade na teoria estética da Alemanha começando por Baumgarten. Em particular, abordamos as três explicações, surgidas entre o começo e a metade do século XVIII na Alemanha, da liberdade da imaginação que podem ser tidas como precursoras das ideias de Kant: as explicações de Baumgarten, Bodmer e Breitinger e a de Lessing. Defendo que a teoria de Kant relaciona essas primeiras teorias mais didáticas com a estética visionária de Schiller e outros poetas pré-românticos. A base para isso é o novo papel que Kant determina para a imaginação na terceira *Crítica*, em que argumenta que ela é capaz de transformar a natureza e exibir ideais humanos de forma concreta. Em razão dessas exposições que forneceriam uma base para a esperança racional quando dirigidas a ideais sociais, defendo que isso é possível no pensamento mais tardio de Kant, a fim de fundamentar uma esperança racional com a criação de um mundo justo em tais visões imaginativas. Esse movimento excluiria a necessidade de uma reintrodução questionável da metafísica na forma de postulados de Deus e imortalidade que provaram ser tão problemáticos para Kant; isso também sugere a possibilidade de uma ética kantiana menos hostil à imaginação e à sensibilidade.

O capítulo 3, "Os interesses do desinteresse", vai, por sua vez, da estrutura histórica da estética de Kant para a teoria em si. Nele, lido com a noção kantiana do juízo puro do gosto, ou o juízo sobre a beleza, à luz de sua afirmação de que o elemento central de sua justificativa para tais juízos – a comunicabilidade universal dos sentimentos "desinteressados" do prazer – "já deve carregar consigo um interesse" pelos seres humanos. Esse capítulo examina a explicação de Kant sobre a natureza desses interesses e segue essa linha de discussão para mostrar o seu potencial de estabelecer uma relação entre a moral e a sensibilidade. Na medida em que Kant é capaz de defender uma tese por uma analogia próxima entre a estética e o interesse moral, pode também defender uma transição psicológica do primeiro para o segundo. Graças a isso, ele poderia fazer do "amor ao belo", e da adaptação das condições onde pode ser experimentado por todos, um tipo de imperativo moral. O capítulo, pois, explora os caminhos nos quais o conceito de Kant dos interesses da reflexão desinteressada na beleza e sua visão sobre o gênio podem levar a uma valoração mais alta da arte e até mesmo a uma materialização que vai além daquilo que o próprio Kant esperava.

O capítulo 4, "A reflexão estética e a primazia da prática", enfoca sob outro aspecto a discussão sobre a teoria do belo, em um papel maior daquele que a estética de Kant representa dentro da teoria kantiana do valor. Tendo defendido com base nos textos e na história um papel sistemático mais relevante para o juízo estético, passo a abordar o maior desafio para essa interpretação: o fato de a filosofia crítica de Kant voltar-se para a "primazia da prática" e dever ser interpretada como um sistema dentro do qual todo valor acaba derivando de uma razão prática. Onora O'Neill e Christine Korsgaard deram explicações eficientes e influentes sobre a primazia metodológica da razão prática na filosofia de Kant, que li e critico. Mesmo assim, se as explicações da primazia metodológica são inadequadas, é possível que a razão prática seja primordial para uma completa explicação kantiana da avaliação humana em algum outro sentido. Logo, volto-me para a explicação de Karl Ameriks para aquilo que rotulei como primazia "metafísica" da razão prática, bem como para as diferentes abordagens de Richard Velkley e Susan Neiman sobre o tema da unificação da razão. Finalmente, defendo um entendimento alternativo da estrutura da filosofia de Kant, que não está fundamentado nem é comandado pelo princípio da primazia do juízo prático. O capítulo alega que a filosofia de Kant é mais bem compreendida como uma tentativa de ampla explicação da natureza (como conhecida pelos seres racionais e tangíveis) e da moral (como praticada por agentes racionais) mediadas por uma imaginação reflexiva livre. A unificação dessas explicações, afirmo, é realizada não ao se colocar uma sob a jurisdição da outra, como a primazia das explicações práticas sugere. Em vez disso, os dois domínios são mediados e, apenas neste sentido, "unidos" pelo juízo estético reflexivo e o valor da esperança para a qual ele dá origem.

No capítulo 5, "A falha da imaginação de Kant", abordo um desafio para qualquer interpretação que tente centralizar uma explicação da experiência humana na teoria de Kant ao redor da faculdade da imaginação. O desafio foi conhecidamente esboçado por Heidegger e retomado recentemente por Gernot e Hartmut Böhme, bem como por algumas filósofas feministas. Ele consiste, em poucas palavras, na afirmação de que Kant era de *per si* incapaz de dar tamanha importância à faculdade da imaginação. Prova disso seria a interpretação de Heidegger para a segunda edição de *Dedução das Categorias,* em que Kant poria a capacidade imaginativa abaixo da faculdade do Entendimento. Os Böhme concordam e levam o argumento da primeira *Crítica* para a terceira, afirmando que até aqui, em sua teoria do gosto, Kant relega o papel da imaginação a um mero "jogo". O capítulo 5 examina essas críticas e responde argumentando que a explicação da imaginação na terceira *Crítica* vai muito além da teoria do gosto e da crítica das belas artes. Defendo que a explicação de Kant do Ideal do belo e das ideias estéticas sugere um papel importante para a imaginação no desenvolvimento moral, bem como seus comentários sobre a importância do entusiasmo moral, apresentados em suas palestras sobre Antropologia e no último ensaio, "Ressurge uma antiga questão: estará a raça humana em constante progresso?" O capítulo termina com uma discussão de quanto o próprio Kant se opunha à atitude metafísica no filosofar. Nele, argumento que, de fato, Kant não era antipático ao *desejo* por uma explicação unificada da subjetividade – na verdade, encontrou um lugar para ela em sua teoria estética.

O capítulo 6, "Reflexões imaginativas do si mesmo em Novalis e Hölderlin", retoma a questão da imaginação e da subjetividade na obra poética e filosófica dos pré-românticos alemães, defendendo uma continuidade entre a última e as visões da terceira *Crítica* de Kant sobre o poder imaginativo. Nele, expomos o afastamento de Novalis e Hölderlin da tentativa de Fichte em explicar o si mesmo apresentando necessariamente um fundamento definitivo ou uma explicação fundamental de sua unidade. Sustentamos que as explicações de Novalis e Hölderlin possuem mais afinidade com as visões de Kant do que com o idealismo de Fichte, na medida em que rejeitam a possibilidade de explicação positiva da unidade da subjetividade. Em vez disso, as duas adotam uma explicação negativa da forma fundamental da unidade do natural e do "absoluto" no sujeito; no caso de Novalis, a semelhança à explicação de Kant da experiência do sublime é impressionante. Em Hölderlin, há uma reversão explícita para uma explicação não conceitual da experiência estética do belo que deve muito a Kant, e que no final, como Kant, permanece cético sobre a possibilidade de conhecer nossa natureza absoluta.

Finalmente, no capítulo 7, "O kantismo de Novalis e o romantismo de Kant", volto a discutir em mais detalhes o problema da subjetividade unificada na obra filosófica de Novalis, examinando a influência nela da filosofia de Kant. Argumento que, apesar de Novalis, como outros pré-românticos, aparentemente preocupar-se mais com o problema da subjetividade unificada do que Kant, sua posição metafísica não é, afinal, muito diferente da de Kant. Novalis alinha-se com a doutrina kantiana da incognoscibilidade do eu absoluto, o que não faz dele nem um idealista nem um irracionalista. Ambos compartilham uma noção da faculdade da imaginação criativa como ligação entre o mundo interior da liberdade e o mundo exterior da natureza no sujeito humano. A segunda parte desse capítulo se vale do conceito de "genialidade do gênio", de Novalis, para questionar mais profundamente a natureza e o papel que tal entendimento pode representar na teoria estética de Kant. As visões de Kant sobre a natureza do gênio são exploradas primeiramente em termos de sua explicação da ideação inconsciente discutida na *Antropologia*, em que se fala da natureza do realizador da "livre fantasia". O fenômeno da "livre fantasia" na época de Kant é discutido com a análise de Kant do estado mental do músico deste gênero e sua relação com a atividade cognitiva comum e a genialidade. O capítulo conclui que as caracterizações unilaterais de ambos os pensadores estão corretas, mas que as suas visões não podem mais ser vistas como antitéticas. As diferenças, em outras palavras, são mais diferenças de atitude do que de método e conteúdo.

Por toda a sua importância na história da filosofia da arte, a estética de Kant é muito mais que uma teoria da arte e do belo. Este livro apresenta outros aspectos de sua estética e a teoria da imaginação criativa sob a qual é baseada, tanto como um componente central e integrante do seu projeto filosófico quanto como uma pedra fundamental na ponte entre a estética moral do século XVIII e do início do XIX na filosofia alemã. Trata-se de uma interpretação sugerida pelo próprio Kant, que na introdução da *Crítica do Juízo* afirma que tanto sua estética como sua explicação do juízo teleológico ajudariam fechar o grande abismo entre as teorias da moral e da cognição estabelecidas nas duas primeiras *Críticas*. Sem dúvida, uma ponte entre a necessidade e a obrigação humana era fundamental para a estética do Iluminismo alemão, começando com Gottsched e chegando até Lessing, questão que se tornou até mais crucial (e mais politizada) nos pré-românticos alemães. A estética de Kant não é normalmente associada com suas ideias sobre o Iluminismo, mas é o ponto principal deste livro mostrar como possibilitaram o desenvolvimento da tradição alemã da teoria da educação estética, transformando-a em toda uma teórica crítica.

Períodos históricos são difíceis, provavelmente impossíveis, de delinear e definir razoavelmente, e, embora o Iluminismo tenha sido, de forma notável, uma categoria histórica resiliente (talvez, como enfatizou Foucault, porque ela se autodenominou), a questão do que realmente caracteriza esse período ainda é tema de discussão. Em linhas gerais, portanto, a tarefa deste livro é entender a forma do Iluminismo e do Romantismo ao estudar sua interligação. Se a filosofia de Kant é tida como um exemplo (muitos diriam "o" exemplo) do fim do Iluminismo alemão e a filosofia de Novalis, como um paradigma do movimento pré-romântico alemão, então a interligação das duas é de significância histórica real. É muito importante, visto que a visão-padrão dessas duas posições as considera diametralmente opostas. Ao examinar as ligações conceituais e históricas entre, por um lado, a filosofia quase sempre vista como racionalismo puro e formalista em seus contornos e, por outro, uma corrente de pensamento que é com frequência tida por rudimentar e fantástica, algo que não seria filosofia em absoluto, espero pôr em destaque as importantes dimensões de ambas. Há muito tempo estou convencida de que se uma parece próxima da análise da faculdade da imaginação desenvolvida e expandida na *Crítica do Juízo Estético* de Kant, uma boa dose de crítica de sua ética e antropologia torna-se controversa. Durante um curso focado em Novalis e no contexto filosófico imediato na Alemanha depois de Kant, passei a apreciar as continuidades do pré-romantismo alemão com a obra de Kant e a ver a distorção e as caricaturas desgastadas daquele movimento como um impedimento para compreender aspectos importantes da estética de Kant. Olhando para a filosofia de Kant da perspectiva de sua visão da liberdade imaginativa, é uma ruptura surpreendente com as visões-padrão do kantismo, mas também um solapamento das explicações estereotipadas do Romantismo. No terreno filosófico, um debate recente e importante estabeleceu-se em torno da questão de se o Romantismo deve ser caracterizado como uma continuação do Idealismo alemão ou como um oponente mais "definitivo" do Idealismo.[22] Este livro não toca esse assunto, em parte porque há demasiadas questões sobre o que constitui o "Idealismo alemão" de forma geral, e mais especificamente porque há igualmente muitos questionamentos acerca de chamar Kant de "idealista".[23] Meu objetivo é simplesmente observar a questão de se o Romantismo, como caracterizado por um dos seus principais expoentes, é encontrado de alguma forma na obra de Immanuel Kant e, em caso afirmativo, quais aspectos do pensamento iluminista de Kant podem ser vistos como parcialmente constitutivos do ponto de vista dos

---

22. Ernst Behler, Revisão de Manfred Frank, *Einführung in die Frühromantische Ästhetik, Athenäum*, 3, 1993. Cf. também Karl Ameriks – Introdução de *The Cambridge Companion to German Idealism* (veja-13), esp. pp. 10, nº 13, "Idealism and Romanticism".
23. Ameriks, Introdução, pp. 1-10.

pré-românticos. Está em jogo a possibilidade de animar e enriquecer o comprometimento iluminista de igualdade e liberdade humana com a ênfase pré-romântica na comunidade e na criatividade. Os capítulos que se seguem traçam uma rota desde as visões de Kant sobre a criatividade imaginativa até a reflexão estética e a moral no Romantismo alemão do fim do século XVIII. Ao fazer isso, o livro sugere uma trajetória alternativa para a estética de Kant que, espero, chamará a atenção para sua relevância contínua para as teorias da transformação social.

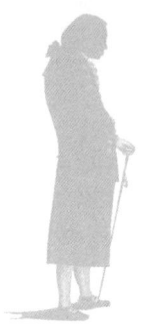

CAPÍTULO 1

Kant e o Romantismo

A ideia de relacionar Kant com o Romantismo incomodou e, sem dúvida, continuará incomodando muitos estudiosos. Esses críticos costumam ver Kant como o último grande defensor dos valores iluministas da era moderna da filosofia, enquanto veem o Romantismo como uma corrente reacionária e contrailuminista que expressa tendências irracionalistas e forças cujos objetivos são a execração do espírito de liberdade e igualdade. Essa visão continua predominante, a despeito de novos estudiosos documentarem a ampla gama de posições e controvérsias[24] iluministas e apesar do fato de o próprio Kant ter sido um grande admirador, e em alguns casos amigo, de várias figuras importantes do contrailuminismo.[25] Kant não se envolveu diretamente na chamada "Escola Romântica de Jena", que incluía os dois irmãos Schlegel, Schelling e Novalis. Apesar disso, sua filosofia foi tão importante no contexto acadêmico alemão que não há dúvidas de sua influência sobre eles. Na verdade, é possível afirmar que Fichte se sentiu atraído e fascinado pelos pré-românticos precisamente por ser um sucessor e remediador de Kant, que repudiava a apropriação de sua filosofia[26] por Fichte. Além disso, os pré-românticos criticavam a Doutrina Científica do Conhecimento de Fichte,[27] sendo que logo vieram a rejeitar as suas hipóteses fundamentais. Uma das principais teses da última parte deste livro é que tal rejeição,

---

24. Cf., por exemplo, James Schmidt, ed., *What is Enlightenment? Eighteenth Century Answers and Twentieth Century Questions* (Riverside: University of California Press, 1996).
25. O mais notável aqui é a grande admiração de Kant por Rousseau, mas ele também estava em termos amistosos vez por outra com Hamann e Jacobi.
26. A "Carta aberta sobre a *Wissenschaftslehre* de Fichte", de Kant (7 de agosto de 1799), em *Kant: Philosophical Correspondence 1759-99* de Arnulf Zweig (Chicago: University of Chicago Press, 1967), pp. 253-254, é decisiva e de alguma forma irritante.
27. Mais conhecido por Novalis (*Novalis: Fichte Studies*, ed. Jane Kneller, Cambridge: Cambridge University Press, 2003).

declarada ostensivamente nos *Estudos sobre Fichte*, de Novalis, seria essencialmente uma rejeição com base em fundamentos kantianos e com as características da teoria estética de Kant. Este capítulo será usado para introduzir este argumento, com alguns dos outros temas importantes do livro pela justaposição da definição do Romantismo de Novalis com aspectos-chave para a filosofia de Kant.

Kant e Novalis

Tanto Kant quanto Novalis moldaram seus programas filosóficos de Iluminismo e Romantismo, respectivamente, na forma de ditos que se tornaram lemas para esses movimentos. O *Sapere aude!* de Kant – "Atreva-se a pensar!" – foi um chamado às armas para a teoria e a prática do Iluminismo. O mesmo pode-se dizer, com atenção às diferenças, do clamor de Novalis de que: "O mundo deve ser romantizado". Por mais controverso que pareça, em muitos sentidos a pré-filosofia romântica alemã levou a bandeira do Iluminismo de Kant mais longe e mais alto que aqueles que se denominavam herdeiros da sua filosofia. E, ainda mais controverso, mas igualmente plausível, é que a própria filosofia de Kant foi em direção à execução de um programa de "romantização" segundo o dito de Novalis. Essa última afirmação sem dúvida exaspera estudiosos de Kant, especialmente aqueles de tradição anglo-americana que por décadas trabalharam arduamente para reconstruir uma interpretação analítica e empirista de Kant como uma resposta para o ceticismo de Hume. Certamente, relacionar Kant com o misticismo, o irracionalismo e a utopia sobrenatural é ilusório; seria uma execração ao humanismo sensato do "Hume prussiano".[28] Porém, caracterizar os pré-românticos alemães nestes termos é uma deturpação grosseira de suas tendências mais centrais e vigorosas. Além disso, a urgência, em meados do século XX, de tornar Kant palatável aos filósofos analíticos anglo-americanos fez com que muito do que era fundamental na própria obra de Kant fosse inicialmente ignorado, subestimado ou simplesmente descartado. Ninguém nega que a chamada "revolução copernicana" e a ética edificada sob um imperativo categórico estiveram na base de todos os seus trabalhos mais importantes, mas também é verdade que Kant escreveu sobre outros temas além das condições do conhecimento cognitivo e dos fundamentos da obrigação moral. Há uma explosão de

---

28. Termo de Lewis White Beck em "A Prussian Hume and a Scottish Kant?" em *Essays on Kant and Hume* (New Haven: Yale University Press, 1978).

estudos recentes sobre a ética "impura"[29] de Kant, a estética, a antropologia, a metodologia, a política e a teoria social, e nossa habilidade em trazer a filosofia de Kant para um foco histórico mais rígido aumenta proporcionalmente.

Vamos começar observando o que Novalis quer dizer quando define o movimento conhecido como Romantismo em termos de "romantização". À medida que o tema se revela, ele tem em mente algo bem específico: romantizar é converter o que é corriqueiro e mundano em algo extraordinário e misterioso e, inversamente, tornar o que é desconhecido, conhecido:

> O mundo deve ser romantizado. Dessa forma, redescobrirá o seu significado original. Romantizar nada mais é que um crescimento qualitativo a uma potência mais alta [*Potenzirung*]. Um si mesmo inferior identifica-se com um si mesmo melhor. Assim como nós somos iguais às séries exponenciais qualitativas. Esta operação ainda é muito desconhecida. Na medida em que dou ao lugar comum um significado maior; ao simples, um semblante misterioso; ao conhecido, a dignidade do desconhecido; ao finito, uma aparência de infinidade, romantizo. A operação é precisamente o oposto para o mais elevado, desconhecido, místico e infinito – essa conexão os tornou logarítmicos – tornaram-se expressões comuns. Filosofia romântica. *Língua romana*. Alternando elevação e rebaixamento (II: 545, 105).

Novalis caracteriza a romantização como um processo de duas partes. Como Ernst Behler explica, é "um movimento duplamente neutralizador... no qual a romantização constitui a expansão da mente para o misterioso e desconhecido, embora, no fim, transforme-se em um retorno ao comum e familiar".[30]

A primeira parte desse processo – dando ao lugar comum um significado mais elevado, mistificando o comum – está convencionalmente associada ao Romantismo. Mas é igualmente importante no entendimento de Novalis e dos pré-românticos alemães que um peso igual seja dado à segunda parte do processo – rebaixando ou "logaritmizando" [*logarythmisirt*] o místico. Andrew Bowie destaca que:

---

29. Termo criado por Robert Louden e é o título de seu livro sobre Kant, *Anthropology: Kant's Impure Ethics: From Rational Beings to Human Beings* (New York: Oxford University Press, 2000).
30. Ernst Behler, *German Romantic Theory* (Cambridge: Cambridge University Press, 1993), p. 207.

O neologismo "logaritmizado", que combina o sentido da ordem racional, a verbalização e a progressão matemática com o sentido da música inerente no uso da língua diária, resume a posição romântica.[31]

Bowie continua dizendo que, tanto para Novalis como para Friedrich Schlegel, romantizar não significa "render-se à indeterminação".[32] Novalis, ao mesmo tempo em que simpatizava com o desejo de idealizar, insistia que uma "tendência à busca do universal" [*Universaltendenz*] é essencial ao estudioso,

> ninguém deve, como um sonhador, perseguir o indeterminado – filho da fantasia – como um ideal. As pessoas dirigem-se de uma determinada tarefa para outra. Um amante desconhecido, é claro, tem um charme mágico. Aspirar ao desconhecido, ao indeterminado é extremamente perigoso e contraproducente. A revelação não pode ser forçada. (3: 601, n° 291)

Esse fragmento pode servir para lembrar os estudiosos contemporâneos do século XVIII que uma apreciação verdadeira do "prático, técnico e real" (Novalis, 3: 600, n° 291) na ciência não é uma característica exclusiva dos iluministas. Na verdade, é possível ver na explicação de Novalis sobre a romantização que uma abordagem reducionista das ciências pode ser entendida como uma *parte* legítima e integral do programa romântico.

Reconhecer o lado de "naturalização" do processo de romantização ajuda a corrigir as interpretações errôneas do programa de Novalis visto como irracionalista, mas também é importante enfatizar que até o lado expansivo do processo não é um chamado à mistificação. Tornar o familiar não familiar não é buscar o esquecimento cognitivo, mas simplesmente aprender a olhar novamente para o mundo com curiosidade. Então, compreendendo o assunto dessa forma, certamente há um sentido bem geral no qual Kant, juntamente com outros grandes filósofos anteriores a ele, "romantizaram" em ambos os sentidos do termo. O próprio processo da "crítica" kantiana é uma análise detalhista e ordenada do fenômeno mental que tinha sido anteriormente considerado "desconhecido" ou místico. Por exemplo, pode-se dizer sem exagero que Kant pensava estar desmistificando o argumento qualitativo

---

31. Andrew Bowie, *From Romanticism to Critical Theory: The Philosophy of German Literary Theory* (London and New York: Routledge, 1997), p. 80.
32. *Ibid.*, pp. 78ff e p. 313, n° 19.

de Hume, que via a relação causal como uma "força sutil", ou a noção mística que Descartes tinha das ideias inatas como um "selo de Deus", ou ainda a substância de Locke – um "algo que não sei o que é". É possível caracterizar muito bem a análise levada a cabo pela *Crítica da Razão Pura* como um processo de desmistificação das antigas noções metafísicas como substância, relação causal, possibilidade e necessidade e mesmo o conceito de ideias que podem ser conhecidas *a priori*. Sem dúvida, na época de Kant, a natureza deflacionária e depressiva do movimento transcendental de Kant estava clara. Prova disso é o famoso caso da "crise de Kant", de Kleist. Até onde parecia impossível reduzir o fenômeno a funções da cognição humana – no caso da uniformidade das aparências naturais e da regularidade sistemática da natureza, na aparente interligação sistemática presente na natureza de acordo com as leis empíricas, ou na existência de organismos naturais (entidades com finalidade), por exemplo –, Kant forçou a filosofia crítica a seus limites, introduzindo princípios "reguladores", ou princípios de reflexão (na terceira *Crítica*), como condições necessárias para o reconhecimento dessas contingências.

Mesmo a tendência humana a "render-se" ao infinito é analisada como um fenômeno psicológico por Kant na Dialética da primeira *Crítica*, e pode então ser vista como uma "logaritmização" do incognoscível nas várias formas em que a Razão o busca. Kant não nega a existência do desejo irrefreável da razão para tentar conhecer o desconhecido e o infinito. Mas ao catalogar cuidadosamente as várias armadilhas e ciladas específicas a que a razão humana está sujeita, reduz, de forma sistemática, a busca pelo próprio desconhecido para uma parte do funcionamento cognitivo humano. Kant também faz análise detalhada das funções cognitivas envolvidas em situações em que esse desejo de se render ao infinito se torna estético, como a nossa fascinação com o que na natureza parece infinitamente grande ou poderoso. Ele assegura a seus leitores que o sublime não deve, de forma alguma, ser alocado nos próprios objetos naturais, mas de preferência:

> tudo que podemos dizer é que o objeto é adequado para demonstrar uma sublimidade que pode ser encontrada na mente. Pois o que é sublime, no próprio significado do termo, não pode estar contido em nenhuma forma sensível e preocupa-se apenas com ideias da razão, que [...] podem ser demonstradas na sensibilidade (V: 245-246).

Kant continua a explicar detalhadamente a forma na qual a imaginação tenta estimar por meio da intuição a magnitude e o poder do vasto, até a infinita natureza, e como esse empenho resulta em um sentimento (de fraqueza ou medo) que nos remete a um aspecto de nós mesmos que é "independente da natureza". Essa referência origina um segundo sentimento de superar as fraquezas da nossa imaginação. Em outras palavras, Kant oferece uma explicação psicológica complexa e muito variada das origens do nosso sentimento acerca dos mistérios e da grandiosidade da natureza. E, além da teoria do sublime, como Rudolf Makkreel destaca, a explicação de Kant do juízo reflexivo e da imaginação na terceira *Crítica* também tenta analisar e explicar "um dos maiores mistérios metafísicos – o fato de a matéria poder às vezes participar da vida" por meio do prazer estético.[33]

Com certeza, como Behler (ecoando Friedrich Schlegel) destaca, Kant reconheceu um elemento "obscuro" e misterioso da psique humana sob a forma da faculdade da imaginação.[34] Tal elemento era para ele a "função indispensável, porém oculta da alma, sem a qual nós não teríamos o conhecimento além daquele de que raramente estamos conscientes" (*Crítica da Razão Pura* A78/B103). Contudo, nem essa caracterização implica que Kant relutasse em admitir a possibilidade de um estudo científico do lado "obscuro" da imaginação, por exemplo, na ideação inconsciente, ou no que ele chamou de "ideias obscuras". Quando fala de ideias inconscientes na *Antropologia,* diz que "a teoria das ideias obscuras pertence apenas à antropologia fisiológica" (VII: 136), sugerindo que ainda que estejam inacessíveis a uma investigação *a priori* e, portanto, além do alcance da crítica, ainda há espaço para um estudo empírico desses fenômenos.[35] Essa visão é totalmente compatível com o idealismo transcendental e também com o lado naturalista do programa de romantização de Novalis.

Não é surpreendente que a obra de Kant pudesse ser vista como deflacionária, como uma tentativa de trazer a realidade para a terra, ou como uma naturalização da metafísica e dos conceitos misterio-

---

33. Rudolf A. Makkreel, *Imagination and Interpretation in Kant: The Hermeneutical Import of the Critique of Judgment* (Chicago: University of Chicago Press, 1990). O livro é uma excelente explicação da teoria da imaginação desenvolvida por Kant e questiona muito qualquer argumento de que Kant tivesse uma ideia empobrecida da imaginação que a colocou no nível mais baixo dos questionamentos filosóficos como foi sugerido por "Ernst Behler über Manfred Frank", Buchbesprechung, *Athenäum*, 1 (1991).
34. Behler, Review of Manfred Frank's *Einführung*, p. 249.
35. Examinei este aspecto da teoria da imaginação e criatividade de Kant em dois artigos; "Kant's Apology for Sensibility", apresentado na APA Pacific Division in New Orleans em 1999, e também no "Fantasts and Fantasias: A Kantian Theory of Imaginative Free Play", apresentado no Evelyn Dunbar Early Music Festival Symposium, Northwestern University (fevereiro de 2003). Uma discussão também aparece no capítulo 7 deste livro.

sos anteriores. Mais estranho e, sem dúvida, mais capaz de ofender as sensibilidades dos estudiosos de Kant tradicionais é a sugestão de que Kant realizou a "operação romântica" no primeiro sentido delineado por Novalis. Será que é plausível sustentar que Kant "transformou ordinário, o lugar-comum, em algo místico e profundo?" Temos apenas que considerar, em primeiro lugar, a extensão na qual o projeto de Kant envolveu "a negação do conhecimento para abrir espaço à fé". Defendo no capítulo 4 que os kantianos contemporâneos que tomam a teoria da razão prática de Kant como o centro absoluto e o foco determinante de sua filosofia estão indo longe demais, mas é inegável que a preocupação de Kant com esse lado "misterioso" da experiência humana foi *uma* preocupação dominante. Kant dedica muita energia teórica em explicar e analisar o juízo moral; ainda afirma explicitamente que, no que diz respeito à moral, a fundamentação dessa investigação se centra na dignidade e no valor absoluto da humanidade como um fim em si mesma. Isso não quer dizer que o reconhecimento da dignidade humana individual é uma experiência mística, mas, pelo contrario, que, na tradição de transformar o mais familiar em algo que parece recente e novo, a filosofia de Kant "reencanta" nossa humanidade, fazendo com que fiquemos profundamente maravilhados com a "lei moral interior".

Da mesma forma, o famoso "fato de razão" para Kant, em última análise, não permite explicação prática nem teórica:

> A consciência desta lei fundamental [o Imperativo Categórico, a lei moral] pode ser denominada um ato da razão, porque não podemos inferi-la de dados antecedentes da razão, tais como a consciência da razão (pois esta não se revela anteriormente) impondo-se a nós como proposição sintética *a priori*, que não se fundamenta em qualquer intuição, seja pura ou empírica. Seria analítica se o livre-arbítrio fosse pressuposto, mas para isso, como um conceito positivo, seria necessária uma intuição intelectual que não podemos presumir. Entretanto, para considerar essa lei como dada, sem resvalar na falsa interpretação, deve-se ter em conta que ela não é um fato empírico, mas um caso exclusivo da razão pura, que se manifesta ao se proclamar como uma lei criadora (*sic volo, sic iubeo*) [Este é o meu desejo e meu mandato, de Juvenal: *Satira*]. (*Crítica da Razão Prática,* V: 31)

Em outras palavras, a consciência da lei é uma certeza e *nenhuma* explicação, transcendental nem empírica, consegue explicá-la satisfatoriamente. Kant não era um poeta, mas as poucas passagens que se aproximam da poesia em sua obra são aquelas que se referem à dignidade, ao brilho "precioso", da boa vontade na humanidade. E apesar de contemplar a "lei moral interior", Kant permite que sua mente se "expanda até os misteriosos achados do desconhecido", uma expansão que qualquer ser humano comum pode realizar: a consciência daquilo que é dado.

Então, apesar de em sua obra teórica Kant exemplificar a "logaritimização" ou a tendência reducionista da "filosofia natural", sua filosofia moral proporciona a ampliação que complementa a dupla contradição – a expansão dinâmica do Romantismo descrito por Novalis. Se bem entendido, o *dictum* de Novalis cobre a filosofia crítica no espírito e na letra: Kant transformou o desconhecido em conhecido, reduzindo a cognição a funções do juízo que podem ser descobertas por uma investigação filosófica; e, no processo de humanização do Universo, transformou os aspectos mais íntimos da natureza humana em um misterioso, mas impressionante pensamento: "uma coisa em si".

É claro que se pode argumentar que é de muito bom senso que toda a filosofia pioneira seja qualificada com o rótulo de "Romântica", de acordo com o que acabamos de esboçar, visto que todo o progresso na filosofia pode ser compreendido como um tipo de elevação de certas suposições fundamentais para as ideias "básicas", "originais" ou "primitivas" que permanecem inquestionáveis, enquanto ao mesmo tempo reduz e torna "mundanos" os outros fenômenos que são explicados por essas suposições. Neste sentido, pode-se dizer que Descartes, Platão e até Hume também "romantizaram".[36] Assim, pode-se destacar inicialmente que, de fato, na visão de Novalis, eles romantizaram. Para Novalis, o filosofar é uma variação da romantização, no qual procuramos um fundamento, um absoluto:

> Filosofar deve ser um tipo único de pensamento. O que eu faço quando filosofo? Eu reflito sobre um fundamento. O fundamento do filosofar é, portanto, uma tentativa do pensamento de obter um fundamento... Todo o filosofar deve, consequentemente, terminar em um fundamento absoluto. Mas se isso não fosse determinado, se esse conceito contivesse uma impossibilidade – então a iniciativa para filosofar seria uma atividade inconclusiva – e sem um fim, porque haveria uma compulsão eterna por um fundamento absoluto que pudesse satisfazer apenas relativamente e que, portanto, nunca cessaria. A atividade livre interminável em nós surge por meio de uma livre renúncia do absoluto – o único absoluto possível que

---

36. Agradeço a Michael Losonsky por levantar essa objeção e também a um revisor anônimo da Cambridge University Press por destacar o mesmo ponto.

pode nos ser determinado e que só encontraremos por meio de nossa incapacidade de alcançar e conhecer um absoluto. Por consequência, esse absoluto que nos é determinado apenas pode ser conhecido negativamente, na medida em que agimos e descobrimos que o que buscamos não pode ser alcançado por meio da ação... Isso poderia ser chamado de um postulado absoluto. Toda a busca por um *único princípio* seria como a tentativa de tornar um círculo quadrado. (566)

Novalis continua a distinguir a atividade de fazer filosofia da Filosofia como um *produto* dessa atividade:

Filosofia, o resultado do filosofar, surge por meio da *interrupção* do impulso em direção ao conhecimento do fundamento, ou seja, do ficar parado no ponto em que se está. (566)

Assim, todos os verdadeiros filósofos são, na verdade, impulsionados pela mesma força motora e suas obras poderiam ser descritas como uma tentativa de reduzir as noções previamente infladas a noções simples, ao mesmo tempo em que assumem como dado um ponto "extraordinário" que vai em direção do que essa redução está objetivando e que não se pode provar nem explicar. Filosofar é uma versão conceitual da expansão e contração da romantização. Pelo menos, assim até tornar-se "Filosofia" – ou seja, o ponto no qual o filósofo "detém-se" e declara finalmente ter descoberto "a resposta", e, ao fazer isso, desiste da atividade.

Portanto, ainda que em um sentido interessante para Novalis os filósofos sempre "romantizem" em seu processo do pensamento, também param de fazê-lo no momento em que declaram ter descoberto ou produzido uma solução sistemática. Kant, como a maioria dos filósofos, afirmou ter descoberto "a resposta" em seu giro copernicano e nos sistemas de experiência moral e cognitiva que resultaram dele; talvez, por esse motivo, também parou a "romantização" a fim de "ficar parado no ponto em que se está". O que é singular a respeito de Kant e o que o relaciona diretamente a Novalis e aos pré-românticos com seu evitamento de sistemas, em uma forma diferente dos outros filósofos, é que a revolução no filosofar articulada por sua abordagem envolveu o reconhecimento *autoconsciente* e *metódico* de duas limitações do conhecimento humano (a nossa incapacidade de conhecer tanto a natureza como a nós mesmos na totalidade) e, ao mesmo tempo em que essas limitações ocorrem, o impulso natural humano de tentar superar essas limitações. Na terceira *Crítica*, Kant explicitamente encarrega-se do projeto de unir esses dois aspectos da natureza humana em uma explicação coerente. Particularmente, um bom exemplo da "romantização" de Kant é o uso que faz da ideia do "suprassensível" (*das Übersinnliche*)[37] ou o que inicialmente denominou de "*noumenal*". Na terceira *Crítica*, a ideia de um substrato que sustenta e torna possíveis os objetos do conhecimento e da ação bem-intencionada é problematizada, visto que Kant receia que,

> um imenso abismo está posto entre o domínio do conceito de natureza, o sensível, e o domínio do conceito de liberdade, o suprassensível, de forma que nenhuma transição do sensível para o suprassensível [...] é possível, como se estivessem em dois mundos diferentes, sendo que o primeiro deles não tem influência sobre o segundo; e o segundo *tem* influência sobre o primeiro, isto é, o conceito de liberdade *deve* realizar, no mundo dos sentidos, a finalidade de que suas leis gozam. (V: 175-176)

Kant continua argumentando que deve ser possível *pensar* a natureza como sendo receptiva a nossos objetivos morais,

> Então, deve haver, apesar de tudo, uma base *unindo* o suprassensível que dá suporte à natureza e o suprassensível que o conceito de liberdade contém na prática, embora o conceito dessa base não atinja a cognição [...] apesar de tornar possível a transição de nossa forma de pensar em termos de princípios de natureza à de pensar em termos de princípios de liberdade. (V: 176)

Por mais estranho que esse discurso possa parecer,[38] a fala de um mundo *noumenal* – "que é ilimitado, mas que também é inacessível a todo nosso poder cognitivo" – deve ser compreendida, segundo o próprio Kant parece sugerir, como apenas uma suposição que serve de base necessária para a nossa "forma de pensar [*Denkungsart*]". Podemos pensar "em termos de princípios de natureza" (com base na suposição de que nunca conhecemos totalmente algo que nos é dado experimentar)

---

37. Novamente, gostaria de agradecer ao revisor anônimo da Cambridge University Press por esse destaque.
38. Werner Pluhar, em sua Introdução para a edição da *Crítica do Juízo,* coloca o conceito do suprassensível e sua capacidade de ser determinado em um *Leitfaden* (fio condutor) pela interpretação de todo o livro e do seu lugar no projeto Crítico. Ele começa com a importância do juízo reflexivo estético e destaca que, apesar de Kant parecer estar introduzindo três "supersensíveis" (seja lá o que isso signifique) nesta passagem, está na verdade sugerindo três *ideias* de um suprassensível (Pluhar, *Translator's Introduction*, p. lxiii).

e "em termos dos princípios de liberdade" (baseado no conceito de liberdade, que devemos postular a fim de agir). A questão proposta pela terceira *Crítica* é: "Sob qual base, podemos transitar suavemente por pensamento de uma forma de pensar para outra; de pensar em termos de natureza para pensar em termos de liberdade?" Ou, mais precisamente, como combinar as duas formas de pensar para realizar um aprimoramento moral na natureza, incluindo o nosso "eu natural"?[39]

A resposta de Kant é complicada, realmente "obscura" até para os seus padrões, conforme ele admite em seu Prefácio (V: 170). A habilidade da transição de uma forma de pensar para outra está na experiência do que *parece* ser o propósito da natureza para a mente humana, uma experiência que não é nem cognitiva nem moral, mas que contém elementos de ambos. É uma experiência que envolve a percepção da natureza, mas que vai além de uma capacidade sensorial imediata para concentrar-se e jogar com essas percepções na imaginação. Esse "jogo" não produz demandas de saber e não exige uma ação, mas simplesmente resulta em um juízo que considera o objeto lindo, um apelo que em seu âmago expressa um sentimento de prazer derivado da nossa contemplação das formas harmoniosas da natureza. É um prazer especial, um prazer reflexivo estético que, para Kant, *poderia* radicar em fundamentos *noumenais*: "o fundamento que determina o juízo se encontra, talvez, no que pode ser considerado o substrato suprassensível da humanidade" (V: 340). O substrato, ou base, "suprassensível" é a contraparte estética para as noções cognitivas e morais da coisa em si e para o postulado da liberdade. Ele é essencialmente duplo, adequado para seu papel como "princípio" de mediação: envolve o sentimento que é desinteressado (isto é, não egoísta), parecido com o sentimento de respeito que a lei moral produz em nós, e também faz referência à natureza, tanto em nós mesmos (o prazer é, afinal de contas, uma sensação animal) como no mundo ao nosso redor.

Os detalhes da explicação de Kant para a relação entre a moral e a beleza serão discutidos nos próximos capítulos. O que é importante aqui é a forma na qual Kant, ao mesmo tempo, desmistifica "a divisão

---

39. O livro de Felicitas Munzel, *Kant's Conception of Moral Character: The "Critical" Link of Morality, Anthropology, and Reflective Judgment* (Chicago: University of Chicago Press, 1999), lida com o tema de um "*Denkungsart* moral" e um "*Gesinnung* moral" – os lados racionais e sensíveis do caráter humano – com muitos detalhes. Seu foco é apresentar e desenvolver o caráter moral no indivíduo, mas muito de sua discussão, parte dela será vista neste livro mais tarde, é relevante para os temas da unidade da razão consigo própria. Visto que seu foco está na unidade do caráter no indivíduo, o problema "externo" do ser humano com o mundo não é tratado em detalhes.

de dois mundos" do ser humano pela referência a uma forma reflexiva de adjudicar e reconhece a inescrutabilidade final deste processo:

> Quanto ao princípio subjetivo – isto é, a ideia indeterminável da suprassensibilidade em nós – como a única forma de resolver esse mistério da habilidade [a capacidade para experimentar a beleza e expressá-la em um juízo de gosto] escondida de nós e ao mesmo tempo de suas fontes, *não podemos fazer nada além de apontá-las; mas não há o que fazer para ir além disso.*(V: 341, grifo nosso)

Ou, como Novalis diria mais tarde, tal ideia é "apenas um gancho para pendurar as coisas *pro forma* – ele apenas aparece [para ligar as coisas], apenas junta um punhado de escuridão" (FS: 3, 6). Pode ser útil voltar a uma declaração dada por Kant muito tempo antes, ao discutir a natureza da cognição humana na dedução das categorias na *Crítica da Razão Pura*. Kant admite que sua análise deve apenas supor a independência, ou "o caráter de dado" de tudo aquilo que é intuído e sintetizado pelo conhecimento:

> Essa peculiaridade de nossa compreensão, de poder produzir *a priori* a unidade da apercepção apenas por meio de categorias, e tão apenas por elas, é tão incapaz de maiores explanações quanto o porquê de termos estas e não outras funções de juízo, ou por que o espaço e o tempo são as únicas formas de todas as nossas intuições possíveis. (B: 145-146)

É dado que *temos um entendimento que estrutura o mundo sensível, mas que não é a sua fonte original de controle*. Também é um "fato de razão" que *temos um desejo que impõe ao mundo sensível a forma do sistema racional-moral suprassensível* (V: 43). O que a análise do gosto e da beleza adiciona a essas afirmações inquestionáveis é um terceiro "dado" que atua como mediador entre os outros dois: *Somos capazes de sentimentos sensíveis, comunicáveis a outros seres humanos, de possível harmonização da natureza com um sistema suprassensível racional-moral*. Kant supõe, irônica e (pré) "romanticamente", um extraordinário e misterioso propósito que é captado no sentimento humano comum (um *sensus communis aestheticus*). Esse sentimento é a expressão natural da suprassensibilidade – e é o veículo para a capacidade humana de pensar a partir da natureza para a moral e vice-versa: uma realidade ao mesmo tempo elevada e diária.

Kant e Rousseau

Considerações desse tipo servem de argumento inicial para a seguinte afirmação: as considerações estéticas moldam o programa filosófico de Kant como um todo, programa esse protorromântico em muitos aspectos. As intuições filosóficas de Novalis têm uma grande dívida com Kant. Seu antigo imperativo romântico, assim como o do Iluminismo tardio, lançam um desafio para a filosofia, para o presente autoconsciente e levam a cabo um novo programa. Para ser mais precisa, essa autoconsciência caracteriza o projeto filosófico crítico, que estava na mente de Kant, fazendo história. Sua "missão", afirmada explicitamente, era destronar a rainha das ciências, a Metafísica, e substituí-la por governantes mais humildes, a saber, os princípios gerais do conhecimento humano.[40] Ao mesmo tempo, Kant reconheceu a inevitabilidade do esforço humano pelo absoluto, para uma unificação definitiva do conhecimento sob um único princípio; como veremos brevemente, imprimia a essa tarefa um esforço maior do que o próprio Novalis teria permitido, se consideramos sério o fragmento de Novalis para as observações na medicina e na física.

Por toda a sua postura antimetafísica, Kant abraçou a visão de que o *Schwärmerei* metafísico tem um papel importante a desempenhar no desenvolvimento das faculdades cognitivas humanas e das instituições sociais cada vez melhores. Examinaremos o papel do entusiasmo e da imaginação na sociedade em transformação especialmente no capítulo 5. A primeira afirmação, a de que a especulação imaginativa pode em si mesma desenvolver nossas capacidades, foi feita na *Primeira Introdução à Crítica do Juízo*, em uma nota de rodapé para a discussão de uma definição transcendental do sentimento do prazer. A nota servirá como fio condutor dos capítulos que se seguem. Ela lida com a questão do porquê, nas palavras de Kant, "a natureza nos deu predisposição para o dispêndio inútil de nossas forças conforme vemos nos desejos e nas nostalgias vazias (que certamente desempenham um grande papel na vida humana)". Kant reconhece que os seres humanos frequentemente sentem saudade do que é totalmente impossível. Essas nostalgias perigosas "são frequentemente nutridas por romances e algumas vezes por apresentações místicas, similares aos romances, de perfeições sobre-humanas e alegrias fanáticas". Mas mesmo quando está atacando o *Roman* (o romance, um dos

---

40. Cf. a descrição de Frederick Beiser do ataque de Kant à metafísica em "Kant's Intellectual Development: 1746-1781", capítulo I do *The Cambridge Companion to Kant* (New York: Cambridge University Press, 1992).

passatempos preferidos do filósofo era lê-los) e outros artifícios de mistificação, Kant está sugerindo que tais projetos têm um papel natural a desempenhar no desenvolvimento intelectual humano:

> Parece-me que aqui, como em todos os outros lugares, a natureza nos proveu sabiamente. Pois se tivéssemos de nos assegurar de que, de fato, podemos produzir o objeto, antes que sua apresentação ou ele pudesse determinar-nos a aplicar as nossas forças, estas mesmas forças talvez permanecessem totalmente ociosas. Pois, geralmente, não chegamos a saber quanta força temos, a não ser quando tentamos externá-las. Então, a natureza proveu as ligações entre a determinação de nossas forças e a apresentação do objeto (que está lá) mesmo antes que saibamos qual a nossa habilidade. É, precisamente, esse esforço, que antes parecia um desejo vazio para a mente, que vai produzir essa capacidade. Agora a sabedoria é obrigada a colocar limites para esse instinto, mas a sabedoria nunca terá sucesso em sua erradicação, ou [em vez disso] sequer exigirá sua erradicação. (XX: 231)

Essa passagem, que será comentada novamente, é crucial para os argumentos dados neste livro. Kant sugere aqui, a princípio, que as forças naturais, "instintivas" – forças não identificadas como racionais –, conduzem a criatividade e o desenvolvimento das nossas capacidades cognitivas. O "poder da imaginação, essa função cega e indispensável da alma, sem a qual não teríamos qualquer conhecimento, mas da qual muito raramente somos conscientes" (A78/B103), é a força que faz com que o *desenvolvimento* intelectual humano seja possível. O esforço imaginativo pode ser chamado de um tipo de "esforço para compreender" o que parece ser impossível; permite-nos reconhecer em teoria e então possivelmente perceber na prática o que "parecia, primeiramente, um desejo vazio". Sem esse impulso *natural,* certamente não é possível o progresso da razão. É também esse impulso que está no centro do programa de Novalis, e constitui a dívida romântica para com Kant.

Kant estava profundamente consciente do papel que a natureza desempenha na experiência e no progresso humano.[41] O que não é surpreendente, dada a fonte para o giro revolucionário na ética de Kant: Rousseau, o *Urromantic*. O giro rousseauniano de Kant é muito conhecido, bem como a sua famosa declaração em "Comentários",

---

41. Ninguém, em minha opinião, argumentou de forma mais persuasiva em favor dessa consciência e da ligação sistemática do naturalismo de Kant com sua ética que Allen Wood, in *Kant's Ethical Thought* (Cambridge: Cambridge University Press, 1999).

presente nas *Observações sobre o sentimento do belo e do sublime*, de que a interpretação de Rousseau "esclareceu" e lhe ensinou a honrar a humanidade acima de tudo.[42] Richard Velkley deu um argumento convincente para a influência predominante de Rousseau, não apenas na moral e nas visões políticas de Kant, mas na sua visão da razão em geral.[43] Velkley vê o momento crucial do projeto de Kant surgir da caracterização do problema da razão em Rousseau como um problema da relação entre a razão e a felicidade humanas. Se, como Rousseau tão convincentemente argumenta, tornar-se progressivamente mais racional apenas torna-nos progressivamente mais miseráveis (quanto mais sabemos, mais desejamos), então como podemos insistir no desenvolvimento da razão como destino ou "vocação" humana? O reconhecimento do problema de Rousseau com a razão, Velkley argumenta, obriga Kant a tentar uma "teodiceia da razão". Velkley defende que a filosofia de Kant é conduzida pela necessidade de uma explicação do objetivo final da Razão, e que a necessidade de articular esse objetivo leva Kant a uma questão que Velkley chama de "a consumação teleológica da razão em uma nova legislação da ordem da alma": uma ordem que "progride na direção" de "uma forma da perfeição humana" e que "pode ser alcançada apenas por meio de um certo tipo de querer" (p. 66). A necessidade de uma teodiceia da razão, segundo o mesmo estudioso, leva Kant a afirmar a primazia da razão prática nestes termos: "A filosofia crítica da fundamentação moral de Kant pode ser revelada de modo que essa 'primazia' determina o conteúdo e a direção de todas as investigações pertencentes à 'crítica' da razão" (p. 2).

Trata-se de uma afirmação surpreendente, à qual voltarei nos capítulos 2 e 4. O argumento de Velkley, no mínimo, mostra que o sentido de urgência de Kant acerca da necessidade de uma filosofia que justificasse a razão como o árbitro último da verdade deve tanto a Rousseau como a Hume; além disso, é uma proposta bastante convincente de que, em aspectos muito importantes, o giro rousseauniano no pensamento de Kant foi ainda mais determinante para todo o seu programa crítico. A preocupação de Rousseau em restaurar a Razão como a última corte de apelação da moral era, sem dúvida, um despertador para Kant, que nunca tivera a intenção de abandonar o tribunal da razão como a última corte de apelação da moral. Na explicação de Velkley, a filosofia moral de Kant toma para si de maneira épica (quiçá quixotesca) proposições

---

42. Ak XX: p. 44.
43. Richard Velkley, *Freedom and the End of Reason: on the Moral Foundations of Kant's Critical Philosophy* (Chicago: University of Chicago Press, 1989).

que têm a ver com a romantização da filosofia em muitos sentidos. Entretanto, a importância desse assunto não quer implicar que a expansão da razão para além do teórico pode ser classificada como a saga de Kant pelo Santo Graal da unidade da razão; tampouco pode ser considerada uma busca para unificar a Razão sob um ideal da vontade prática, como argumenta Velkley. Nos próximos capítulos, argumento contra a interpretação de Kant que identifica "vida filosófica" com "a busca pela perfeição da vontade" (p. 66). Em outras palavras, este livro vai explorar uma vertente muito diferente das últimas obras filosóficas de Kant. As opiniões de Kant sobre a reflexão estética (imaginativa) e seu papel na moral solapam as interpretações calcadas em um único ponto de vista e idealistas como a que Velkley defende – isto é, interpretações que põem Kant como um dos fundamentos da construção do sistema filosófico alemão que começou com Fichte. É claro que há continuidades históricas e conceituais, mas o próprio Kant renegou o sistema fichteano, e estou convencida de que teria repudiado a visão da filosofia como uma busca épica pelo Santo Graal como a única e unificadora explicação teleológica da natureza humana. Como Allen Wood propõe:

> Para Kant, a tarefa da filosofia não é (como Hegel) a *reconciliação* com a condição humana. Kant acredita que, como criaturas racionais, nossa condição deve ser de insatisfação, de alienação e esforço sem fim. A filosofia não deve tentar transcender essa condição, mas apenas nos ajudar a viver com sua inevitabilidade e, mais importante, progredir nas tarefas dolorosas que ela nos impõe.[44]

Isso não exclui o fato de que para Kant, assim como para Wood, a tarefa da filosofia "em uma era de iluminismo é tornar [os fins coletivos racionais] explícitos e então procurar instituições sociais e tendências históricas para promovê-los".[45] Mas a insistência de Kant na natureza reguladora de todas as explicações, e sua crescente atenção posterior na filosofia crítica para as condições sensíveis e contingentes do juízo moral e da criatividade humana, forma um contínuo, não com a construção do sistema idealista, mas com a abordagem mais modesta e irônica dos pré-românticos alemães. Por todas essas observações que relacionam a filosofia de Kant à de Rousseau, discordo da afirmação central de Velkley. A teodiceia final da razão para Kant nunca foi totalmente consumada por uma razão muito boa: não poderia ser realizada em termos kantianos. Nenhum conceito concreto e "substantivo" do fim da Razão

---

44. Wood, *Kant's Ethical Thought*, p. 334.
45. Wood, *Kant's Ethical Thought*, p. 309.

poderia ser fornecido apenas pela razão. A razão pode regular, mas nunca criar, sozinha, tais fins.

Velkley alega que o fim último do princípio da razão, que deve ser realizado historicamente, é um princípio regulador que não está em conflito com a escolha individual (p. 162). Há, porém, várias passagens no livro que sugerem que ele tem algo mais substancial em mente. Ele alega que "à luz desse ideal" toda a razão encontra-se sob a legislação do filósofo crítico a fim de garantir o fundamento para o progresso desobstruído da humanidade em direção a um objetivo prático final – o êxito de uma "cultura" definitiva que expressa o ideal (p. 15); fala também do "avanço prático da humanidade em direção a uma 'cultura' consumada" (p. 43). No fim do livro (p. 161), chega a sustentar que, para Kant, a razão deve reformular até a felicidade humana: "a concepção individual da felicidade não acompanha a razão" e "o indivíduo está muito propenso a culpar-se caso esteja em conflito com o avanço racional da espécie". "A obrigação moral adotada de forma muito ampla inclui o esforço para refinar o conceito de felicidade" e "o sistema final da cultura deve descansar em um plano que determina o modo de buscar a felicidade ou até mesmo o seu conteúdo [...] A cultura organizada em um plano moral exige que a felicidade seja fundamentada em uma atividade racional individual e não em um gozo passivo". Por certo que há textos de Kant que dão suporte a essa visão do Sumo Bem; essa visão, no entanto, ignora a visão de Kant sobre a importância dos prazeres contemplativos e estéticos (passivos?) – momentos de felicidade que não são "ditados" pela razão pura, mas compartilham nas contingências do mundo além do controle humano.

Portanto, na segunda *Crítica*, no mesmo lugar em que também descreve a "primazia do âmbito prático", Kant sente-se obrigado a recorrer à hipótese de um poder superior para dotar de esperança a exigência da razão que nos faz aspirar à virtude individual e à justiça pública. Os próximos capítulos exploram a possibilidade de que foi a inadequação deste giro teológico como teoria motivacional para o comportamento moral humano que fez com que Kant tentasse, na *Crítica do Juízo Estético*, descobrir, entre outras contingências do sentimento e da imaginação humana, uma "ponte" mais humana para a moral.

Não pretendo discutir se Kant construiu ou não tal ponte, nem se uma teoria estética do desenvolvimento moral pode ser bem-sucedida. Se a experiência da liberdade imaginativa e da beleza em todas as suas manifestações pode realmente resolver a crise é uma questão em aberto. Pode ser que na tentativa de resolver o problema de tornar a razão explicável para a natureza e felicidade humana, nas palavras de Lacoue-Labarthe e Nancy, "surgiu um abismo onde uma ponte deveria ser construída" (p. 30).[46] Entretanto, o propósito é que a filosofia de Kant, principalmente como articulada na terceira e última *Crítica*, aponta para longe de Fichte e das soluções racionalistas-idealistas para o problema. Como Lacoue-Labarthe e Nancy destacam:

> na ausência de um sujeito cuja própria presença seja garantida pela intuição primitiva e cuja *mathesis* dessa primeira evidência organiza a totalidade do conhecimento e do mundo *more geometrico*, o sistema como tal, apesar de ser profundamente desejado por Kant [...] está continuamente ausente, exatamente no ponto em que é mais necessário. (p. 32)

Os autores querem dizer que a razão prática kantiana requer ("anseia por") uma ligação sistemática entre natureza e intelecto para que o agente moral humano tenha efeito sobre o mundo (inclusive sobre sua própria personalidade). Mas o conhecimento de um sistema moral natural (e, portanto, também o conhecimento da nossa "substância moral") é impossível na explicação de Kant. A negação do conhecimento deste âmbito natural moral unificado reconhecidamente abriu um espaço para a crença (visto que a negação também inclui a negação do conhecimento da sua *não* existência), mas à custa de tornar intangível o aparato moral deste espaço. Assim, Kant criou uma tensão que não é resolvida pela hipótese da liberdade, de Deus e da imortalidade. Ao explicar a relação entre a terceira *Crítica* e os pré-românticos alemães, Lacoue-Labarthe e Nancy continuam:

> este "sujeito" da moral apenas pode ser definido negativamente como uma matéria que não é a matéria do conhecimento [...] como uma matéria sem *mathesis*, mesmo de si mesma. É, na verdade, apresentado como liberdade, e liberdade é o *locus* da "autoconsciência". Mas isso não implica que haja qualquer cognição – nem mesmo consciência – da liberdade, pois a liberdade, por sua vez, é apresentada apenas como *ratio essendi* da lei moral dentro de nós, o que, por causa exclusivamente desse fato [...] pode fornecer apenas um *ratio cognoscendi* de liberdade, o que não produz cognição. Esse fato

---

46. Philippe Lacoue-Labarthe e Jean-Luc Nancy, trad. Philip Barnard e Cheryl Lester, *The Literary Absolute: The Theory of Literature in German Romanticism* (Albany: State University of New York Press, 1988).

(a universalidade imperativa da lei) não é nem uma intuição nem um conceito. Como sujeito moral, em suma, o sujeito não recupera sua substância. (p. 31)

Em outras palavras, as dúvidas pré-românticas sobre a possibilidade de análise do "Eu" – ou seja, do sujeito humano, e seu ceticismo concomitante sobre um fim, o sistema total dentro do qual ele reside – são continuações de uma trajetória apresentada pela filosofia de Kant, e não uma ruptura com ela. As interpretações que estabelecem Kant dentro da tradição Idealista ignoram tal trajetória.

Todavia, focar, como Velkley, a problematização da razão de Rousseau e seu impacto em Kant ajuda a dar sentido aos aspectos da teoria estética de Kant que as interpretações formalistas ignoram.[47] O reconhecimento e a grande dívida de Kant para com os primeiros pré-românticos é, sem dúvida, uma força motriz, mas não, afirmo, uma tentativa de unificar a razão em um único princípio teleológico. A visão de Rousseau, sugiro, estimula-o a expandir a estética além da teoria convencional do "gosto" em direção a uma teoria da imaginação como uma força criativa na motivação humana e na natureza. Quaisquer que sejam as outras influências de seus contemporâneos e dos sucessores da filosofia alemã, a filosofia de Kant, principalmente sua teoria estética com sua nova visão pioneira sobre o poder da imaginação, continha as sementes do pré-romantismo alemão. Como tal, continuou a propagar a tendência do filosofar moral que tinha sido desenvolvida durante o século pelos filósofos e pelos teóricos literários que viram o potencial para iluminar a população por meio da arte. No capítulo 2, examino os aspectos dessa pré-história na Alemanha e analiso a interpretação da teoria da liberdade imaginativa de Kant formando uma só coisa com seus predecessores alemães. Suas preocupações com relação à emancipação humana pela educação estética foram, sem dúvida, uma influência importante, como a de Rousseau, nas próprias visões de Kant sobre a natureza humana e moral.

---

47. A recepção da estética de Kant em meados do século XX destacou os argumentos de Kant em favor de uma atitude desinteressada por parte do sujeito do juízo, e de uma definição do objeto estético puramente em termos de suas características formais (*design*, figura, etc.). Tal corrente tende a ignorar ou descartar outros aspectos do texto que tentavam ligar a reflexão estética com o interesse e o sentimento moral. A obra de Donald Crawford bem como a de Paul Guyer começam a levar as abordagens analíticas da estética de Kant em direção a uma análise mais séria dessas seções da terceira *Crítica*. Donald Crawford, *Kant's Aesthetic Theory* (Madison: University of Wisconsin Press, 1974); Paul Guyer, *Kant and the claims of Taste* (Cambridge, MA: Harvard University Press, 1979).

CAPÍTULO 2

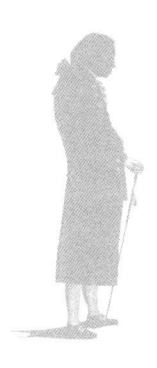

O poder da liberdade imaginativa

Assim como o conceito de liberdade é fundamental para a filosofia política e moral do Iluminismo, também é importante à teoria estética desse período. Isso é uma verdade muito clara para o Iluminismo alemão. Proposto inicialmente por Baumgarten, o conceito de autonomia da imaginação no juízo estético e na produção artística torna-se uma característica essencial para a teoria estética alemã, culminando na explicação detalhada de Kant sobre a atividade livre da imaginação nos juízos sobre o belo.

Um estudo do conceito kantiano de liberdade imaginativa também revela uma continuidade da filosofia alemã de Lessing a Schiller que não está aparente em outras abordagens da sua teoria estética. Ou seja, apesar de uma aparente ruptura com a tradição iluminista alemã criada pela insistência de Kant em que a estética é essencialmente irrelevante para a moral, sua explicação da liberdade imaginativa sugere a possibilidade de que o progresso político e moral podem estar intimamente relacionados com a nossa habilidade em fazer juízos estéticos universalmente válidos. Isso, por sua vez, sugere que o sistema de Kant deixou espaço para um apego "iluminado" à opinião de que nossa experiência do belo e da arte pode ter um papel indispensável a desempenhar em nosso aprimoramento moral.

A seguir, começarei por esboçar brevemente o desenvolvimento do conceito da liberdade imaginativa de Baumgarten a Lessing e, então, passarei a descrever a explicação de Kant desse conceito. Na última parte, argumento que a explicação de Kant sobre a liberdade imaginativa oferece uma solução para o problema de como a razão pode nos levar a aspirar a produzir o sumo bem – isto é, um mundo moral – na Terra. Concluo sugerindo que em vista das possibilidades que sua ideia de liberdade imaginativa oferece para a moral, a teoria estética de Kant pode ser vista como um "elo perdido" entre as visões de Lessing sobre a natureza didática da arte e as de Schiller sobre a educação estética.⁴⁸

A Liberdade Imaginativa de Baumgarten a Kant

A estética, como disciplina filosófica distinta, foi desenvolvida, e o termo "estética" foi cunhado por Alexander Gottlieb Baumgarten, um discípulo do filósofo racionalista Christian Wolff. Apesar de Baumgarten ter sido um discípulo fiel de Wolff e um racionalista convicto, ele, no entanto, defendeu que havia uma necessidade nessa tradição de uma explicação da lógica dos juízos sobre a sensação. Para o predecessor filosófico de Wolff, Leibniz, a percepção sensorial estava muito obscura e indistinta para dar origem, sozinha, a uma estrutura sistemática. Nas palavras de Leibniz: "O gosto visto como distinto do entendimento consiste em percepções confusas, às quais não se pode dar uma razão adequada. É algo como um instinto".⁴⁹ Também para Wolff, a sensação não passa de uma percepção confusa e, portanto, pertence às faculdades cognitivas "inferiores". Para esses filósofos, a percepção sensorial manifesta ordem na medida em que ela é imposta "de cima" pela razão. O problema, segundo Baumgarten, era que o conhecimento sensorial na tradição racionalista é, portanto, ou igualado a alguma coisa como o instinto (e não é conhecimento de forma alguma) ou visto como uma espécie inferior de conhecimento.

Baumgarten era poeta, além de filósofo, e queria assegurar para a arte uma validade objetiva e uma pretensão de verdade como a da cognição. Em seu *Meditationes Philosophicae... (Reflexões sobre a Poesia)*, publicado em 1735, Baumgarten afirmou que as faculdades da sensação ditas inferiores, memória e imaginação, tinham suas lógicas análogas, mas não idênticas, à da razão.⁵⁰ O método da razão envolve deixar as sensações claras e distintas por meio da abstração, da definição e da

---

48. Lewis White Beck foi quem sugeriu a frase e deu conselhos muito úteis para melhorar os rascunhos deste capítulo. Também sou grata aos membros do NEH do Seminário de verão "What is Enlightenment?" de James Schmidt, de 1989, pelos comentários adicionais no capítulo e por terem me encorajado a desenvolver a tese defendida aqui. Por fim, sou grata a John Fisher e a Rudolf Makkreel pelas críticas e sugestões valiosas.
49. "Le goût distingué de l'entendement consiste dans les perceptions confusés, dont on ne saurait assez rendre raison. C'est quelque chose d'approchant de l'instinct" (Gottfried Wilhelm Leibniz, *Philosophische Schriften*, ed. C. I. Gerhardt [Berlin, 1875–90], III, 420); trad. de *Philosophical Papers and Letters*, ed. e trad. Leroy Loemker (Chicago: University of Chicago Press, 1956), II, 1031.
50. Alexander G. Baumgarten, *Meditationes Philosophicae de Nonnullis ad Poema Pertinentibus* (Halle, 1735), trad. K. Aschenbrenner e ed. W. B. Holther como *Reflections on Poetry* (Berkeley: University of California Press, 1954).

demonstração. Mas o belo é destruído pelas ferramentas da razão exatamente porque esses processos reduzem a natureza sensitiva, concreta e individual do belo. O *"analogon* da razão", como chamou Baumgarten o conjunto das faculdades dos sentidos, memória e imaginação, tem uma lógica própria e específica para o juízo do belo, livre das leis da abstração, da definição e da demonstração que a razão impõe sobre a cognição.[51] Portanto, o nascimento da estética racionalista na filosofia de Baumgarten abre caminho para uma explicação filosófica do juízo estético na qual a independência das restrições do juízo cognitivo é um tema dominante.

O movimento na filosofia alemã para a emancipação do belo pela cognição foi um eco do que tinha começado anteriormente nos círculos literários alemães. Bodmer e Breitinger, conhecidos como "Críticos suíços de Zurique", tinham criticado o fetiche por regras da teoria dramática e literária racionalista dominante representada especialmente por J. C. Gottsched. Gottsched assumiu como própria a tarefa de melhorar o *niveau* literário alemão e, para isso, aplicou regras rígidas originalmente esboçadas por Horácio e Aristóteles e adaptadas pelos teóricos estéticos franceses contemporâneos como Boileau. A insistência de Gottsched em uma aplicação literal das regras classicistas levou a prescrições absurdas como, por exemplo, proibir os monólogos ("Pessoas inteligentes tomam o cuidado de não falar em voz alta quando estão sozinhas") e os apartes ("É como se aqueles presentes tivessem perdido sua audição por esse curto período"), considerando-os "improváveis" e "artificiais".[52] Uma ênfase exclusiva sobre a "racionalidade" (*Vernünftigkeit*) e a insistência em seguir regras específicas foram consideradas pelos críticos de Gottsched como uma negação da importância da imaginação e da criatividade artística. Bodmer e Breitinger, assim como Baumgarten, permaneceram racionalistas. Ou seja, não negavam a necessidade da governabilidade na experiência estética e na criação, mas acreditavam que a imaginação, tanto a do artista como a do crítico, deveria estar livre para representar um papel maior na arte e na crítica.[53]

---

51. Alexander G. Baumgarten, *Aesthetica* (Hildesheim, 1961), Sect. I e 555–565. Cf. também Lewis White Beck, *Early German Philosophy: Kant and his Predecessors* (Cambridge, MA: Belknap Press de Harvard University Press, 1969), pp. 279-280.
52. "Kluge Leute aber pflegen nicht laut zu reden, wenn sie allein sind" e "es wäre denn, dass die anwesende Person auf eine so kurze Zeit ihr Gehör verloren hatte" (J. C. Gottsched, *Versuch einer Critischen Dichtkunst: Ausgewählte Werke*, eds. Joachim Birke e Birgitte Birke [New York, 1973], p. 353).
53. J. J. Bodmer e J. J. Breitinger, *Von dem Einfluss und Gebrauche der Einbildungs-Kraft; Zur Ausbesserung des Geschmackes; Genaue Untersuchung Aller Arten Beschreibungen, Worinne die ausserlesenste Stellen der berühmtesten Poeten dieser Zeit mit gründtlicher Freyheit beurtheilt werden* (Frankfurt, 1727).

De longe, o maior expoente da liberdade artística na Alemanha foi Gotthold Ephraim Lessing, talvez mais conhecido por sua defesa da liberdade religiosa e da tolerância em trabalhos como *Die Erziehung des Menschengeschlechts* e *Nathan der Weise*. A estética, porém, era tão importante para ele como a liberdade religiosa. De acordo com o seu pensamento filosófico, as discussões literárias vieram primeiro e, eu diria, ajudaram a desenvolver seus trabalhos futuros sobre a religião. Lessing, assim como Bodmer e Breitinger antes dele, reagiu com severidade ao racionalismo excessivo da teoria literária alemã, sendo que a sua polêmica com Gottsched é bem conhecida. A grande arte, argumenta Lessing, não é fruto do seguimento de receitas, mas da genialidade, e a genialidade tem sua regra própria. Na sua famosa *Décima sétima carta sobre a Literatura*, publicada em série de 1759 a 1760, Lessing argumenta que os alemães, em vez de olharem para o excessivamente "delicado" e "polido" drama dos franceses, teriam feito melhor se voltassem a atenção ao drama britânico, principalmente para Shakespeare, cuja genialidade está em sua habilidade de instigar a paixão em seu público.[54]

Dessa forma, Lessing entrou no debate sobre o papel das regras na produção e na crítica artística, e foi muito além de Baumgarten e dos críticos suíços ao apregoar a centralidade do sentimento na arte e insistir na liberdade do artista para estimular o sentimento de qualquer forma que fosse mais efetiva.[55] Em *Laokoon*, publicado em 1766, Lessing discute que o poeta deve evocar sentimentos por quaisquer meios de que o leitor se pudesse valer para usar sua imaginação. Os recursos disponíveis ao pintor são diferentes daqueles do poeta. O pintor trabalha com os corpos no espaço; o poeta, com eventos no tempo. Mas a meta final, tanto do pintor quanto do poeta, é produzir no público uma resposta imaginativa. "Apenas isso é frutífero", diz Lessing, "aquilo que permite a imaginação atuar livremente".[56] Para Lessing, a liberdade imaginativa é importante porque permite a resposta emocional mais forte possível para uma obra de arte. Visto que para Lessing a liberdade imaginativa também é a chave para o sucesso do artista, insistir em uma aplicação mecânica de regras na arte não é melhorá-la, mas garantir a sua mediocridade contínua. Lessing, contudo, não vai tão longe a ponto de

---
54. Gotthold Ephraim Lessing, *Briefe. Die neueste Literatur betreffend* (1759), *Werke*, ed. Herbart G. Göpfert (Munich, 1973), V: 71ff.
55. Na verdade, o *Laokoon* pode ser lido como inicialmente um apelo pela liberdade do poeta das amarras emocionais do neoclassicismo de Winckelmann.
56. Lessing, *Laokoon*, *Werke*, ed. Herbart G. Göpfert (Munich: x, 1973), VI, 25-26, Sect. III: "Das jenige aber nur allein ist fruchtbar, was der Einbildungskraft freies Spiel lässt".

dizer que *não devem existir* regras para a genialidade artística; diz que a genialidade tem a sua própria lógica interna. "Nem todo crítico é um gênio, mas todo gênio é um crítico nato. O gênio tem proteção contra regras dentro de si",[57] eis o que dizia Lessing. Os gênios demonstram a sua autonomia não ao ignorar todas as regras, mas ao produzir regras a partir de si mesmos. A sensação (*Empfindung*) e o conhecimento intuitivo devem ser capazes de serem expressos em palavras – de serem generalizados –, para que a genialidade possa aprimorar suas primeiras tentativas: "Quem pensar corretamente também inventa e quem deseja inventar deve ser capaz de pensar". [58] Dessa forma, Lessing não rejeita de modo algum a estética racionalista como um todo. Além disso, para ele, tanto quanto para os outros racionalistas, o objetivo final da arte é a educação.

A explicação de Lessing sobre a autonomia do gênio produz algumas semelhanças à explicação de Kant sobre a liberdade moral, segundo a qual a liberdade do indivíduo consiste não em ignorar a lei, mas em impor a lei a si mesmo enquanto ser racional e, por conseguinte, a todas as criaturas racionais. Na explicação de Lessing, os gênios seguem suas próprias leis, mas de forma a serem capazes de comunicar suas invenções ao seu público. Em razão da forte convicção de Lessing de que a arte deve educar, pode-se esperar encontrar em sua teoria algum tipo de correspondente estético ao imperativo categórico de Kant para a moral. Entretanto, nada do gênero chega a ser descoberto. A famosa frase de Lessing, "Quanto mais solidária, melhor é a pessoa",[59] está muito próxima da expressão generalizada dada para o seu primeiro princípio da invenção dramática – que o escritor deve tentar produzir solidariedade no público. Contudo, isso não é declarado explicitamente como uma fórmula universalmente válida para todas as produções artísticas; nem é uma surpresa, visto que Lessing não está preocupado em produzir uma estética sistemática.[60] Embora acreditasse que o objetivo de toda arte

---

57. Lessing, *Hamburgische Dramaturgie*, *Werke*, ed. Herbart G. Göpfert (Munich: x, xxxx), IV, no. 96, 673. "Nicht jeder Kunstrichter ist Genie; aber jedes Genie ist ein geborner Kunstrichter. Es hat die Probe aller Regeln in sich."
58. "Wer richtig räsoniert, erfindet auch; und wer erfinden will, muss räsonieren können" (*Werke*, ed. Herbart G. Göpfert, IV, no. 96, 675).
59. "Der mitleidigste Mensch ist der beste Mensch, zu allen gesellschaftlichen Tugenden, zu allen Arten der Grossmutt der aufgelegteste" (carta para Nicolai, novembro, 1756, Werke, ed. Herbart G. Göpfert, IV, 163).
60. Cf. uma afirmação típica em *Hamburgische Dramaturgie Werke*, ed. Herbart G. Göpfert, no. 95, 670: "Ich erinnere hier meine Leser, dass diese Blätter nichts weniger als ein dramatisches System enthalten sollen. Ich bin also nicht verpflichtet, alle die Schwierigkeiten aufzulösen, die ich mache". (Aqui, lembro meu leitor que a última coisa que pre-

fosse promover o progresso moral humano, seu interesse específico na teoria dramática, sem dúvida, fez com que a necessidade de uma explicação detalhada sobre a imaginação artística parecesse menos urgente. No entanto, o ponto de vista essencialmente racionalista de Lessing sobre a natureza didática da arte parece exigir que alguma explicação seja possível, caso o papel exato da estética na educação dos seres humanos fosse descrito. Portanto, é de certa forma surpreendente que essa explicação apareça primeiramente na teoria estética de Kant, na qual a visão da arte e do belo que serviria de propósito da perfeição moral é abandonada. No entanto, só depois de Kant é que as possibilidades criativas da liberdade imaginativa receberiam tratamento sistemático detalhado na teoria estética alemã.

A explicação de Kant sobre a liberdade moral é bem conhecida. Em *Fundamentos da Metafísica dos Costumes*, ele dá o que chama de uma explicação negativa e positiva desse conceito. Por um lado, significa a liberdade da causalidade dos desejos sensoriais mais inferiores; por outro, significa liberdade para agir de acordo com uma lei da razão prática que concedemos a nós mesmos como seres racionais.[61] A lei moral está bem no centro do círculo de conceitos que constituem a essência da teoria moral kantiana. Entretanto, Kant diz, o juízo reflexivo estético tem seu próprio "território", dentro do qual, apesar de não ser soberano, está livre da obrigação de administrar leis de cognição e moral.[62] Ou seja, na reflexão estética, o juízo não está imediatamente sujeito às leis do entendimento (isto é, às categorias). Está livre da determinação cognitiva – não tem de predicar conceitos empíricos do objeto. Tampouco o juízo está diretamente preocupado com a aplicação do Imperativo Categórico à reflexão estética. Está, portanto, livre da determinação da moral: não podemos perguntar, no contexto de uma experiência estética pura, se este objeto é ou não virtuoso ou promove a virtude. Assim, embora os juízos sobre o belo devam sempre ser "voltados para a cognição em geral"[63] e nenhuma atividade baseada no juízo estético possa violar o Imperativo Categórico, o juízo em sua capacidade reflexiva não precisa aplicar uma regra do juízo cognitivo ou moral. Além disso, a

---

tendo que estas páginas contenham é um sistema dramático. Portanto, não sou obrigado a resolver todas as dificuldades que criei.)
61. Immanuel Kant, *Grundlegung zur Metaphysik der Sitten*. 4: 446; *Kritik der praktischen Vernunft*, V: 28-29.
62. Kant, *Kritik der Urteilskraft*, V: 177.
63. Cf. Parte 9, V: 217, e também a Parte 22, V: 240-241, em que Kant fala da "livre legalidade da imaginação" (*freie Gesätzmässigkeit der Einbildungskraft*), e afirma que a imaginação nos juízos de gosto puro é livre de qualquer compulsão para "proceder de acordo com determinar a lei" à mas isso não está relacionado autolegislação (autonomia).

experiência estética do belo também está livre do que Kant chama de "mera" subjetividade – ou seja, os desejos dos sentidos para uma resposta prazerosa imediata não são fatores determinantes na percepção do belo. Logo, a liberdade estética bem como a liberdade moral são caracterizadas pelo fato de não serem determinadas por desejos sensoriais e egoístas.

O precedente pode ser chamado de "explicação negativa" de Kant sobre a liberdade imaginativa. Mas Kant também tem uma explicação positiva da liberdade imaginativa, e é aqui que a natureza radical deste tipo de liberdade pode ser vista. Pois, no campo da estética, o juízo tem uma folga do trabalho cognitivo e moral; nenhum conceito deve ser aplicado, nenhum mandato deve ser seguido. Nossos juízos sobre o belo não são determinados por suas leis. Em vez disso, o objeto de um juízo reflexivo estético é determinado unicamente pelo "estado mental no qual estamos quando a imaginação e o entendimento estão em livre interação".[64] Essa liberdade imaginativa ocorre no "simples julgar" um objeto de forma totalmente desinteressada, permitindo que a imaginação brinque livremente com as formas que o objeto apresenta à percepção; ou ocorre de forma "produtiva" no artista, quando é usada para produzir e exibir "Ideias estéticas" – "intuições íntimas" indeterminadas que "estimulam muito pensamento", mas que não podem ser captadas discursivamente.[65] Em ambos os casos, o juízo determina seu objeto de acordo com o sentimento em vez de usar uma lei objetiva.[66]

Mas qual é o valor fundamental dessa liberdade radical – dessa falta de restrição descrita pela ética de Kant? Está bem claro que a liberdade moral é inestimável, como diria Kant. Ela tem um valor absoluto como uma condição necessária do comportamento virtuoso. Mas o tempo disponível para a livre interação que Kant concede à imaginação dentro do território cuidadosamente circunscrito do juízo reflexivo sugere, ao mesmo tempo, certa imaturidade e falta de importância em comparação com aqueles reinos do esforço humano que são capazes do autocontrole e da autonomia.

Para sermos honestos, Kant, como Lessing, concede que a arte bela é valiosa enquanto meio para civilizar os seres humanos (V: 433-434).

---

64. Kant, Parte 9, V: 217-218: "der Gemüthszustand in dem freien Spiele der Einbildungskraft und des Verstandes".
65. Parte 48, V: 313, para a diferença entre gosto e produção artística, e Parte 49, V: 313-314, para a introdução da noção das Ideias estéticas.
66. O sentido no qual o sentimento pode ser um fundamento determinante de um juízo de gosto é discutido no meu artigo "Kant's Concept of Beauty", *History of Philosophy Quarterly* 3 (1986): pp. 311-324.

Além disso, Kant acredita que a nossa experiência do belo é social – ou seja, o nosso interesse no belo, na verdade, surge apenas em sociedade, onde existe a possibilidade de comunicação de sentimentos estéticos (V: 296ff, V: 205n). E, embora Kant argumente que a experiência estética não nos torna mais virtuosos, acredita que o apreço por objetos na natureza possa facilitar o apreço por nossos companheiros seres humanos (V: 354). No entanto, na melhor das hipóteses, parece que para Kant o exercício da imaginação no juízo estético do belo pode nos socializar, pois produz em nós um senso do valor dos outros seres humanos como parte do mundo natural.[67]

Mas podemos e devemos contrapor a essa tese que um sentimento de harmonia gerado em nós pela livre reflexão da imaginação sobre o belo é bem diferente de *estar* realmente livre e em harmonia com o mundo ao nosso redor. A liberdade moral não é ilusão porque é baseada em uma exigência da razão prática – é necessária para a possibilidade de toda e qualquer ação moral. Mas a liberdade da imaginação na explicação de Kant é um pré-requisito apenas se formos capazes de olhar para o mundo *como se* ele estivesse em ordem e em harmonia com o nosso entendimento. A liberdade imaginativa não *constitui* essa ordem e harmonia. Na verdade, como agentes morais, estamos constantemente diante da evidência de que o mundo natural não está bem ordenado de acordo com nossos melhores esforços. Ou seja, temos regularmente que ver a virtude moral não sendo recompensada. Parece que a melhor coisa que uma imaginação "a brincar" pode oferecer é uma forma de esquecer esse fato pelo tempo que nos leva a julgar um objeto de uma forma completamente desinteressada, "brincalhona", visto que, durante o tempo em que estamos contemplando a beleza de um objeto, estamos livres de qualquer interesse. O juízo de que algo é belo não foi feito com o objetivo de gerar um interesse (V: 205n). A teoria estética de Kant é única no Iluminismo na medida em que desiste da visão racionalista de que o propósito final da arte é a perfeição da humanidade. Assim, o desafio para Kant permanece: será que a liberdade de imaginação tem algum valor além de fornecer um alívio temporário para o mundo moralmente hostil?

---

67. Em "Imagination and Temporality in Kant's Theory of the Sublime" (*Journal of Aesthetics and Art Criticism* 42 [1984], pp. 303-315), Rudolf Makkreel argumenta de forma bem convincente que a explicação de Kant do juízo do sublime da imaginação pode desempenhar um papel importante na integração das faculdades na teoria completa de Kant. Se eu estiver correta, então a função da imaginação em fazer juízos sobre a *beleza* também deve ter um papel-chave a desempenhar na reintegração da imaginação, do entendimento e da razão prática.

Imaginando o Sumo Bem

Já na *Crítica da Razão Pura*, Kant mostra algum desconforto diante de uma lacuna aparentemente impossível de ser eliminada, que a sua filosofia cria entre o ser humano enquanto membro do mundo sensível determinado casualmente e o ser humano enquanto membro livre de um mundo compreensível ou do "reino das finalidades". O problema surge aqui da seguinte forma: a razão prática me diz o que devo fazer – isto é, o que é moral – com o mandamento: "Faz o que pode tornar-te digno de ser feliz". Porém, se eu praticar tal ato, posso, então, esperar obter a felicidade neste mundo? A resposta dever ser "sim", diz Kant, pois em nosso pensamento sobre a moral é necessário "assumir que todos têm motivos para esperar a felicidade na quantidade em que eles, por meio de suas condutas, se tornaram dignos dela [...] O sistema da moral é, portanto, inseparável [...], inextricável, da felicidade".[68] Em um mundo inteligível – um mundo de criaturas puramente racionais –, a felicidade seria necessariamente proporcional à moral, visto que, em tal mundo, nosso único desejo seria racional – em outras palavras, o desejo de ser razoável. Em tal mundo, a liberdade moral do mundo seria em si a causa da felicidade.

Kant, porém, imediatamente deixa sua afirmação de que a esperança de felicidade na proporção da virtude é uma suposição necessária; o filósofo lembra que "esse sistema de moral autorrecompensadora é apenas uma Ideia; a sua implementação depende da condição de que *todos* façam o que devem" (A801/B838). Nossas obrigações morais permanecem obrigatórias, entretanto, mesmo que os outros não se comportem moralmente; e, no mundo natural, onde motivos e forças a não ser a reverência pela lei moral estão atuando, não há como garantir que as consequências das nossas ações morais serão felizes. Então, Kant conclui aqui, "A suposta conexão necessária entre a esperança de uma felicidade e o esforço necessário para tornar-se digno da felicidade não pode, portanto, ser conhecida pela razão".

A existência de um mundo moral não pode ser conhecida, apesar de na *Crítica da Razão Prática* Kant nos dizer que a obediência à lei moral exige que adotemos o sumo bem (*summum bonum*) como nosso objetivo, sendo que o supremo bem é interpretado como "a ligação sistemática da moral como o supremo bem [*bonum supremum*] com a totalidade de outros bens (resumidos na 'felicidade')".[69] Em outras

---

68. Kant, *Kritik der reinen Vernunft* A809/B837.
69. *Critique of Practical Reason*, V: 110-111. A explicação de Allen Wood (em *Kant's Ethical Thought*, Cambridge: Cambridge University Press, 1999) do *summum bonum* na

palavras, a razão nos ordena a tentar criar um mundo moral na Terra apesar de isso se tratar de uma finalidade cuja possibilidade prática não pode ser conhecida. Se a moral exige que nos esforcemos para produzir o sumo bem, e ainda assim não podemos *conhecer* a existência do presente ou do futuro de tal mundo, então, Kant diz que devemos pelo menos ser capazes de *acreditar* que seja possível produzi-lo, pois, caso contrário, a lei moral em si seria ilusória: "Se o sumo bem é impossível segundo as leis práticas, então a lei moral, que ordena a propulsão do mesmo, deve necessariamente, também, ser fantástica e dirigida a um fim vazio, imaginário e, por conseguinte, falso em si mesmo" (V: 114).

Nossa esperança em produzir o sumo bem pode ser fundamentada apenas em uma crença racional na sua possibilidade; e isso, por sua vez, é possível, Kant argumenta, apenas se postularmos a imortalidade da alma (de maneira que, sendo o sumo bem condicionado à perfeição moral dos indivíduos, somente algo que pode ser completo em uma "progressão infinita" pode tornar-se praticável) e a existência de um ser supremo capaz de cuidar para que o domínio das finalidades seja atualizado em uma vida futura (V: 122, 124).

Entretanto, esse movimento é altamente problemático dentro do contexto da filosofia crítica. Em primeiro lugar, reintroduz no centro da ética de Kant conceitos fundamentais da metafísica especulativa que tinham sido desacreditados pela razão crítica, em uma atitude profundamente inconsistente. Retornaremos a esse assunto no capítulo 5. Lewis White Beck argumenta que Kant realmente afrouxou as restrições da crítica nesse ponto, permitindo à verdade dos postulados um papel no raciocínio teórico, ainda que muito pequeno: "Penso não haver dúvidas de que ele via seu argumento para aquilo que foi proposto deste modo, e não apenas como um argumento em favor da necessidade da proposição" (p. 264), embora Beck também destaque que "toda essa discussão de Kant, se válida, traz a necessidade de transformar certos postulados em atos, e não a verdade dos postulados criados desse modo" (p. 263).

Em vez de aceitar essa inconsistência metodológica da parte de Kant, é tentador ver a introdução do Deus e da imortalidade como uma maneira estratégica de apaziguar as forças reacionárias que àquela altura chegavam ao poder na Prússia. Logo, Frederick Beiser sugere que neste ponto da filosofia crítica, em que tal introdução causa o menor "dano", as doutrinas religiosas são usadas de modo calculado para impedir os censores e permitir que Kant desenvolva o argumento mais

---

segunda *Crítica* é excepcionalmente clara e útil ao expor a relação das partes que compõem o conceito. Cf. capítulo 9, Parte. 4.2, "O sumo bem", pp. 311-313.

forte em favor da liberdade de expressão.⁷⁰ Com certeza, como Beiser destaca, a introdução de um poder sobrenatural para manter a promessa de realizar o que deve ser uma tarefa humana constitui uma traição profunda de seus valores políticos, sugerindo que um estado justo pode ser realizado apenas com a ajuda de Deus, no futuro.

Susan Neiman concorda que o postulado de Deus e da imortalidade de Kant equivale a uma confissão da impossibilidade de realizar o mandato da lei moral de criar um estado moral dentro da natureza. Ela tem opiniões diferentes das afirmações feitas por Velkley e Yovel, de que Kant quer que o conceito de sumo bem seja realizável neste mundo, mesmo que apenas no curso de uma longa história em direção ao progresso. Neiman vê Kant profundamente cético sobre a possibilidade dessa realização. Mesmo se os seres humanos pudessem ser moralmente perfeitos e fizessem tudo corretamente, a injustiça cósmica do mal natural continuaria impedindo nossos planos e frustrando nossas esperanças morais de instituir o sumo bem dentro do mundo da natureza. Ao mesmo tempo, Kant reconhece que para "reestruturar as relações humanas segundo as leis [da razão], seria necessário percorrer um longo caminho para alcançá-las". Segundo ela, Kant "enfatiza" isso.⁷¹ Dessa forma, ela sustenta que há uma tensão insolúvel na filosofia crítica kantiana, tensão que o conceito do ideal do sumo bem e a hipótese de Deus e da imortalidade não suavizam. A adoção de postulados do progresso pode servir melhor, afirma Neiman, para solucionar as necessidades da razão prática de uma esperança racional ao "substituir a fé no progresso humano pela fé em Deus":

> Visto que a fé racional não se preocupa com os objetos em si, mas com as nossas necessidades e capacidades morais, Kant pode muito bem permitir que o conteúdo dos postulados mudasse enquanto a forma de argumentação pelas suas necessidades permanecesse a mesma. Desse modo, pode ser o caso de que as necessidades da razão tivessem mudado o ponto que nós, duzentos anos depois de Kant, não precisássemos imaginar para nós mesmos um Deus individual que mantenha nossas convicções morais; podemos fazer isso com algumas suposições mais gerais. A extrema indeterminação do postulado de Kant da existência de Deus reforça essa ideia

---

70. Frederick Beiser, *Enlightenment, Revolution and Romanticism* (Cambridge, MA: Harvard University Press, 1992). Ele o chama, e com justiça, "um compromisso com o *status quo*" em Kant, p. 53.
71. Susan Neiman, *The Unity of Reason: Rereading Kant* (Oxford: Oxford University Press, 1994), p. 178.

> [...] Será que esse postulado ínfimo da existência de Deus pode ser substituído pelo postulado de que o mundo como um todo está progredindo em direção ao melhor? Há algumas razões para pensar que sim. Kant faz uma relação entre o primeiro postulado e o anterior e apresenta essa afirmação como uma necessidade da razão prática. (p. 179)

Em outras palavras, o que importa para a moral não é o que postulamos nem como postulamos. Neiman argumenta que a função do postulado não é fazer afirmações verdadeiras sobre o mundo, mas ajustar nossa atitude e consequentemente nosso comportamento. O que importa não é que afirmemos a existência de algum objeto em particular (embora, como Beck frisa, na verdade nós *afirmamos*), mas que adotemos uma atitude ou *Denkungsart* – uma forma de pensar – que envolva confiança ou crença em nossas próprias habilidades. A definição de Kant para a fé racional na "Crítica do Juízo Teleológico" dá suporte a essa interpretação.

> A fé (como *habitus*, não como *actus* [*como atitude e não como um ato*]) é a forma moral da razão de pensar em assentir com o que não está acessível à cognição teórica. É a tendência constante da mente em assumir como verdade o que devemos necessariamente pressupor como condição para a possibilidade de atingir o propósito final de uma moral mais elevada; assumimos isso por causa do nosso comprometimento com essa finalidade última e apesar de não podermos saber se é possível atingir isso (nem, consequentemente, se são possíveis as condições sob as quais nós, sozinhos, podemos compreender o alcance desse objetivo). (V: 471-472)

Felicitas Munzel faz uma discussão paralela com respeito às condições exigidas para a perfeição da personalidade e da fé racional, em outras palavras, esse desenvolvimento da personalidade exige que coloquemos nossa confiança nas "promessas" da razão. Em *Kant's Conception of Moral Character* [Concepção do Caráter Moral de Kant], ela afirma que o objetivo dos postulados é a regularidade do caráter, tanto que podemos executar nossas obrigações para conosco e para com o mundo ao nosso redor sem hesitar. Sustentando que o sentimento não cumprirá esse papel, Munzel defende a opinião de que a fé racional dos postulados é apenas a aplicação dos princípios reflexivos do juízo – isto é, adotar a crença na existência de Deus ou na nossa própria imortalidade é apenas uma aplicação máxima da fé racional que Kant define na *Crítica do Juízo*. Como ela coloca:

> Diante de uma tarefa moral, a razão prática se vale, de maneira reflexiva e contra as dúvidas que surgem por meio da falha das tentativas especulativas em questão, do princípio subjetivo de "respeitar como verdade o que é inacessível à cognição teórica", princípio este necessário a um ponto de vista moral. Fazer isso é exatamente o que significa ter uma fé racional (pp. 206-207).

A explicação de Munzel evita discutir se os postulados fazem um apelo à existência e às dificuldades presentes. Como Neiman, ela pensa que o assunto consiste em adotar uma atitude ou "conduta de pensamento": a adoção dos postulados, na explicação de Munzel, é a adoção de um "*Denkungsart* moral", ou uma forma de pensar em que o "sujeito humano" toma uma decisão sobre como pensar, não sobre o mundo, mas sobre si mesmo. Nas palavras de Munzel, "o sujeito invoca o máximo da fé racional" e assim "reconfirma" sua resolução moral:

> A essência dessa regularidade renovada, o juízo que a causou, é uma relação da confiança interior entre a razão prática e o agente humano, uma confiança que reforça o trabalho proativo em direção do bem pelo caráter moralmente bom no mundo. (p. 213)

O juízo feito pelo sujeito individual é, na explicação de Munzel, um tipo de contrato ou "promessa" com sua própria razão prática: "é uma nota promissória interna" com a razão prometendo a capacidade de realização do bem na natureza, sendo que o sujeito aceita a promessa e responde a ela ao se empenhar firmemente em cumpri-la. Em essência, a explicação de Munzel vê os postulados como um salto de fé do sujeito moralmente motivado para dentro do abismo da razão humana, um ato de confiança que capacita a mente para um penoso e longo caminho na estrada da retidão moral.

Há muito para ser dito sobre esta explicação não ontológica da doutrina da fé racional e dos postulados. Isso evita o tema da "traição" de Kant à crítica da especulação metafísica e enfatiza o que certamente era um ponto importante para Kant, a saber, que se a lei moral nos manda fazer algo, necessitamos agir e isso significa adotar *qualquer* condição necessária para essa ação. É fácil partir da visão de Nieman e Munzel, de que as próprias condições não preocupam Kant tanto quanto a atitude de prontidão que possibilitam, para a conclusão de que as próprias condições são internas: elas envolvem o estabelecimento de uma relação de confiança com a própria razão de alguém. A fé em Deus nessas explicações se torna apenas uma versão do que é basicamente a fé na razão.

Tão interessante quanto esta proposição é, acredito, a falta de um aspecto crucial do problema: os postulados, para que atuem, devem nos conectar com o mundo em toda a sua variabilidade contingente. Afinal, é este mundo que causa problemas para a razão, tanto com respeito ao desenvolvimento da nossa personalidade moral durante a vida quanto ao desenvolvimento de um ambiente mais justo socialmente durante o curso da história. Seja neste mundo ou no próximo, é difícil ver como um mero postulado da razão – seja como uma crença em Deus e na imortalidade, ou no progresso humano na história, seja como um pacto com a razão em si – resolveria de fato o problema de Kant, pois o problema não é apenas sobre a atitude, mas também sobre a *motivação* racional. É uma questão de *termos um bom motivo* para que nos imaginemos atingindo o que a razão exige, de *sentir* que é possível conseguir um mundo justo. Posso escolher acreditar em Deus, tentar acreditar em Deus, mas, se não o sentir realmente ou não puder imaginar que Deus existe, não há, neste caso, esperança para mim. Pode ser verdade que algumas pessoas sintam que Deus existe e imaginem conhecê-Lo, mas a revelação de uma pessoa é a ilusão de outra, e nenhuma quantidade de mandamentos morais pode forçar um sentimento em um cético. Duas facetas são necessárias: na primeira, alguma evidência concreta e natural de que o mundo é racional e condescendente com os nossos projetos morais; na segunda, a evidência de que nós mesmos podemos consumá-los.

Kant tinha a dolorosa consciência da falta de tal evidência na maior parte da experiência humana. Neiman, corretamente, destaca que Kant não era otimista, argumentando que, apesar de tudo, para ele, "o otimismo tornava-se [...] uma obrigação moral" (p. 181). Mas a esperança não é uma atitude puramente racional – é um *incentivo,* e incentivos envolvem sentimentos.[72] Os sentimentos não podem simplesmente ser adotados de acordo com a vontade e muito menos podem ser impostos de maneira justa. Na verdade, a lei moral exige que nós, mortais, nos esforcemos para a construção do sumo bem; consequentemente, nossa esperança para atingir este fim deve se basear em uma *crença*

---

72. Isto é, com uma notável exceção: a lei moral pode ser um incentivo, apesar de "por que ela fornece um incentivo" é um "problema insolúvel para a razão humana". Mas os efeitos das leis morais podem ser sentidos e, portanto, podem ser motivados de uma forma negativa, visto que a supressão ou erradicação do sentimento também é sentida – como dor (V: 72–73).

na nossa própria habilidade de fazê-lo. Mas simplesmente não adianta "postular" que um Deus existe e que isso completará a tarefa *para* nós, nem que temos uma quantidade infinita de tempo para atingir nossa meta, visto que tal posição equivale a admitir a desesperança de nossa busca como simples mortais.[73] Por fim (seguindo a sugestão de Neiman), mesmo a postulação como uma ideia reparadora de que "o mundo como um todo está progredindo em direção ao bem", parece ser uma crença sem esperança se não *sentirmos* realmente que isso seja verdade. O mandato da razão, diz Kant, é que nos esforcemos para provocar o sumo bem aqui, no mundo, e com nossas próprias forças. A menos que possamos nos imaginar executando o progresso em *nós*, cedo ou tarde estaremos sujeitos ao desespero, dado o caráter sisifiano da tarefa que *nos* cabe cumprir. A posição indiferente de Lewis W. Beck mostraria ser a única opção interpretativa propícia: a afirmação de Kant de que a razão nos manda procurar o sumo bem poderia resumir-se a nada mais que uma reiteração do mandato de obedecer o Imperativo Categórico e "[o conceito do sumo bem] não importa na filosofia de Kant para qualquer consequência prática possível".[74]

Pode-se argumentar que o postulado da existência de Deus não alivia os seres humanos da sua obrigação de trabalhar para um mundo melhor aqui e agora, pois Deus é apenas postulado como o fundamento necessário e o fiador da possibilidade de nosso sucesso futuro. Yirmiyahu Yovel argumenta nesse sentido em *Kant and the Philosophy of History:* "No máximo, Deus nos ajuda a nos ajudar. A solução que Kant sugere para a antinomia deve ser encontrada na habilidade, não de Deus, mas do homem, embora a habilidade do homem pressupõe a existência de Deus e não pode ser deduzida de suas próprias características imanentes".[75] Mas, novamente, trata-se de uma solução para a antinomia apenas se pudermos dar uma explicação plausível e verdadeiramente estimulante de como é possível que "nos ajudemos" criando um mundo moral. Sugiro que a explicação de Kant da liberdade imaginativa na *Crítica do Juízo* fornece o material para tal explicação.

---

73. John R. Silber, "Kant's Conception of the Highest Good as Immanent and Transcendent", *Philosophical Review* 68 (1959), pp. 474-475, faz uma crítica semelhante do argumento de Kant. Cf. a resposta de Allen Wood para esse artigo em *Kant's Ethical Thought*, p. 407, nº 34.
74. Lewis White Beck, *Commentary on Kant's Critique of Practical Reason* (Chicago: University of Chicago Press, 1996), p. 245.
75. Yirmiyahu Yovel, *Kant and the Philosophy of History* (Princeton: Princeton University Press, 1980), p. 96.

O objetivo de Kant ao introduzir os postulados de Deus e da imortalidade era fornecer um fundamento racional para a nossa esperança na possibilidade de promover o sumo bem, o que não é, nas palavras de Yovel, "apenas uma ilusão da imaginação e da faculdade do desejo".[76] Acontece que na terceira *Crítica* a imaginação não é tratada como uma faculdade da ilusão, e sim como uma poderosa faculdade criativa, uma capacidade para reformar a natureza:

> Pois a imaginação (como poder cognitivo produtivo) é muito poderosa quando cria outra natureza a partir do material que a natureza real lhe oferece [...] Nesse processo, sentimos nossa liberdade com relação à lei da associação [...] porque, apesar de ser sob essa lei que a natureza nos concede o material, ainda assim podemos transformar esse material em algo bem diferente, em outras palavras, em algo que supera a natureza. (V. 314)

Por meio da imaginação, somos capazes, em pensamento pelo menos, de tomar o que a natureza nos dá e transformá-lo em "outra natureza". Como seres físicos por natureza, estamos atados às leis da natureza, como agentes morais, pela lei da razão prática; mas como criaturas imaginativas, não somos limitados e, portanto, temos poder criativo.

Isso sugere que a explicação de Kant para a liberdade imaginativa na terceira *Crítica* oferece uma solução para o problema em basear nossa crença na possibilidade de atingir o sumo bem. A existência de um mundo moral pressupõe a interferência que pode produzi-la e o mandato de buscá-la pressupõe que podemos acreditar que isso é possível por meio da nossa interferência. Nossa habilidade em representar tal mundo na imaginação nos permitiria acreditar na possibilidade de um mundo moral na Terra e em nós mesmos como criadores desse mundo.[77] Seres humanos como membros do reino natural estão em condições, pelo menos em alguma medida, para rearranjar a ordem física e social de que tomam parte. Além disso, como seres capazes de responder de forma sensorial e reflexiva a esse mundo – ou seja, como seres com imaginação –, somos capacitados para representar intuitivamente um mundo natural no qual as necessidades humanas individuais são encontradas em tal nível que todos

---

76. Yovel, *Kant and the Philosophy of History*, p. 59.
77. Aqui, estou de acordo com a explicação de Yovel sobre o desenvolvimento do conceito do sumo bem em Kant. É com a terceira *Crítica* que esse conceito aparece com grande significado prático para a ação humana e se torna "o máximo da ousadia histórica". Yovel, *Kant and the Philosophy of History*, p. 75.

nós nos comportamos racionalmente e somos felizes.[78] Tal mundo seria o sumo bem – um mundo perfeitamente moral.

Kant admite que somos capazes de pensar no sumo bem como uma Ideia racional e representar na imaginação um mundo que "sobrepuja a natureza". Mas isso é tudo que precisamos para a atividade de tentar criá-lo: o conceito (neste caso a Ideia) do que nós queremos e a motivação para agir sobre isso. Tudo que Kant precisa a fim de alegar que a Ideia do sumo bem é uma condição necessária da moral é que possamos acreditar na sua possibilidade. Repetindo a explicação de Lewis W. Beck sobre o postulado da existência de Deus: "o reconhecimento da lei moral [...] exige apenas que eu acredite na existência do sumo bem [futuro possível]. Mesmo que isso não exista e nunca venha a existir, as consequências práticas da obediência à lei moral são as mesmas".[79] Uma importante contribuição da terceira *Crítica* é o argumento de que sentimentos de um tipo especial – os estéticos resultantes do livre jogo da imaginação – podem ser comunicáveis universalmente e serão válidos para todos. Assim, a tênue possibilidade do sumo bem na imaginação pode ser tudo o que precisamos para justificar o mandato da razão que tentamos produzir.

Podemos pôr a questão de outra maneira: a imaginação "produtiva", na explicação de Kant do conhecimento empírico, serve para fornecer o esboço de conceitos – ou seja, para tomar os conceitos puramente intelectuais e adaptá-los às intuições. Então, por que não supor que a imaginação, quando a deixamos livre no conceito estético para produzir o que Kant chama de Ideias estéticas, "intuições espirituais" (V: 314), pode, com isso, ser capaz de "esquematizar" ideias racionais como essa do sumo bem? O próprio Kant destaca que as duas são correspondentes. Ideias estéticas não têm conceito adequado, ideias racionais não têm intuição adequada – ambas apontam para além do reino da natureza (V: 314). Na própria linguagem kantiana do esquematismo, uma se "adapta" à outra.

Em sua discussão sobre a genialidade e a produção da arte bela, Kant diz que a poesia "permite que a mente prove a sua habilidade de usar a natureza em nome de um esquema, como se ela própria o fosse, do suprassensível" (isto é, do compreensível ou do racional) (V. 326). Ele também diz que as Ideias estéticas oferecem um "simulacro de

---

78. Allen Wood, em *Kant's Ethical Thought*, pp. 314 ff., destaca que alcançar um mundo moral para Kant necessariamente exige agir em concordância com outros. Isso então se tornaria parte de qualquer construção imaginativa do sumo bem: que é levado aos outros em comunidade.
79. Beck, *Commentary*, p. 262.

realidade para as ideias racionais" (V: 314). Além disso, como vimos, Kant acredita que a imaginação humana é poderosa o suficiente para idealizar novos mundos. Diz que a imaginação na poesia, por exemplo, "ousa dar uma expressão sensível a ideias racionais de seres invisíveis, *o reino do sagrado*, o reino do inferno, da eternidade, da criação, etc". (V. 314, grifo nosso). Mas se a imaginação pode representar essas ideias exaltadas, por que não também o reino da finalidade existente na terra?

Nesse ponto, entretanto, surge um problema. Na penúltima parte da "Crítica do Juízo Estético" (§ §59), Kant fala do belo como um símbolo da moral. O juízo estético reflexivo pode simbolizar a moral, diz ele, na medida em que apresenta a moral pela analogia das formas naturais belas. Mas, continua ele, não pode esquematizar a moral; não pode fornecer as representações sensíveis adequadas à tarefa de representar um mundo natural que *também* seja moral. Uma afirmação, Kant nos diz, pode apenas ser representada simbolicamente (*vorgestellt*) – por exemplo, como um corpo cheio de vida, se ela for regida por uma lei constitucional; ou por uma lei comum, se ela for ditatorial –, sugerindo assim que nenhum retrato, isto é, nenhuma representação concreta, da condição moral da sociedade seja possível.

Ainda assim, é difícil ver por que Kant insiste na inabilidade completa da imaginação livre para retratar Ideias morais, dado que já falou antes sobre seu poder criativo no juízo reflexivo. Parte do problema pode estar em sua definição de esquema como algo que é fornecido pela imaginação apenas para conceitos de compreensão (Categorias), juntamente com a sua afirmação de que "qualquer intuição suprida por conceitos *a priori* são *tanto esquemas* quanto *símbolos*. O esquema contém exposições diretas, símbolos indiretos, do conceito".[80] Dessa forma, Kant elimina totalmente de forma clara a possibilidade de qualquer outro tipo de esquematização além daquela discutida na primeira *Crítica*. Mesmo assim, na parte 17 da terceira *Crítica*, sugere que um juízo é possível quando a imaginação está em liberdade e ao mesmo tempo é dirigida a fim de representar algo de uma forma não simbólica:

> *Ideia* significa propriamente um conceito racional, e *ideal*, a representação [*Vorstellung*] de uma ideia. Logo, esse arquétipo de gosto, que na verdade depende da Ideia indeterminada de um máximo da razão, porém que ainda pode ser representada [*vorgestellt*] não pelos conceitos, mas apenas em uma exposição individual [*Darstellung*],

---

80. V: 352-359: "Alle Anschauungen, die man Begriffen *a priori* unterlegt, sind also entweder *Schemate,* oder *Symbole,* wovon die erstern directe, die zweiten indirecte Darstellungen des Begriffs enthalten".

pode ser chamada mais adequadamente de Ideal do belo. Embora não tenhamos tal Ideal sob nosso controle, esforçamos-nos para produzi-lo dentro de nós. Mas será simplesmente um ideal da imaginação, exatamente porque não se encontra nos conceitos, mas em uma exposição, e a capacidade de expor é a imaginação. (V: 232)

Mais adiante, na mesma parte, Kant sugere que alguns graus do sucesso na exposição do Ideal do belo são possíveis se "ideias puras da razão estiverem unidas a uma imaginação muito forte" no observador ou no artista. Aqui, Kant não parece ter em mente uma representação apenas simbólica do belo. O Ideal do belo tem dois componentes (*Stucke*): a Ideia racional e a "ideia estética normal" (*Normalidee*, V: 233). Na explanação do componente empírico da normalidade, Kant é bem claro de que nele haverá características definidas (não simbólicas) a serem representadas, embora possam variar com relação às experiências coletivas de grupos de pessoas em particular. Sua discussão da possibilidade de "tornar visível" os atributos da moral como "a bondade da alma, ou a pureza, ou a bravura, ou a serenidade, etc." e uma nota de rodapé um pouco antes na mesma parte (V: 235) deixam bem claro que Kant tem uma representação comum, não um simbolismo, em mente. É certo que afirma que apenas a humanidade no indivíduo pode ser um Ideal da imaginação. Mas se a lei moral exige que nós não sejamos apenas bons como indivíduos, mas também que tentemos criar uma sociedade moral, então devemos adicionar virtudes sociais à lista das virtudes humanas que possam ser retratadas pela imaginação. Retratos do ser humano verdadeiramente moral devem, portanto, também de alguma forma transportar o contexto dentro do qual a moral individual possa se tornar efetiva: ou seja, uma obra de arte retrataria, pelo menos implicitamente, um mundo moral. Por último, parece que, se o ideal do belo pudesse incorporar a moral nos seres humanos individuais, então deveria ser igualmente possível (se não igualmente fácil) retratar a dimensão social da moral na comunidade humana. Se for este o caso, então a imaginação em seu conceito livre pode ser "aplicada" a serviço do ideal do belo que nos permite acreditar na possibilidade do sumo bem como resultado apenas da interferência humana.

Assim, Kant poderia ter usado sua explicação da liberdade imaginativa para reintegrar os aspectos sensitivos e morais da natureza humana. Entretanto, isso é algo que ele não faz e é importante perguntar o porquê. Parece que Kant recua diante das implicações de sua teoria da liberdade imaginativa por pelo menos dois motivos.[81] Um é que sua preocupação na terceira *Crítica* é principalmente com a contemplação da beleza na natureza, embora seja no poder criativo da imaginação que seu eventual valor para o reino moral se torna evidente. Das 60 seções que constituem a "Crítica do Juízo Estético", apenas 11 são dedicadas à discussão da arte e da genialidade. Além disso, Kant acredita que "um interesse direto na beleza da natureza é sempre uma característica de uma alma boa", visto que ele envolve respeito pelos produtos da natureza. O interesse na arte bela, afirma categoricamente, não é prova de forma alguma de que alguém está inclinado a ser moral. Mas ele não dá argumento para essa última afirmação e demonstra uma absoluta falta de apreço pelas belas artes. Então, sua incapacidade de extrair as consequências do poder da imaginação reflexiva pode ser simplesmente em razão de uma predisposição. O que Kant poderia ter dito sobre a possível contribuição da arte para a moral será retomado no capítulo 3.

Outra explicação possível para a incapacidade de Kant em desenvolver as implicações de sua teoria da liberdade imaginativa para a mudança social tem a ver com sua visão problemática da obediência à autoridade do Estado e da natureza da mudança social *de acordo com as leis*. Apesar de ele simpatizar com a revolução burguesa nas colônias americanas e na França, Kant permanecia defensor de Frederico, o Grande, e do Estado prussiano sob esse rei. Mesmo assim, a parte mais igualitária e humanista da ética de Kant deve-se a Rousseau e não a Frederico, o líder prussiano que exerceu uma forte influência nos intelectuais da época, inclusive Kant.[82] Em "Sobre o dito comum, 'isso pode estar correto na teoria, mas não funciona na prática'", ele argumenta que a

---

81. Há, é claro, muitas explicações possíveis de por que Kant confia no postulado de um ser sobrenatural como fundamento de nossa esperança no sumo bem. Yovel destaca a determinação de Kant em fazer da natureza finita da razão humana *o Leitmotif de sua filosofia (Kant and the Philosophy of History*, p. 24) . Também pode se dizer que Kant pretendia combater o entusiasmo (*Schwärmerei*) não apenas em irracionalistas como Jacobi, mas até mesmo em filósofos "racionalistas" como seu amigo Mendelssohn, que confiava na noção de um "senso comum" inexplicado como o único controle dos voos especulativos da razão. Além disso, a imaginação é para Kant o vínculo com a noção de um senso estético comum e essa imaginação permanece para ele uma "função cega mas indispensável da alma" (*CPR* A781B1O3); é possível sustentar que Kant temia deixar o entusiasmo na filosofia por meio da porta da ficção imaginativa mascarada como "senso comum". CF ensaio de Kant "Was heisst. Sich im Denken orientiren?" VIII: 133-147. "What is Orientation in Thinking?", na *Critique of Practical Reason and Other Writings in Moral Philosophy,* Lewis White Beck, ed. (Chicago: University of Chicago Press, 1949), pp. 293-305. Agradeço a James Schmidt por sugerir essa última explicação.
82. Na terceira *Crítica,* Kant até cita um dos poemas de Frederick para ilustrar o caminho no qual a genialidade anima as ideias racionais (Parte 49, V: 315-314 [184]).

afirmação de que há um direito à resistência pública envolveria uma contradição na medida em que nenhum poder institucionalizado pode prevenir-se de sua própria destruição, e em "Elementos Metafísicos da Justiça", argumenta, pelo mesmo motivo, que "é dever do povo suportar até o abuso mais intolerável da autoridade suprema".[83] A "revolução rousseauística"[84] de Kant em princípio parece ser seguida por uma "restauração" em seu pensamento político, no qual o respeito pela autoridade externa parece vencer tanto as bases morais como as legais. Várias explicações biográficas são possíveis, é claro. Em *Enlightenment, Revolution and Romanticism*, Frederick Beiser afirma que as condições políticas na Prússia da época forçaram Kant a priorizar seus valores políticos e a estratégia que escolheu (ou, na visão de Beiser, assimilou), que em última análise consistiam em um pedido de liberdade da imprensa que lhe custou a ocultação do seu apoio à revolução.[85] Manfred Kuehn sugere que na cabeça de Kant era preciso fazer uma distinção entre o direito ao protesto e o caso da Revolução Francesa, que tecnicamente não era um protesto e, portanto, permissível sob bases legais.[86]

Não importa como expliquemos a falha de Kant em atribuir um papel "visionário" para a liberdade imaginativa – e esta questão será retomada adiante no capítulo 5 –, podemos dar um passo além dessa visão, apresentada por Bech e mais recentemente por Allen Wood, Richard Velkley e outros, de que a atitude simpática de Kant para com aquelas revoluções que já tinham ocorrido era compatível com sua explicação teleológica da história.[87]

Se Kant puder afirmar que faz parte do plano da natureza, que a humanidade progrida moralmente até por tais "males" como a revolução, seria plausível para ele crer que a imaginação humana em seu papel estético reflexivo está equipada literalmente para prever esse progresso – ou seja, para exibi-lo no Ideal imaginativo de uma comunidade

---

83. "Uber den Gemeinspruch: Das mag in der Theorie richtig sein. taugt aber nicht für die Praxis" VIII: 303; the *Rechtslehre of Metaphysik der Sitten*. VI: 319 (trans. John Ladd as *The Metaphysical Elements of Justice* [Ithaca, NY: Cornell University Press 1965], p. 85); e Ak. VI: 372 (140-141).
84. Lewis White Beck, "Was haben wir von Kant gelernt?", em 5. *Internationaler Kant Kongress, Akten II* (Bonn, 1982), p. 8 e "What Have We Learned from Kant?", em *Self and Nature in Kant's Philosophy*, ed. Allen W. Wood (Ithaca, NY: Cornell University Press, 1984), p. 22.
85. Beiser, *Enlightenment, Revolution, and Romanticism*, capítulo 2, p. 53.
86. Manfred Kuehn, *Kant: A Biography* (Cambridge: Cambridge University Press, 2001), p. 375.
87. Lewis White Beck. "Kant and the Right of Revolution", *Journal of the History of Ideas x 32* (1971), pp. 417ff.; Richard Velkley, *Freedom and the End of Reason: On the Moral Foundations of Kant's Critical Philosophy* (Chicago: University of Chicago Press, 1989).

humana moral. Em outras palavras, a sugestão de Susan Neiman de que o sumo bem poderia se basear em uma postulação secular do progresso humano poderia realmente se tornar um veículo para a esperança, mas apenas se estiver "encarnada" em uma visão imaginativa e concreta desta sociedade.[88] O fato de Kant não aprofundar esta solução não precisa ser atribuído às exigências tanto de sua moral como de sua teoria estética; no fim das contas, pode ser por causa da natureza problemática de suas visões sobre a autoridade política. O excesso de liberdade imaginativa pode ameaçar a ordem estabelecida e, como bom burguês que era, Kant poderia aplaudir o imperativo "Pense por você!" de Frederico, o Grande, e ainda assim seguir confortavelmente com "Mas faça como foi dito".[89] Além do mais, o conceito de obediência leal à autoridade não importa o que acontecer não poderia ser de jeito nenhum uma opinião filosófica de Kant, sendo que tais atitudes já eram tidas como suspeitas na época do filósofo. Uma geração mais jovem de poetas e reformadores visionários, tanto dentro da Alemanha quanto fora de suas fronteiras, estava confiando na teoria estética de Kant para fornecer a pedra fundamental de uma metafísica de mudança social. Espero ter mostrado que o uso dessa estética foi baseado na aplicação consistente da explicação da liberdade estética de Kant à sua teoria moral, com ou sem a aprovação de Kant.

Comecei sugerindo que a explicação da liberdade estética de Kant fornece uma importante ligação entre Lessing e Schiller e, agora, deve ser mais fácil ver como isso poderia ser. Schiller está entre os primeiros e mais importantes artistas-filósofos a serem influenciados por Kant e a defender a importância da estética no progresso moral da raça humana. Embora as cartas de Schiller *Sobre a edificação estética do homem* sejam vistas normalmente como o resultado filosófico maduro da sua aceitação da filosofia moral de Kant, Schiller conheceu Kant pela filosofia da história deste último; foi por meio dela que Schiller conheceu a teoria moral de Kant.[90] Além disso, seu estudo sério sobre Kant começou com a *Crítica do Juízo* e foi a primeira longa introdução que Kant fez da obra que serviu de introdução a Schiller para a filosofia kantiana como um todo.[91] É, portanto, plausível, à luz do curso de

---

88. Neiman, *The Unity of Reason*.
89. Confira Kant. "Beantwortung der Frage: Was ist Aufklärung?" (Ak. VIII: 33-42) e em Lewis White Beck, *Foundations of the Metaphysics of Morals* (pp. 85-92). Para uma interpretação de Kant menos conservadora, veja John Christian Laursen, "The Subversive Kant: The Vocabulary of 'Public' and 'Publicity'", *Political Theory* 14 (1986), pp. 584-603.
90. Reinhard Buchwald, *Schiller* (Wiesbaden: Insel Verlag, 1954), II, p. 173.
91. Buchwald, *Schiller*, p. 174.

seu estudo solitário de Kant, ler as visões de Schiller sobre a educação estética como um desenvolvimento da noção teleológica de Kant acerca do progresso histórico em termos das teorias avançadas na terceira *Crítica*. E apesar de as cartas em *Sobre a edificação estética do homem* implicarem uma rejeição da ênfase de Kant na autonomia absoluta da experiência moral em favor de uma explicação mais integrada da natureza humana, não são necessariamente uma rejeição absoluta da visão de Kant sobre a moral. Como vimos, o próprio Kant traz o processo de repatriar cidadãos do mundo moral em um reino da natureza ao afirmar na segunda *Crítica* que a razão nos manda buscar o sumo bem. Além disso, fornece os meios segundo os quais essa repatriação poderia ser realizada ao esquematizar uma noção extremamente poderosa da criatividade imaginativa como uma faculdade humana capaz de transcender a natureza sem a separação dessa natureza.

À luz desse aspecto da filosofia de Kant, as *Cartas* podem ser vistas como um desenvolvimento da noção da liberdade imaginativa dada inicialmente por Lessing e dotada de profundidade filosófica por Kant. A análise de Schiller sobre os aspectos sensitivos e formais da vida humana, e sua explicação de um impulso mediador e humanizador para "jogar" (*der Spieltrieb*), teria sido impossível sem a explicação de Kant do livre jogo da imaginação e a natureza desinteressada dos juízos do gosto. A diferença crucial entre Kant e Schiller está na última afirmação de que reconciliar os aspectos racionais e naturais da natureza humana é uma *exigência* da razão:

> A razão deve fazer sua exigência, pois é a razão – porque é sua natureza insistir na perfeição e na abolição de todas as limitações e porque qualquer atividade exclusiva da parte tanto de um impulso como de outro deixa a natureza humana incompleta e dá origem a alguma limitação dentro dela. Consequentemente, tão logo a razão expresse o pronunciamento: Que a humanidade exista, pelo mesmo pronunciamento também é promulgada a lei: Que exista o belo.[92]

Kant afirma que apenas esse gosto pode nos *capacitar* "a fazer a transição do encanto sensível para o interesse moral natural sem um sobressalto muito violento" (V: 354). Embora a exigência da razão de que nos esforcemos para alcançar o sumo bem seja um mandato tanto de esforço por uma perfeição moral *como* para tentar recompensar essa

---

92. Friedrich Schiller. *On the Aesthetic Education of Man, in a Series of Letters*, trad. Elizabeth M. Wilkinson e L. A. Willoughby (Oxford: Oxford University Press, 1967), 15th letter, para. 4, p. 103.

perfeição com a felicidade material, realmente equivale a nada mais nada menos que o mandato para que nos esforcemos para ser totalmente humanos, ou, nas palavras de Schiller, equivale-se ao pronunciamento, "Que exista a humanidade". Se, como afirmei, a possibilidade da humanidade perfeita se encontrar na habilidade de representar essa perfeição na imaginação, então Schiller simplesmente dá voz a uma visão implícita na filosofia de Kant – de que a razão exige o jogo livre imaginativo normal de nossa contemplação do belo para executar seu mandato.

Para concluir, devemos observar que *Sobre a edificação estética do homem, em uma série de cartas* (de agora em diante, *Cartas*) é mais que um exercício de uma linha de raciocínio disponível para Kant na terceira *Crítica*. Também é exemplo de um retrato imaginativo do sumo bem. Com muito mais frequência, as *Cartas* de Schiller são lidas como uma obra de literatura visionária, e com razão. Apesar disso, em 1793, quando as cartas originais foram escritas, Schiller estava totalmente desconfiado de artistas com intenções revolucionárias; ainda assim, as *Cartas* claramente têm a finalidade de ser retrato de uma comunidade humana possível, dominada tanto pela força física quanto moral.[93] O *Estado Estético* de Schiller é uma tentativa de retratar, em termos de Kant, um "Ideal de imaginação".[94] Ao fazer isso, incorpora uma posição que Kant parecia relutante em solucionar completamente: "O ser humano não tem necessidade de escapar do mundo material a fim de comprovar que é um ser espiritual".[95] Isso seria deixado para um dos mais brilhantes alunos de Schiller, Friedrich von Hardenberg, mais tarde conhecido como Novalis, e seu colega de Jena, que transformaria essa visão em um programa filosófico e poético.

---

93. Confira *Letters*, p. 197 e comentário, pp. 286-287.
94. *Letters*, p. 219.
95. *Letters*, p. 189.

CAPÍTULO 3

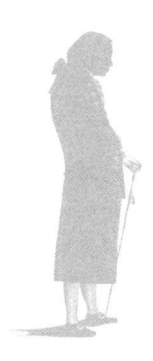

Os interesses do desinteresse

A dedução de Kant de nossa "habilidade peculiar" (*sonderbares Vermögen*, V: 281) para fazer juízos universalmente válidos sobre particularidades sem a ajuda de conceitos e baseados apenas em um sentimento é muito conhecida como sua "dedução dos juízos de gosto" na *Crítica do Juízo*. Menos familiar é sua alegação de que essa capacidade reflexiva estética envolve certas exigências relacionadas a como valorizamos o mundo ao nosso redor. Após apresentar sua dedução, Kant afirma que podemos mais prontamente entender a necessidade do juízo de gosto ser aceito caso a simples "comunicabilidade universal como tal do nosso sentimento trouxer em si um interesse por nós" (V: 296).[96] Ou seja, os juízos de gosto fazem exigências sobre nós parecidas com as exigências da moral, pois, assim como o interesse moral pelo bem, os interesses estéticos estão associados a um tipo de dever. Entretanto, esses interesses do desinteresse são mais importantes para Kant que simples veículos para explicar por que o gosto pode exigir o consentimento de todos; eles claramente têm implicações além da justificativa dos juízos do gosto. A seguir, sugiro que a discussão de Kant sobre os interesses do desinteresse tem importância para suas opiniões sobre a arte e a moralidade, bem como para sua posição acerca da valoração da natureza.

Interesse Moral e Interesse Intelectual no Belo

Antes de olharmos para as amplas implicações dessa visão de Kant, é necessário discutir brevemente sua doutrina do "interesse" e também

---

96. Esse interesse, diz Kant, ajuda-nos a compreender por que exigimos dos outros que sintam o prazer que sentimos na beleza. Ou seja, entendemos que a razão tem um interesse no moralmente bem, e que esse interesse está ligado de certas formas com nosso dever em ser moral. Da mesma forma, nosso interesse no belo estará ligado com um dever análogo para ser "estético" (sensível à beleza) (V: 296).

olhar com mais atenção para os seus argumentos nas seções 41 e 42 sobre como o belo provoca interesse em nós.

"[T]odo o interesse consiste no prazer *na existência* [*ein Lust an der Existenz*] de um objeto" (V: 296). O interesse, portanto, é estético no seu caráter. Como já conhecemos pela teoria moral de Kant, o interesse é "aquilo pelo qual a razão se torna prática" (a razão se torna "uma causa determinante da vontade") (IV: 459). Portanto, um interesse é prático e volitivo na natureza: "Desejar algo e ter um gosto pela sua existência, isto é, tomar um interesse em si, são atitudes idênticas" (V: 209). Aqui, Kant também identifica a vontade com "o poder do desejo determinado pela razão", ou seja, isso compreende que ter um interesse em algo é racionalmente desejar a existência da coisa, ou formular esse desejo de modo a preservar seu aspecto estético; ter um interesse em algo é sentir a necessidade da existência desse algo, sendo que esse sentimento é em si mesmo determinado pela razão. Na *Crítica do Juízo*, Kant define "interesse" de maneira a incluir um desejo pela existência de algo que é condicionado "patologicamente" – ou seja, determinado diretamente por algum estímulo positivo em vez de sê-lo pela razão. Aqui, a *sensação* estimula um desejo pelo objeto, como no caso de um prato apimentado que Kant está inclinado a comer, embora saiba, "por meio da razão", que isso o levará a más consequências para sua digestão (V: 207, 208).[97]

Um interesse pode ser tanto "direto" quanto "indireto [*mittelbar, unmittelbar*]" (IV: 459. V: 208). Ou seja, algo é desejado porque gostamos dele, ou pela sua utilidade para obter outro desejo. O tipo patológico (sensitivo) de interesse é "direto" – nós gostamos das coisas "pelo que elas são [*an sich gut*]" –, mas, sendo condicionado por uma contingência de fatores, não pode ser universal. Outros interesses podem ser "indiretos" – quando gostamos de algo porque é útil para nós –, ou seja, quando o consideramos "instrumentalmente bom". Porém, há dois tipos de interesse que são ao mesmo tempo diretos e passíveis de universalização: o moralmente bom, que Kant diz, "leva consigo o sumo interesse" (V: 209), e o belo (V: 208: "O que chamamos de belo é também um gosto direto"). Muito já foi escrito sobre o interesse no moralmente bom que Kant diz, em *Fundamentos*, ser o *único* interesse puro (não empírico).[98] Trata-se de um conceito extremamente difícil de

---

97. Em *Fundamentos,* ele chamou esses meros "impulsos sensitivos" (*sinnlich Antriebe*) de não interessantes (IV: 459).
98. Um resumo bem útil sobre a "fenomenologia do respeito" de Kant é dado em Henry E. Allison, *Kant's Theory of Freedom* (New York: Cambridge University Press, 1990, capítulo 6, especialmente pp. 123ff.).

um sentimento moral do respeito, um sentimento sensorial em si condicionado apenas por "um mero pensamento sem nada sensorial" (IV: 460) que motiva a ação moral verdadeira. A seguir, vou agrupar os problemas que cercam essa doutrina na teoria moral de Kant a fim de me deter mais atentamente no notável fato de que, na *Crítica do Juízo*, Kant não acredita mais que o sentimento moral de respeito é o único interesse direto não empírico de que somos capazes.

Para Kant, nosso prazer no objeto do juízo de gosto não está relacionado com o desejo pela existência do objeto. Isso significa dizer que temos um prazer desinteressado no belo. "Mas", diz Kant, "isso não vem depois daquilo, após o juízo ter sido feito como algo estético puro, um interesse não pode estar atrelado a ele". E continua de forma enigmática:

> Entretanto, essa conexão deve sempre ser indireta. Em outras palavras, devemos pensar primeiro no gosto de tudo que está relacionado com outras coisas, de forma que com a preferência da mera reflexão sobre um objeto pode [então] estar relacionado, além disso, um prazer *na existência* de um objeto [...] Pois o que dizemos no caso de juízos cognitivos (sobre as coisas em geral) também se refere aos juízos estéticos: *a posse ad esse non valet consequentia* [Uma inferência do possível para o real não é válida]. (V: 296)

Isso pode ser visto da seguinte forma: para haver um interesse, deve haver um objeto cuja existência seja desejada, mas o "objeto" de um juízo de gosto é a forma simples de um objeto real. Essa forma pode ou não existir (eu poderia ter tido uma bela alucinação). Sendo assim, o prazer desinteressado (*Wohlgefallen*) na forma do objeto (juízo de gosto) deve dar origem (estar "relacionado" [*verknüpft*] com) ao prazer interessado (*Lust*)[99] na *existência* daquele objeto por meio de algo mais que a simples apresentação formal. Kant permite duas possibilidades para esta conexão de mediação entre desinteresse e interesse: uma "empírica" e outra "intelectual". No primeiro caso, o prazer na existência do objeto surge graças a uma "inclinação inerente à natureza humana" para a "sociabilidade". Pois se o gosto nos permite comunicar até um *sentimento*, vai naturalmente além dessa inclinação que todos os seres humanos têm, e, assim, estamos naturalmente interessados no objeto

---

[99]. Todos os prazeres são neles mesmos o mesmo para Kant, e podem ser diferenciados apenas pelas condições que dão origem a eles. Portanto, a terminologia é de alguma forma arbitrária (Werner Pluhar, "Introduction to Kant's *Critique of Judgment*", trad. Werner Pluhar, Indianapolis e Cambridge: Hackett, 1987, p. 49n).

do juízo de gosto nessa base. Kant usa metáforas contratualistas ("a preocupação com a comunicabilidade universal é algo que todos esperam e exigem de todos nas bases de um contrato ditado pela nossa própria humanidade" (V: 297)), mas o "interesse empírico no belo" pode ser entendido como uma compulsão social natural de compartilhar nosso deleite na beleza do objeto com os outros. Essa compulsão ocorre tão profundamente que, Kant defende, pararíamos de buscar o belo na ausência de outros com quem compartilhá-lo. Entretanto, ele não defende que deixaríamos de ser capazes de perceber o belo em absoluto. Isso pode siginificar somente que meu prazer desinteressado nas características formais de um objeto naturalmente origina um prazer na sua existência, pois quero levar os outros até ele para compartilhar o meu prazer estético inicial.

Tendo introduzido a noção de um interesse empírico na beleza, Kant revela que passa a se afastar da dedução do gosto para questionar se o gosto pode ser usado "de propósito" como uma "transição do senso de prazer para o sentimento moral" (V: 297-298). Porque o interesse empírico é apenas uma inclinação. Apesar de ser uma inclinação profundamente enraizada, é facilmente confundida com outras inclinações e paixões sociais e "pode fornecer apenas uma transição muito ambígua do agradável para o bom". Então, na seção 42, o filósofo volta a atenção para a outra possibilidade disponível de relacionar o prazer do gosto com o prazer na existência da beleza do objeto: em outras palavras, uma relação não empírica. Essa relação entre dois tipos de prazer é intelectual, realizada *a priori* graças "à propriedade do desejo de ser determinável *a priori* pela razão" (V: 296).

O argumento na seção 42 é um dos mais fascinantes de Kant e tem um longo alcance caso seja bem-sucedido. Muita coisa, de fato, depende disso, não só por causa da explicação do desenvolvimento moral, mas também pela explicação para o problema da unidade da subjetividade humana. Como o próprio Kant diz, se o gosto pode ser usado de propósito, *"também estaríamos mostrando que o juízo é o elo de mediação na corrente das potências* a priori *da humanidade"* (V: 298). O que Kant quer é mostrar que o interesse relacionado com a beleza é basicamente como o interesse moral para permitir um tipo de transição por meio da associação psicológica de valores estéticos para valores morais. Ele faz isso ao mostrar que um interesse direto (não instrumental) na beleza "é sempre uma característica de uma alma boa" e "indica no mínimo uma harmonização mental favorável ao sentimento moral". (A limitação da beleza na natureza, excluindo a arte, é um ponto a que voltaremos em breve.) Kant não quer mostrar que o interesse na beleza, mesmo sendo um interesse *a priori*, é *idêntico* ao interesse moral: "o sentimento pela beleza é distinto em espécie do sentimento moral" (V: 298). A semelhança é que, como o juízo reflexivo estético, o juízo moral não é *baseado* em um interesse.

Sabemos pela teoria ética de Kant que o juízo moral dá origem a um interesse que chamamos de "sentimento moral": um interesse em obedecer à lei moral ou, como diz Kant, o "respeito pela própria lei moral" (V: 75ff., 80):

> Mas [esse sentimento de respeito] é um sentimento dirigido apenas para o prático, que depende da representação de uma lei apenas para a sua forma e não enquanto explicação de qualquer objeto da lei; então, não pode ser avaliado nem como prazer nem como dor. Ainda assim, gera um *interesse* na obediência à lei que chamamos de interesse *moral*, assim como a capacidade de tomar um interesse na lei (ou no respeito pela própria lei moral) é *o sentimento moral* propriamente dito. (V: 80)

Esse interesse prático da razão pela lei moral também é um interesse em realizá-la, ou seja, em fazer o que a lei comanda. Apesar de o puro interesse moral prático – o respeito pela lei – não ser um sentimento de prazer nem de dor na presença do "objeto" da lei, depende da existência pelo menos de uma possibilidade de ser capaz de criar o que a lei exige. Como vimos no capítulo 2, na Antinomia da Razão Prática Pura (V: II3ff.), Kant insiste que a razão *exige* que nos esforcemos para criar o sumo bem, entendido por ele como a maior relação possível entre a virtude moral e a felicidade neste mundo. A Razão tem um interesse, como coloca Kant, na "realidade objetiva" de suas ideias morais. Kant retorna a esse tema em sua estética, debatida na seção 42: contemplar o belo não deve ser uma atividade completamente indiferente ao fato de a natureza "mostrar um traço ou indicar de que contém uma base ou outra para que assumamos" uma ordem que pode ser propícia para o estado da justiça que desejamos moralmente. "Portanto", diz Kant, "se alguém estiver diretamente interessado na beleza da natureza, temos motivos para supor que ele tem, pelo menos, uma predisposição para uma boa atitude moral" (V: 300-301).

Assim, um interesse direto na beleza natural é semelhante, mas não idêntico, ao interesse moral pelo bem. Importar-se com a beleza na natureza sugere que uma pessoa é motivada pela possibilidade de que também pertença à natureza. A diferença é que o interesse intelectual na beleza é "livre", enquanto o interesse na moral é baseado imediatamente em "leis objetivas" (V: 301). Na verdade, essa diferença se dá precisamente porque podemos dizer que o nosso interesse pelo belo é *direto*: não nos incomodamos com a existência do objeto *por causa* da sua relação instrumental com nossos próprios interesses morais (por exemplo, a ideia moral do sumo bem); em vez disso, preocupamo-nos com ela apenas pelo que ela *é* contingentemente. Kant diz aqui que aquilo em que estamos interessados (diretamente) é "particularmente uma característica do belo em si de qualificar para uma relação, que, portanto, pertence a ele de forma intrínseca [*die ihr innerlich zukommt*]".

Isso pode ser exemplificado da seguinte forma: no processo de se fazer um juízo reflexivo estético sobre a beleza de um objeto, também estou sentindo (simultaneamente, como um ser moral) a necessidade da existência desse objeto por si mesmo. Esse interesse direto no objeto é possível porque *Eu* estou no comando da minha razão com a tarefa de trazer a ordem moral para o mundo natural – uma exigência rígida, aparentemente impossível, à minha natureza. Assim, estou "moralmente" interessada em encontrar essa natureza fora de mim, porque o que parece ser a ordem racional e o propósito do objeto que estou contemplando pode ser apropriado para seres como eu. Portanto, minha reflexão estética desinteressada sobre o objeto também origina meu interesse no objeto, querendo que ele exista por si mesmo, apesar de não ser útil para mim e até poder me fazer mal. Tenho um interesse direto nele. Kant explica da seguinte forma:

> Considere alguém que esteja sozinho (sem a intenção de comunicar suas observações aos outros) e que contempla a bela forma de uma flor do campo, um pássaro, um inseto, etc. Esse alguém os admira e ama, e não quer que a natureza fique totalmente sem eles, apesar de não lhe serem benéficos e talvez até lhe causarem mal. Essa pessoa tem um interesse direto na beleza da natureza e esse interesse é intelectual. Ou seja, ela não só gosta do produto da natureza por sua forma, mas também gosta da existência dele, apesar de nenhum fascínio de sentido estar envolvido; e também não relaciona essa existência com qualquer propósito. (V: 299)

O motivo de eu ser capaz de desejar o objeto natural por si mesmo, entretanto, tem relação com minha necessidade intelectual/moral de encontrar, pelo menos, uma "dica" na natureza de que minhas ações morais não serão em vão. Meu interesse no objeto é direto – não é *em prol* da moral que eu o admiro, amo e desejo a sua existência –;

em concreto, esse interesse direto que Kant também chama de "admiração" e "amor" é "pelo menos uma harmonização favorável ao sentimento moral".¹⁰⁰ O amor da natureza, em outras palavras, é um estado de espírito dentro do qual o respeito pelas nossas responsabilidades floresce.¹⁰¹

Kant finaliza essa parte com a notável declaração (para ele) de que podemos e realmente *exigimos* essa admiração e amor pela natureza de todos:

> pois consideramos a forma de pensar de alguém como grosseira e desprezível se ele não tem *sentimentos* pela natureza do belo [...] nem adere ao prazer do mero sentido de que ele obtém em refeições ou na garrafa. (V: 302-303)

Interesse Intelectual pela Natureza, pela Arte e por Outras Pessoas

Resumindo até agora: tentei solucionar e tornar mais intuitiva a distinção de Kant entre interesse moral e interesse intelectual pelo belo. No restante deste capítulo, quero chamar a atenção para esta última afirmação de que "podemos" e "realmente" exigimos um sentimento de amor pela natureza. O termo "amor" é aqui usado intencionalmente, pois, como vimos, é o termo que o próprio Kant utiliza, na esteira de Burke (V: 277), para o sentimento que temos pela natureza quando a valorizamos em si mesma.¹⁰² A afirmação de que o amor pode ser exigido é algo espantoso se consideramos a clara divisão de Kant entre amor patológico e amor prático:

> pois não se pode impor o amor, visto ser ele uma inclinação. Mas caridade por obrigação, mesmo quando não há inclinação que a estimule e até quando é confrontada por uma aversão natural e inconquistável, é amor prático, não amor patológico; reside na vontade e não nas

---

100. Cf. Karl Ameriks, "On Paul Guyer's *Kant and the Experience of Freedom*", *Philosophy and Phenomenological Research*, 60 (2) (1995), 361-367.
101. Cf. Felicitas Munzel, *Kant's Conception of Moral Character: The "Critical" Link of Morality, Anthropology, and Reflective Judgment* (Chicago: University of Chicago Press, 1999, capítulo 5, "Moral Spiritedness and the Relation of Aesthetic and Moral Cultivation"). A explicação de Munzel ainda insise na natureza "hierárquica" da resposta estética (sentimento) para a razão moral. Ela não vê o amor da natureza – ou seja, esse clima do espírito – como uma *fonte* para a cordialidade e alegria moral – isto é, para a esperança moral. (Cf., esp., p. 305.)
102. Cf. também V: 267: "A beleza nos prepara para amar algo, até mesmo a natureza, sem interesse". Aqui Kant deveria ser lido como significado "indireto" ou do interesse instrumental. Cf. também V: 380.

tendências do sentimento, nos princípios da ação e na terna simpatia [*in schmelzender Teilnehmung*]: só a caridade pode ser obrigatória. (*Fundamentos* IV: 399)

Onde o amor pela natureza que podemos exigir e que realmente exigimos dos outros entra nesta divisão? Não pode ser uma inclinação. Já sabemos o que Kant nos diz da natureza de um interesse no belo: é baseado no prazer contemplativo e não nos estímulos sensoriais. Não é patológico. Ainda que seja baseado no sentimento – um sentimento desinteressado, sem dúvida, não propõe simpatia –, é um prazer. E, embora seja um interesse que envolve a vontade – ou seja, é um desejo determinado pela razão –, ainda não pode ser chamado de prático ou dizer que faz parte dos "princípios da ação". O amor à natureza (o interesse direto baseado no prazer desinteressado) não é amor prático (embora a capacidade do amor prático possa ser uma condição necessária para isso), mas é em si baseado preferencialmente na contemplação. É como se Kant tivesse criado um espaço teórico para um terceiro tipo de amor, nem prático nem patológico: um tipo de amor "reflexivo" pela natureza.

Uma vez que Kant já afirmou que podemos "exigir um acordo" para juízos do gosto baseado em sua natureza reflexiva, não é surpresa que afirmasse que o amor reflexivo, bem como o prático, pode ser obrigatório. Kant parece sugerir a mesma coisa quando afirma que exigimos que outros tenham um interesse direto na natureza do belo. Mas esse mandato não pode ser um imperativo categórico, porque as condições nas quais tal interesse é, em primeiro lugar, permitido são possíveis em nossa experiência da natureza do belo. Kant nos diz que "a mente não pode fazer a mediação entre o belo da natureza sem, ao mesmo tempo, ver o seu interesse aumentar" (V: 300). Mas o fato de "a mente" descobrir em si a presença da natureza do belo ou de ter tempo livre para meditar sobre isso diante de tal presença não está totalmente sob nosso controle. Crescer em um ambiente urbano extremamente pobre pode muito bem eliminar a possibilidade de contato com a natureza do belo. Embora Kant viesse a conceder que até mesmo o ser humano mais simplório, contanto que retenha sua habilidade de pensar na totalidade, é capaz de interiorizar a motivação necessária para ser moral, é bem possível que haja situações em que o belo da natureza simplesmente não está acessível. Se há um mandato, como o interesse em si, teria de ser de um tipo diferente daquele que Kant até agora distinguiu: teria de ser imposto sob a condição de que a natureza do belo exista e seja passível de contemplação.

Determinada a visão de Kant de que um interesse intelectual direto no belo explica a possibilidade de "uma transição do sentido do prazer para um sentimento moral" (V: 297), também é possível termos uma obrigação *moral* em desenvolver um amor pela natureza em nós mesmos.[103] Também é possível concluir que, se o amor pela natureza favorece e desenvolve o sentimento moral, e se, como Kant sugere na *Fundamentação* (IV: 417), "Quem deseja um fim [...] deseja também os passos necessários e indispensáveis para ele", então, podemos ter a obrigação de criar as condições em que o juízo reflexivo da natureza do belo seja possível para os outros bem como para nós mesmos. Tudo isso dá margem a que se refute a filosofia de Kant, dizendo-a maligna, hostil a uma ética ambiental séria, porque Kant não abre espaço para o valor intrínseco na natureza.[104] Mas o conceito kantiano de interesse reflexivo estético tem implicações em outras duas áreas, em que Kant é frequentemente criticado, ou seja, suas visões sobre o valor da arte relativa à natureza e do valor da personificação do humano.

A afirmação de Kant de que um amor intelectual pela natureza está associado a uma atitude moral acaba tendo certo valor intuitivo no início do século XX, quando instintos humanos mais inferiores colocaram as florestas seriamente em risco em todo o planeta. (Se bem que, caso Kant tivesse tido a oportunidade de falar com alguns defensores do século XX da "ecologia profunda", poderia ter visto que o amor à natureza e o respeito pela humanidade não estão necessariamente associados.) O que não faz sentido em sua insistência, na mesma passagem, é o fato de o amor pela *arte* não ser, de forma alguma, indicação de uma "alma bela". Claro, Kant é acusado, até por filósofos, de ser uma espécie de filisteu quando o assunto é arte. Certamente, nutria certo desprezo pelos burgueses de bom gosto:

> virtuosos do gosto, que não apenas ocasionalmente, mas aparentemente, em regra, são vaidosos, obstinados e dados a paixões destruidoras, podem, talvez, até menos que outras pessoas, afirmar a distinção de estarem ligados a princípios morais. (V: 298)

Entretanto, por "gosto", nesse contexto, Kant não está se referindo ao juízo de gosto puro, mas, de preferência, à habilidade de "julgar os produtos das belas artes com a maior exatidão e requinte".

---
103. Cf. o argumento de Paul Guyer em *Kant and the Experience of Freedom: Essays on Aesthetics and Morality* (Cambridge: Cambridge University Press, 1993).
104. Discuto esses temas longamente em "Beauty, Autonomy and Respect for Nature", *L'Esthétique de Kant/Kants Ästhetik/Kant's Aesthetics* (Berlim: de Gruyter, 1995).

Tal capacidade de bom gosto não é o resultado de um conceito estético simples, é claro, mas exige um grande conhecimento teórico sobre arte e sagacidade para aplicá-lo. Para Kant, tal conhecimento aparentemente macula o interesse da pessoa de bom gosto no objeto, de forma que ele nunca é valorizado de forma pura, em si mesmo, mas sempre pelo seu uso. O escandaloso viés da posição de Kant fica aparente quando sua visão sobre os artistas é comparada com a sua visão sobre os cientistas. O paralelo com o conhecimento teórico do cientista não interfere, aparentemente, na sua habilidade em admirar e amar o objeto sendo estudado em si mesmo. Na *Crítica da Razão Prática* (V: 160), Kant reconta com aprovação o conto de Leibniz cuidadosamente substituindo o inseto sobre sua folha após estudá-lo como prova de como um "observador da natureza, no fim, acaba gostando de objetos que a princípio ofendiam seus sentidos".

Talvez as visões de Kant fossem fruto da sua própria falta de interesse. Ele realmente justifica por que podemos exigir que os outros tenham um interesse direto pela natureza, mas não podemos fazer nenhuma exigência que leve a um interesse direto pela arte. Isso acontece, diz ele, por uma dessas duas razões: ou porque a arte é uma imitação tão boa que chega a ser fraudulenta – ela nos ludibria a tomá-la como natureza, ou seja, o nosso gosto tem realmente um interesse direto (iludido) pela natureza –; ou estamos sabemos que a arte é arte e, portanto, que a intenção de agradar permeia sua criação. Neste último caso, conclui o filósofo, nosso interesse é apenas indireto – desejamos a existência do objeto não pelo objeto em si, mas pelas intenções (de agradar) que acabaram por criá-lo. O que falta ao objeto de arte, pergunta ele, que faz com que o valorizemos de forma tão diferente de um objeto natural? Em outras palavras, por que não é possível valorizar um objeto de arte por ele mesmo? Sua resposta é que a regularidade da natureza que almejamos como agentes morais que tentam ser ativos na natureza é "sugerida" pelos belos objetos naturais, mas não pelos objetos de arte. Os objetos de arte são, afinal de contas, produto da "arte" e, portanto, não podem dar uma pista de qualquer tipo sobre o mundo da natureza no qual devemos operar. Podem nos falar das intenções humanas (quando não nos enganam totalmente). Nesse caso, podem "servir à vaidade e talvez aos prazeres sociais", mas não podem interessar de uma forma direta.

O que é realmente estranho nessa posição é que Kant lhe acrescenta quase imediatamente uma teoria das belas artes que as define como "artes do gênio", sendo o gênio, por sua vez, "a predisposição mental inata [ele também o chama de 'dom natural' *eine Naturgabe*] *por meio da qual* a natureza dá as regras para a arte" (V: 307). Em seguida, ele repete que "a natureza no sujeito dita a regra para a arte" (V: 307). Então, as belas artes são o produto de um dom concedido "pelas mãos da natureza" (V: 309), por meio do qual a natureza dá as regras para a arte. Isso praticamente transforma o objeto das belas artes em um objeto natural; pelo menos tanto quanto uma linda cascata obedecendo as leis da natureza física. Isso, certamente, suaviza a rígida divisão entre objetos naturais e objetos artísticos, também suavizando a diferença entre os tipos de interesses possíveis. Afinal de contas, um belo artefato pode não ser explicado pelas intenções do seu artífice, sendo o resultado de sua inspiração natural, e pode ser quase tão digno de nosso interesse uma vez que algo da ordem natural intrínseca é manifestado por ele. Ou seja, a obra de um gênio natural deve sugerir "um traço ou dar uma dica que contenha [natureza] em algum fundamento para que assumamos em seus produtos uma harmonia permitida com [nossos sentimentos morais]" (V: 300). Entretanto, nesse caso, Kant concluiria que as belas artes deveriam ser interessantes (amadas por nós) em si mesmas, e esse sentimento pelas belas artes indicaria "pelo menos uma harmonização mental favorável ao sentimento moral".

Por fim, Kant pode ser capaz de concluir sobre os fundamentos morais que o amor pela arte pode ser "exigido" de todos da mesma forma que o amor pela natureza é exigido, como um tipo de obrigação que temos *se e quando* estivermos expostos às artes. Disso podem resultar, como no caso do belo natural, obrigações para conosco e com os outros de cultivar as condições necessárias para experiências artísticas e estéticas. A exposição reflexiva às artes, como a exposição reflexiva à natureza, pode, então, vir a ser uma exigência feita a nós por nossa natureza moral.

Como vimos, Kant chamou de interesse reflexivo na natureza o "amor" pela natureza em si mesma. Esse tipo de amor, embora não patológico, também não é o que Kant denomina de amor prático, porque não é determinado pelos "princípios da ação". É, como disse anteriormente, "um amor reflexivo", sendo que sugeri que a teoria das belas artes de Kant permitia uma extensão desse tipo de interesse pela natureza até a arte. Mas quando Kant fala de "amor" no contexto de obrigações, como quando insiste em que o amor enquanto inclinação não pode ser obrigatório, está normalmente pensando no amor ao próximo. Assim, fala da "terna simpatia", "simpatia com muitos outros", como "patológica". Kant também fala das obrigações de ajuda mútua e filantropia, mas essas são ditadas pelo Imperativo Categórico – ou seja, são puramente práticas e não precisam envolver qualquer sentimento de simpatia pelos outros. E, é claro, na medida em que Kant assume que esse amor simpatizante é uma mera inclinação, não pode haver exigência de sentimento da parte dos outros.

O que quero sugerir, para concluir, é que o argumento na seção 42 da terceira *Crítica*, que termina afirmando uma exigência a todos que tenham algum sentimento pela natureza do belo, sugere a possibilidade teórica de uma exigência análoga de um sentimento (de amor) pelos outros. Em *Radical Virtue Ethics*, Kurt Baier sugere de passagem que isso pode ser para Kant um terceiro tipo de obrigação, uma obrigação "de cultivar ou desenvolver ou preservar tais sentimentos [de amor patológico] para a proporção do que podemos fazer".[105] Acho que algo como isso pode ficar naturalmente fora da afirmação de Kant na seção 42. Por analogia: a razão tem interesse em encontrar um caminho ou uma pista de ordem na natureza que sugeriria que nossos esforços para criar um mundo mais moral não são necessariamente vãos. O "céu estrelado acima" fornece a tal pista, mas também a lei moral *incorporada* em mim mesmo e em meus companheiros humanos. Eles podem despertar interesse prático puro, que também pode ser contemplado esteticamente na reflexão sobre a forma dos "objetos" envolvidos. Vale aqui recordar a posição de Kant, declarada na seção 17 da "Crítica do Juízo Estético", sobre a contemplação estética da figura humana: "É apenas o ser humano [*der Mensch*] entre todos os objetos do mundo que admite um ideal de *beleza*" (V: 233):

> devemos ainda distinguir o *ideal* de beleza, que por razões já mencionadas deve ser esperado apenas da *figura humana*. Agora, o ideal nesta figura consiste na expressão da moral; além da moral, o objeto não seria admirado universalmente de forma positiva [*nicht allgemeine and dazu positiv gefallen würde*]. (V: 235)

Kant acredita que não é possível fazer um juízo estético *puramente* desinteressado sobre as formas humanas. (O que não é sugerir que a qualidade ou a "exatidão" da apresentação – por exemplo, em um retrato ou uma escultura – não possa ser apreciada, como ele diz, "negativamente" (pelos "virtuosos do gosto").) Mas uma resposta reflexiva estética "dada pela experiência" de forma humana concreta e visível é possível quando se produz um "grande" interesse intelectual.

---

105. *Midwest Studies in Philosophy* 13 (1988), pp. 126-135.

Kant abandona a discussão para continuar com a análise dos juízos do gosto, e não discorre mais sobre o tipo de interesse envolvido na reflexão estética sobre as formas humanas. Mas está claro que se trata de um interesse intelectual, similar àquele tipo de interesse da razão que exigem que tenhamos para todos os belos objetos da natureza. Este é um tipo de "amor e admiração" reflexivo pela encarnação natural da ordem moral. Isso compreenderia para Kant o mesmo tipo de exigência (condicionada): tendo a chance e a disponibilidade de contemplar "a humanidade bela" esteticamente, devemos ter um interesse direto nela: "consideramos a forma de pensar de alguém como grosseira e desprezível se ele não tiver tal *sentimento* pelos seres humanos". Isso não é "simpatia delicada" ou sensibilidade, e é menos ainda um interesse lascivo. Mas também não é simplesmente um respeito moral pelo outro como um fim racional. É um sentimento "positivo", um desejo pela existência do "objeto", essa bela personificação da virtude humana em si mesma.

Novamente, como no caso do belo da natureza, Kant poderia concluir que uma avaliação intrínseca dos seres humanos – mesmo que eles "não deem [...] a possibilidade de benefício, mas, em vez disso, deem de algum mal" – é necessária, mas apenas sob a condição de que temos oportunidades para ver a humanidade retratada em belas formas. E, novamente, pode acontecer, como no caso do belo da natureza, de termos obrigações conosco e com os outros de cultivar as condições necessárias para a apreciação estética da beleza dos seres humanos em vários estágios e de vários tipos, idades, etc. O cultivo desse tipo de amor intelectual/estético pelos outros pode então vir a ser uma exigência feita a nós pela nossa natureza moral.

É claro, os dois últimos argumentos para uma exigência de ter interesse intelectual direto, tanto pela arte como pelos seres humanos *enquanto* seres físicos, vão além do que o próprio Kant disse. No caso da arte, duvido mesmo que ele viesse a conceder tal interesse, apesar de sua explicação protorromântica do gênio. Mas estou inclinada a pensar que em sua explicação de um Ideal de beleza, Kant estava caminhando, talvez apesar de si mesmo, ao encontro de um lugar em sua filosofia para o amor reflexivo aos seres e corpos humanos e tudo mais.

CAPÍTULO 4

A reflexão estética e a primazia do prático

No capítulo 3, sustentei que a reflexão estética produz interesse e que esses interesses bem podem criar obrigações acerca de como avaliamos nós mesmos e o nosso mundo. Esse tipo de declaração propõe certo desafio às interpretações de Kant que reduzem sua explicação do valor à moral ou simplesmente ao valor prático. Visto que nos últimos anos essa visão tem tido alguns defensores muito poderosos e persuasivos, este capítulo trata do tópico do papel que a imaginação reflexiva estética pode representar no entendimento da "primazia do prático" na filosofia de Kant. A noção de primazia da razão prática, que Kant apresenta explicitamente na segunda *Crítica*, foi adotada por vários kantianos como se fossem as lentes corretas para ver a filosofia de Kant como um todo. Essa evolução tem sido em muitos aspectos uma bandeira muito necessária do que podemos chamar de kantismo de "segunda onda" nos Estados Unidos, quando filósofos analíticos da metade do século XX começaram a reavaliar seriamente a primeira *Crítica* graças aos desenvolvimentos na história das teorias modernas do conhecimento e da metafísica. O movimento em direção a estratégias interpretativas que priorizam a filosofia prática, graças, em grande parte, a Rawls,[106] permitiu que estudiosos colocassem a teoria do conhecimento em contexto, além de ter fornecido a motivação e a base para desenvolvimentos ainda mais importantes nas teorias contemporâneas do construtivismo moral e da ética kantiana.

Embora reconheçamos a enorme contribuição para a teoria ética e política que esses intérpretes deram, a tendência de interpretar Kant como um teórico essencialmente da Ética que incluiu toda a teoria para

---

106. Cf. em particular *A Theory of Justice* (Cambridge, MA: Harvard University Press, 1971).

a prática é equivocada. A ênfase exclusiva nas dimensões morais do pensamento de Kant pode, na verdade, afastar os estudiosos de muito do que é fascinante e inovador filosoficamente em sua teoria do valor, incluindo sua teoria do valor moral. Em particular, a explicação de Kant do valor estético tem sido ignorada ou ficou subordinada à recente importância da "primazia do prático" em seu sistema. A seguir, defendo uma abordagem mais próxima da incorporação de Kant da reflexão estética em um edifício crítico. Ao fazer isso, espero enfraquecer até certo ponto a visão de que a teoria da razão prática de Kant tem um lugar privilegiado em sua filosofia.

A Primazia do Prático: Metodológico

Em um ensaio intitulado "Kant, Fichte, and the Radical Primacy of the Practical", Karl Ameriks sugere três formas de compreender a primazia atribuída à explicação da razão prática de Kant por vários intérpretes. Ele argumenta que a razão prática pura pode ser compreendida como algo primordial para Kant, uma vez que tem um significado especial, porque é a única fonte de revelação para nós do "que é de interesse e valor incondicional, a vontade moral". Também pode ser primordial no sentido de revelar, por meio de postulados da razão da prática pura, uma "versão positiva e relativamente 'completa' do nosso destino último". Ameriks prossegue e rejeita um possível terceiro sentido da primazia – o que chama de "primazia metodológica", que atribui à razão prática a habilidade de "determinar condições fundamentais do argumento filosófico".[107] Retornarei aos dois primeiros sentidos de primazia em Ameriks na próxima parte, mas queria primeiro observar duas recentes e importantes interpretações da razão prática kantiana que atribuem o que Ameriks chama de "primazia metodológica" à razão prática em Kant.

Alguns dos argumentos mais fortes de que a filosofia de Kant deve ser vista como fundamentalmente prática surgiram nos últimos anos em meio a construtivistas neokantianos que seguem mais ou menos os passos de John Rawls. Uma dentre muitas contribuições importantes, de Onora O'Neill em particular, defendeu com muita energia que toda a filosofia de Kant deve ser compreendida como uma prática procedimental em sua essência. Essa autora argumenta que, uma vez que Kant repudiou os procedimentos introspectivos cartesianos, teve de lançar todo o seu projeto em uma forma nova:

---

107. Karl Ameriks, "Kant, Fichte, and the Radical Primacy of the Practical", em *Kant and the Fate of Autonomy* (Cambridge: Cambridge University Press, 2000), p. 190.

Onde Kant começa? Se não pode começar justificando o método filosófico, por onde pode começar? O lema oferece a pista de que devemos ver a iniciativa como prática: é uma tarefa, não um acervo de opiniões e, além disso, uma tarefa que tem de ser compartilhada. O primeiro movimento deve ser aparentemente recrutar os outros que formarão a força-tarefa.[108]

O'Neill argumenta mais tarde que "O ponto central que Kant destaca com essas analogias é que a autoridade da razão deve (visto que não admite justificativa antecedente nem transcendente) ser vista como uma *tarefa coletiva e prática*, como no caso da construção de uma autoridade política".[109] Além disso, "a crítica da razão é possível apenas se pensarmos em uma crítica recursiva e a razão construída, não imposta".[110]

O método da razão é essencialmente prático, o exercício da interferência autônoma, e essa autonomia é também sua justificativa, segundo O'Neill. A revolução copernicana não é em si um método, mas um "experimento" preliminar. É uma hipótese que leva a uma "avaliação ou inventário" ou à coleta de materiais disponíveis para usar em "tarefas" reais da razão. A verdadeira inauguração da metodologia vem apenas mais tarde, depois do agrupamento preliminar dos materiais:

> Em princípio, não temos "material" para disciplinar; uma hipótese sobre como podemos começar nas tarefas da razão forneceu algum material, mas não mostrou como esse material vai ser integrado ao edifício do conhecimento. Entretanto, ofereceu uma vantagem para a tarefa reflexiva, que não poderia ser tomada para si inicialmente, mas apenas retrospectivamente, reflexivamente, em direção ao fim.[111]

Como a Doutrina dos Elementos da *Crítica da Razão Pura* resumiu os materiais, mas não forneceu "uma explicação definitiva de sua aplicação integrada", O'Neill afirma, no fim, que "máximas para regular o uso dessas capacidades em pensar e agir" devem ser adotadas. O princípio supremo da razão é identificado com a razão prática. É, na verdade,

---

108. Onora O'Neill, *Constructions of Reason* (Cambridge: Cambridge University Press, 1989), p. 8.
109. *Ibid.*, p. 18.
110. *Ibid.*, p. 27.
111. *Ibid.*, pp. 13-14.

a exigência de que qualquer princípio fundamental de pensamento e ação que aplicamos será aquele que não é impossível ser seguido por todos [...] Aqui começamos a compreender por que Kant acreditava que o Imperativo Categórico era o princípio supremo não só da prática, mas de todo o raciocínio.[112]

O'Neill propõe interpretar a filosofia crítica de Kant como uma versão generalizada da teoria do contrato social para todos os aspectos da experiência e apreciação humana. Nessa reconstrução expressiva do projeto de Kant, o edifício crítico é visto como um tipo de esboço compacto e abrangente por indivíduos racionais que tomam o Imperativo Categórico como o único princípio de conduta. Trata-se de um movimento interpretativo arrojado, e não é surpresa que sugira alguns resultados interpretativos novos. A analogia com a teoria do contrato social – algumas versões dela veem os valores moral e social como apenas possíveis com o acordo das partes nos termos do contrato – levanta questões. Então, isso resulta que os valores de toda a racionalidade, expressa geralmente pelos termos do contrato racional como autonomia no pensamento e na ação, mas incluindo valores cognitivos e estéticos, devem da mesma forma seguir o próprio contrato? A interpretação de O'Neill parece sugerir que todo valor racional é construído socialmente, incluindo até o "valor da verdade" das categorias, princípios, etc. "inventariados" na primeira *Crítica*, na medida em que a própria razão é justificada apenas mais tarde, no curso do processo construtivo.

Em geral, uma característica antiga dessa interpretação da primazia da prática é o fato de ela relegar a virada copernicana na teoria do conhecimento ao *status* de uma mera hipótese no todo da filosofia de Kant, e os resultados da Dedução e do Princípio, a um "inventário" de assuntos do conhecimento, em vez de garantir que a teoria é uma explicação relativamente autossuficiente do conhecimento empírico. A subordinação da teoria da cognição de Kant ao projeto da razão prática também parece perturbar a posição que Kant "teve para negar o conhecimento e abrir espaço para a fé" (incluindo a fé na liberdade autônoma). A "negação" do conhecimento não é um repúdio ou uma subordinação da cognição, é claro, mas uma afirmação explícita de que o método e os propósitos de uma teoria do conhecimento estão em um sentido externo importante para as teorias da prática moral humana. Uma explicação prévia e independente das condições da possibilidade da cognição na maior parte ocorre em nós sem nossa consciência

---

112. *Ibid.*, pp. 19-20

explícita; constitui o ponto no qual Kant descobre um espaço externo, além daquelas condições sob as quais a razão prática pode operar. Interpretar a obra do Analítico como mera hipótese e inventário no caminho para uma explicação na qual o conhecimento é definido como uma prática social reflexiva levanta dúvidas à natureza autossuficiente da explicação de Kant sobre o conhecimento empírico, e com isso a "negação" desse conhecimento. Em suma, é difícil ajustar as afirmações de O'Neill à primazia metodológica da razão prática e à necessidade determinada de Kant em estabelecer domínios separados para as várias aplicações da razão.[113]

Para Kant, justificar a razão não só exige uma distinção metodológica entre os princípios do pensamento (conhecimento) e da ação (moral), mas a introdução de uma terceira "faculdade" (*Vermögen des Gemuths*); em outras palavras, o sentimento, acompanhado do seu próprio princípio [de juízo].[114] Longe de identificar teoria e prática sob um único princípio, Kant reitera a separação de ambas, e então procura mostrar como podem ser reunidas no sujeito humano por meio da mediação de um conceito reflexivo de finalidade e da sua manifestação humana em um sentimento universalmente comunicável.[115] Por ver o problema da razão como a reunião do pensamento e da ação sob um único princípio, O'Neill tende a negligenciar a própria caracterização que Kant faz da sua terceira e última *Crítica*: uma "mediação das duas partes da filosofia para [formar] um todo" (V: 176) – ou seja, ela deve encontrar um princípio de mediação para negociar e harmonizar, e não abarcar, as duas capacidades da razão.

A interpretação de O'Neill é motivada por um comprometimento com os valores políticos do Iluminismo de Kant e especialmente com o valor do discurso público não coercivo.[116] Ela assume que "a crítica da razão somente é possível se pensarmos na crítica como algo recursivo

---

113. Cf. Karl Ameriks, *Kant and the Fate of Autonomy: Problems in the Appropriation of the Critical Philosophy* (Cambridge: Cambridge University Press, 2000), capítulo 4, para uma crítica geral nessas linhas de todas as afirmações em favor da primazia da prática metodológica. Ameriks argumenta, de forma convincente, que essas abordagens seguem os passos do idealismo de Fichte em vez da filosofia de Kant.
114. "Introduction to Kant's *Critique of Judgment*", trad. Werner Pluhar (Indianapolis e Cambridge: Hackett, 1987), V: 198.
115. "Introduction to Kant's *Critique of Judgment*," e também a *Primeira Introdução à Crítica do Juízo* (publicada separadamente como vol. XI das obras completas e incluídas como apêndice na tradução de Pluhar).
116. O'Neill, "Vindication Reason", capítulo 9 de *The Cambridge Companion to Kant*, ed. Paul Guyer (Cambridge: Cambridge University Press, 1992), p. 293.

[reflexivo] e na razão como algo construído em vez de ser imposto".[117] Por repetidas vezes, a autora apresenta o seguinte dilema: a razão deve ser o produto de um empreendimento construtivo "nunca passivo", realizado de acordo com o Imperativo Categórico geral (todos os princípios empregados devem ser aqueles que podem ser seguidos por todos); do contrário, seria uma tirania. Nessa explicação, se a racionalidade não for *construída* ativamente por nós, ela é *imposta* sobre nós. Não há alternativa.[118]

Quero sugerir no que segue que, para Kant, em todo caso, tal formulação traz consigo um falso dilema. Se "a construção" é compreendida como qualquer atividade da mente que desenvolve nossa experiência, pode ser verdade para Kant; mas como O'Neill parece compreendê-la, a construção ativa envolve autolegislação, e autolegislação significa preparar a lei para alguém, e isso envolve a intencional atividade da razão. O retrato é de uma luta pela autodefinição do racional contra o externo, forças "estranhas", uma imagem que o próprio Kant certamente encoraja em muitos lugares. Ainda na terceira *Crítica*, principalmente na "Crítica do Juízo Estético", a preocupação de Kant é com um modo de engajamento racional menos intervencionista, menos defensivo com o mundo da natureza e com os outros. Sua explicação da contemplação estética é, com certeza, sobre a atividade mental. Entretanto, refletir sobre a beleza não é uma atividade intencional, nem a imposição da forma sobre a natureza. É uma mera "peça" imaginativa com formas naturais

---

117. O'Neill, *Constructions of Reason*, p. 27.
118. Mesmo que aceitássemos que esse contrato ou modelo de procedimento da razão seja apropriado, ainda pode ser contra-argumentado que, como em qualquer teoria, a questão de quem faz parte do contrato original não é irrelevante: a quem nos referimos quando dissemos que "todos" devem ser capazes de seguir os princípios adotados da razão? O'Neill argumenta que a analogia política não deveria ser tão forte, que o contrato "não precisa ser seguido literalmente, nem como referência de eventos históricos" (*Constructions of Reason*, p. 18). Mas os muitos e variados ataques pós-modernos à noção do tribunal da razão e do otimismo iluminista em geral ressaltam a importância da questão das origens. Quem será admitido para a equipe tão importante da construção da razão? Quem será excluído? E sobre as questões do desenvolvimentos? Como o racionalmente imaturo será distinguido do pensador maduro e quem os treinará para a maturidade? Quais métodos serão usados pelos novatos para garantir que seu treinamento os tornará autônomo? Aqueles que não puderem ou não quiserem se submeter à disciplina da razão como construída em um dado momento histórico presumivelmente nunca farão parte do processo. Para uma coletânea de ensaios mostrando esses tipos de críticas, tanto da época de Kant como de autores contemporâneos, veja *What is Enlightenment? Eighteenth Century Answers and Twentieth Century Questions*, James Schmidt, ed. (Riverside: University of California Press, 1996). Para uma versão feminista desse tipo de crítica e uma sugestão para reconstruir a estética de Kant como parte da solução, veja meu "The Aesthetic Dimension of Kantian Autonomy", em *Feminist Interpretations of Immanuel Kant*, ed. Robin May Schott (University Park, PA: Pennsylvania State University Press, 1997), pp. 173-190.

e, nesse sentido, pelo menos, pode ser considerada mais passiva. Kant ainda considera essa atividade como o elo entre a razão em suas capacidades cognitivas/teóricas e em suas capacidades morais. As interpretações que unificam a razão sob a razão prática e a autonomia da vontade falham ao explicar a centralidade da reflexão em toda a explicação de Kant sobre a razão humana. O sentido no qual o juízo reflexivo define a racionalidade será explorado mais tarde. Entretanto, primeiro será de valia voltar brevemente a outro importante argumento recente em favor da primazia da razão prática que leva em consideração explicitamente o papel da contemplação em relação à razão prática.

Christine Korsgaard também interpreta a explicação completa de Kant sobre a racionalidade nas bases do raciocínio prático, o espírito que Kant imprimiria no seu humanismo. Ou seja, ela argumenta, para Kant a fonte de todo o valor é, no final das contas, a humanidade em si – ou, para ser mais clara, a humanidade na medida em que ela é capaz de uma "autonomia racional completa" (p. 241). Como O'Neill, também vê a razão prática como a origem essencial de todos os valores e, como O'Neill, acredita que as escolhas, para serem verdadeiramente humanas, devem ser determinadas apenas pela razão prática e não por inclinação ou prazeres:

> Na *Crítica da Razão Prática*, Kant afirma que o bem é um conceito racional. Isso significa que, para os fins serem bons, devem ser determinados pela razão, não apenas por uma inclinação ou um prazer [...] Por trás do pressuposto de que se todo ser racional poderia admitir algo para ser bom [...] então isso é realmente bom [...] a ideia é que são os seres racionais que determinam o que é bom; a natureza racional concede valor para os objetos de suas escolhas e é, em si, a ponte de todo o valor.[119]

Assim, Korsgaard argumenta que a natureza racional segundo Kant deve ser compreendida como fundamentalmente prática. O conhecimento teórico é limitado ao mecanismo e não aos fins da natureza, enquanto a especulação sobre as causas finais também é banida do reino do conhecimento. Assim, Korsgaard argumenta, que a reflexão teórica abdica de qualquer afirmação para ser a fonte – isto é, a justificativa fundamental – dos valores humanos. Por este motivo, ela diz, o racionalismo de Kant, diferentemente de Aristóteles, valoriza a ação

---

119. Christine M. Korsgaard, "Aristotle and Kant on the Source of Value", em *Creating the Kingdom of Ends* (Cambridge: Cambridge University Press, 1996), p. 241.

à contemplação, e a "moral substitui a metafísica como a expressão superior de nossa natureza racional".[120]

Visto que a explicação de Korsgaard sobre a subordinação do lado contemplativo da natureza humana de Kant para os encaixes práticos com a visão de O'Neill que a razão prática une todos os aspectos da razão sob um único princípio, uma resposta para os argumentos de Korsgaard contra a contemplação também levanta questões para O'Neill. Korsgaard destaca dois argumentos kantianos contra a contemplação como a fonte do valor. O primeiro é tomado da *Crítica do Juízo*, seção 86 "Sobre Eticoteologia", no qual Kant afirma que

> não é pela referência ao poder cognitivo do homem (razão teórica) que a existência de tudo no mundo primeiro obtém o seu valor, ou seja, não é [por que] (dizem) que há alguém *para contemplar* o mundo. Pois se toda essa contemplação oferecesse à apresentação do homem nada além de coisas sem um propósito final, então o fato de que o mundo é conhecido não pode transformar sua valiosa existência; apenas se pressupormos que o mundo tem um propósito final, poderia sua contemplação em si ter um valor, pela referência a esse propósito.[121]

Korsgaard interpreta isso como segue:

> enquanto a razão especulativa espera em vão descobrir ou provar que esse ideal da razão já está realizado no mundo, a razão prática – ou a moral – é a tentativa de pôr essa ideia em ação no mundo, na medida em que a ação dá forma ao mundo.

O argumento contra a contemplação como uma fonte de valor é resumido da seguinte forma:

> O mundo deve ter um propósito final a fim de ser valorosamente contemplado, logo, a contemplação não pode ser esse propósito final.[122]

Este é um bom resumo do ponto de vista de Kant, mas não é o resultado da afirmação de que a contemplação não pode ser o propósito final do mundo e que também não pode ser uma fonte de valor. A contemplação, como o juízo moral, é uma atividade. Propósitos finais ou

---
120. *Ibid.*, p. 246.
121. Kant, *Critique of Judgment* (V: 442).
122. Korsgaard, "Aristotle and Kant", p. 241.

fins são objetos de desejo. Ele pode bem ser o fim superior; do contrário, o propósito final da humanidade seria essencialmente moral, sendo que, nesse nosso método de criação ou produção, é essencialmente prático. Na verdade, nessa parte da "Crítica do Juízo Teleológico", Kant está falando sobre a maneira como até a mente mais comum atua como mediadora (*nachdenkt*) da existência das coisas. A citação dos usos de Korsgaard ocorrem em um contexto no qual Kant está preocupado em explicar a reflexão teleológica sobre o Universo, e debater, como Korsgaard destaca, que há um componente moral para esta reflexão. Entretanto, o produto reflexivo, o próprio juízo, não se baseia em princípios determinantes do juízo, nem cognitivos nem morais, mas em um princípio do juízo reflexivo que, como Kant já havia afirmado, é independente de ambos:

> O efeito [no qual vamos objetivar] segundo o conceito da liberdade é o propósito final que (ou a aparência daquilo que no mundo do sentido) deve existir; e nós [devemos] pressupor a condição sob a qual é possível [alcançar] este propósito final na natureza (na natureza do sujeito como um ser de sentido, ou seja, como um ser humano). É o juízo que pressupõe esta condição *a priori* e *sem considerar a prática*, [de forma que] este poder nos concede o conceito que faz a mediação entre os conceitos da natureza e o conceito da liberdade: o conceito de uma *proposição* da natureza, que torna possível a transição da teórica pura para a legalidade prática pura, da legalidade em termos da natureza para o propósito final determinado pelo conceito da liberdade. Pois é por meio deste conceito [da proposição da natureza] que conhecemos [*erkennen*] a possibilidade de [atingir] o propósito final, que pode ser realizado apenas na natureza e de acordo com suas leis.[123]

Korsgaard argumenta que Kant rejeita a contemplação como a fonte de valor, mas na verdade tudo o que realmente rejeita é a afirmação de conhecer qualquer coisa por meio da contemplação, no sentido muito limitado do conhecimento caracterizado por ele na primeira metade da *Crítica da Razão Pura*. Ela afirma que "para Kant [...] o pensamento teleológico não é conhecimento e tal fundamentação está situada na fé da religião prática e, portanto, na ética".[124] Mas, como acabamos de ver, o pensamento teleológico está fundamentado em um conceito da razão que não é nem teórico nem prático, mas que pertence, apesar de

---
123. Kant, *Critique of Judgment*, V: 195-196.
124. Korsgaard, "Aristotle and Kant", p. 245.

tudo, *a priori* ao sistema de faculdades da mente. Ele é fundamentado no juízo reflexivo.

Então, Korsgaard conclui que "não podemos, por meio do pensamento teórico, participar do propósito final do mundo. Podemos apenas fazer isso na prática".[125] Aqui ela apresenta sua própria versão daquilo que indiquei como a falsa dicotomia no construtivismo de O'Neill: ou pensamos teoricamente ou agimos de acordo com os princípios da razão prática. Não há alternativa. A explicação de Kant da atividade de mediação relativamente independente da reflexão tanto no pensamento quanto na ação é simplesmente ignorada.[126]

O segundo argumento de Korsgaard para a desvalorização da atividade contemplativa em Kant é retirado da *Crítica da Razão Prática*. Kant afirma que os prazeres intelectuais não são diferentes em espécie dos prazeres físicos, visto que a possibilidade de ambos se baseia no sentimento, e o sentimento, sendo uma mera suscetibilidade passiva às causas, está "fortemente separado" da autonomia.[127] É, sem dúvida alguma, inegável que Kant tende a menosprezar a contribuição do sentimento para a racionalidade, mas é necessário observar imediatamente que cargas de "passividade" serão aplicadas igualmente a todos os tipos de sentimentos, incluindo não apenas os prazeres do sentido e do intelecto, mas também a satisfação que obtemos com a moral. Este último tipo de sentimento é aquele que Kant certamente não quer negar nem menosprezar. A tendência de Kant em caracterizar o prazer sempre como um tipo de sentimento *a posteriori* contingente desaparece com o advento da teoria do juízo reflexivo. Na terceira *Crítica*, a afirmação de Kant é que "o sentimento de prazer e desprazer é apenas *a receptividade do sujeito a um [certo] estado*".[128] Na verdade, o prazer em si é apenas receptividade, mas sempre uma recepção *de* um certo estado de atividade mental. Assim, para Kant, os prazeres não são criados igualmente: eles devem ser diferenciados em termos das condições que lhes dão origem, e a importante nova contribuição da "Crítica do Juízo Estético" é introduzir e discutir os prazeres da reflexão cujas condições são universais e *a priori*. Tais prazeres são o resultado

---

125. *Ibid.*
126. Kant refere-se a essa independência relativa como "reautonomia" do juízo, na qual a lei só é dada para si mesmo, não para a natureza ou liberdade, para reflexão sobre a natureza. Cf. *Critique of Judgment*, V: 185, e *First Introduction to the Critique of Judgment*, XI: 225.
127. V: 185-186, XI: 225.
128. *First Introduction to the Critique of Judgment* (XX: 208). Cf. também *Critique of Practical Reason* (V: 75), em que Kant já falou sobre as origens do sentimento do respeito para uma lei moral.

de condições que guardam *a priori* de uma forma de contemplação, embora não uma intelectual: o juízo reflexivo estético. O argumento de passividade não constitui, no final, um argumento contra os prazeres da contemplação como uma fonte de valor, visto que alguns prazeres são "condicionados" apenas pelas atividades do juízo que são universais e *a priori*. Em parte, os argumentos de Korsgaard contra a razão contemplativa como uma fonte de valor baseiam-se em uma junção da explicação de Kant sobre a razão teórica e a metafísica especulativa com a contemplação. Entretanto, Kant tem uma explicação mais apurada das atividades da razão. A razão teórica *precisa* especular sobre o incondicional, e essa necessidade, para Kant, deve ser sublimada, em sua maior parte, pela razão prática. Mas a explicação de Kant do pensamento contemplativo, ou o "juízo reflexivo", é um tipo totalmente diferente de pensamento, cuja função não é subordinar o teórico à razão prática, mas negociar uma abertura entre eles.

As interpretações de Korsgaard e O'Neill sobre o todo da teoria de Kant são, em muitos aspectos, inspiradas e se sustentam por si mesmas como reconstruções kantianas importantes. No entanto, baseada nos argumentos que acabei de apresentar, creio que qualquer explicação que situe a fonte de todo o valor e defina a própria racionalidade, basicamente em termos da razão prática, falham ao fazer justiça a uma das grandes percepções de Kant, ou seja, que a razão é um sistema *recíproco* tanto do pensar quanto do agir. Consequentemente, uma crítica da razão totalmente desenvolvida deve fornecer uma explicação para essa ligação – supostamente interligada – da razão prática e teórica.[129] A terceira *Crítica*, na qual Kant argumenta que essa interligação é apenas a mediação do juízo reflexivo, deve ser tomada com seriedade. O que quer que seja o juízo reflexivo – e ele tem muitos aspectos e várias aplicações tanto práticas como teóricas –, não é em si prático nem "construtivo". É contemplativo, já que sempre pressupõe um princípio reflexivo de proposição "sem considerar a prática".

A Primazia da Razão Prática: Metafísica

Argumentar que a razão prática não é primária nem anterior enquanto origem ou fonte justificatória de *todo* valor não é sugerir que não há nenhum sentido em que a razão prática e a ação sejam fundamentais para Kant. Em seu estudo comparativo entre Kant e Fichte, Karl

---

129. Não há como negar que em *algum* sentido a razão é uma unidade para Kant. Mas concordaria com a posição que Dieter Henrich e muitos outros defendem, que é crucial para a filosofia de Kant que a base unificadora da razão em si não pode ser conhecida.

Ameriks argumenta que os valores da razão prática são primários no sentido de terem, de alguma forma, mais importância para os seres humanos que os valores cognitivos, estéticos ou qualquer outro. Ameriks sugere que a razão prática pura "na filosofia de Kant tem certa preeminência porque revela as fontes básicas e os objetivos daquilo que é valioso". O mesmo autor argumenta que a lei moral para Kant é:

> o objeto *mais significante* de nossa atenção no sentido de que ela sozinha revela o que é de interesse e valor incondicional, a vontade moral. Embora Kant reconheça que as simples atividades teóricas e cuidadosas também têm valores consideravelmente positivos, ele insiste que, sozinhas, elas estão arraigadas no interesse secundário que não tem nada de valor incomparável da moral.[130]

A linguagem da revelação e exposição é importante aqui. A compreensão da primazia da prática depende de uma interpretação do idealismo transcendental que está no polo oposto do construtivismo de O'Neill. Para Ameriks, a virada copernicana e sua "negação do conhecimento abre espaço para a fé"; não é o fim da metafísica, mas apenas seu redirecionamento de um reino teórico para um prático. A explicação idealista transcendental da natureza é a condição metodológica de nossa descoberta, como agentes morais, de uma nova metafísica prática. Ela nos fornece o bilhete para fora da natureza determinada indo para outro reino:

> as leis espaço temporais que cobrem todos os aspectos comuns da nossa vida não precisam restringir nossa realidade interior ou *noumenal* e, portanto, em vez de ter de desistir da moral ante uma natureza governada por leis, podemos e devemos aceitar a moral como o guia para um reino não espaço temporal que existe e é mais fundamental que a natureza.[131]

Ameriks continua a discussão de que o idealismo transcendental tem, portanto, oferecido "a única fuga da 'natureza'[...]" De forma que, nesta interpretação, o ser *noumenal* nos é revelado como resultado de nossa negação do conhecimento, em um tipo de reversão crítica do desprendimento da boa vontade. Os detalhes deste novo cenário são outra revelação da razão prática, dada na forma de postulados de Deus, liberdade e imortalidade.[132]

---
130. Ameriks, "Kant, Fichte", p. 190.
131. *Ibid.*, p. 191.
132. Ameriks, "Kant, Fichte", pp. 190-91.

Ameriks está correto ao apontar o fato de que a razão prática kantiana *depende* de sua explicação das limitações da razão teórica e, portanto, na total estrutura de sua filosofia, não pode ser anterior nem de forma metodológica nem lógica. Uma explicação metafísica de Amerik da prática que não expressa arrependimento fica aberta para uma crítica que o próprio Kant queria muito evitar. Ou seja, ele retrata os seres humanos como irremediavelmente alienados de si mesmos – se não em guerra com sua própria psicanalítica, então, pelo menos, muito alienados de suas próprias naturezas básicas como "seres de necessidade" incorporados.[133] Não há dúvidas de que o reconhecimento deste conceito na filosofia de Kant é a chave para compreendê-lo. Ambas as versões desta introdução à sua terceira e última *Crítica* mencionam a necessidade de ligar novamente a natureza e a razão e, como já vimos, a necessidade de ligar o racional/ético e a teoria da natureza em fundamentos morais é urgente. Na última parte deste capítulo, defenderei que Kant também está preocupado com o tema da razão teórica nesta religação.

Como vimos antes, Kant estava totalmente ciente desse potencial problema no Capítulo III da segunda *Crítica*, quando supõe que a lei moral deve ter um efeito na vontade dos seres humanos através de algum caminho natural, subjetivo – ou seja, por meio de algum impulso sensitivo. Aqui, Kant leva em consideração esse sentimento, apesar de ele ser dolorosamente causado pela frustração, pela razão da inclinação sensitiva:

> Mas, na verdade, toda a inclinação e todo o impulso sensível têm como base um sentimento, sendo o efeito negativo sobre tal sentimento (pelo dano que infere às inclinações) também um sentimento. Por conseguinte, podemos constatar *a priori* que a lei moral, como fundamento de determinação da vontade, deve produzir um sentimento ao prejudicar as inclinações, ao qual poderemos denominar dor; e aqui temos agora o primeiro e quiçá, também, o único caso em que podemos determinar por conceitos *a priori* a relação de um conhecimento (neste caso de uma razão pura prática) com o sentimento do prazer ou da dor.[134]

Assumir a plausibilidade dessa ideia não é, contudo, grande parte de uma resposta à crítica de que uma explicação bifurcada da razão leva Kant inevitavelmente ao conceito de um ser moral basicamente alienado do seu eu natural. A humilhação, mesmo quando renomeada como um sentimento para a magnificência do dever, como o próprio Kant coloca,

---

133. *Critique of Practical Reason*, trad. Lewis White Beck (Macmillan: 1988), V: 61.
134. *Critique of Practical Reason*, V: 72-73

"não tem relação com o prazer da vida".[135] Mesmo com o acréscimo de uma explicação do sentimento moral, interpretar a doutrina da primazia do prático como baseada em uma "fuga" metafísica da natureza, como Ameriks alega, realmente nos deixa com imagem bem desintegrada e desolada da condição humana. Certamente, isso serve para evitar aquele retrato que Kant, até mesmo no final da segunda *Crítica*, começa a ir em direção à incorporação teórica de outros tipos de "caso[s], de maneira que podemos determinar a partir de conceitos *a priori* a relação de uma cognição com o sentimento de prazer e desprazer".[136]

Outra explicação da primazia metafísica da razão prática que de forma explícita reconhece a profundidade do problema de alienação para Kant, é a interpretação teleológica de Richard Velkley em *Freedom and the End of Reason*. Velkley argumenta que o problema da integração da natureza com a razão ficou aparente para Kant depois de sua interpretação de Rousseau sobre a explicação da alienação progressiva de sua própria natureza:

> As dificuldades estão incluídas sob o título de "problema teleológico" na moderna emancipação "individualista" das paixões. Se a razão não tem outro fim além de servir às paixões visando à liberdade e ao poder, o que impede a razão, como um poder modificável e estendido, de revelar, em formas exacerbadas, as paixões e essa crescente servidão humana aos desejos dissimulados e socialmente gerados? Ao sugerir que todo esforço moderno de emancipação pode ser autodestrutivo, Rousseau inicia mais tarde a crítica moderna do mundo moderno como o reino de "alienação" no qual o homem é subjugado pelas suas próprias criações.[137]

Na visão de Velkley, Kant resolve o problema ao afirmar a primazia da razão prática, que Velkley interpreta como a posição de que a filosofia de Kant tem um "projeto moral dominante" que é, na verdade, a continuação do projeto moderno de emancipação com base na natureza:

> a crítica moderna da especulação não é neutra diante de todos os propósitos humanos ou finalidades humanas. A rejeição das primeiras

---

135. Ameriks, "Kant, Fichte", p. 88.
136. Em "Methodology of Pure Practical Reason", Kant destaca dois "exercícios" para possibilitar o cultivo da moral que está esboçada em sua explicação do juízo de gosto e do sublime. Cf. *Critique of Practical Reason*, V: 160-161.
137. Velkley, *Freedom and the End of Reason: On Moral Foundations of Kant's Critical Philosophy* (Chicago: University of Chicago Press, 1989), pp. 13-14.

causas metafísicas é abrir espaço para a supremacia das causas finais humanas. A ordem das causas finais cósmicas é substituída pela ordem legislada ou pela construção do ideal sustentado apenas pela vontade humana – a instituição de um novo *local* universal que estimula o máximo da liberdade humana do mal e restrições indesejáveis da ordem natural [...] a própria crítica de Kant é claramente, uma continuação desse projeto de emancipação.[138]

Se a descrição da substituição da ordem cósmica pela "ordem legislada ou pela construção ideal fundamentada apenas na vontade humana" é ou não fiel às intenções da filosofia moderna anterior a Kant, não importa. Com certeza é verdade que Kant seguiu Rousseau em dar os primeiros passos no problema da razão e, por isso, sente a necessidade de uma "teodiceia da razão" para estabelecer que "a razão é uma força beneficente na vida humana" (p. 2). Segundo Velkley, finalmente Kant encontra essa justificativa na visão de que "a razão é governada por um princípio organizado único ou *télos*" (pp. 17-18), e já na década de 1760, Kant estava começando a ver a "subjetiva necessidade que a razão humana tem dos conceitos metafísicos de substância, força e causalidade, que está acima de toda a necessidade moral – as preocupações inexoráveis com o destino da alma, Deus e liberdade [...]" (pp. 119-120). Então, Velkley vê "o 'núcleo' da metafísica mudar para a sua parte criadora de *télos* prático e para longe da pesquisa teórica na filosofia de Kant" (p. 119). Por fim, Velkley afirma que Kant desenvolveu uma "metafísica prática" que foi revivida em idealismos recentes do século XX:

> Pode-se dizer que o idealismo de Kant marca o ponto alto de um esforço determinado que foi renovado, mas não superado, pelas definições fenomenológicas e hermenêuticas do "horizonte" da experiência. Isso confinaria a reflexão sobre o absoluto (cujo significado e contexto são, em última análise, morais), dentro da esfera da liberdade e prática humana [...] que é mantida distinta do reino noumenal especulativo do idealismo moderno. (p. 135)

Para Kant, a primazia do fim moral limita "o todo metafísico verdadeiro" (pp. 112-113) e visto que a filosofia é apenas crítica, não descobrimento, "a investigação teórica é essencialmente autoconhecimento" de forma que "o verdadeiro chamado da humanidade é para legislar a unidade onde reina a desunião" (p. 116). É claro que é na

---
138. *Ibid.*, pp. 18-19.

natureza que a desunião parece reinar. Assim, Velkley caracteriza a solução de Kant como um triunfo da razão – ou seja, da vontade – sobre a natureza: a ênfase de Rousseau sobre a "falta de natureza" da vontade (p. 74), de sua separação cada vez maior da natureza, propõe o problema da razão, mas também apresenta sua solução: a vontade pode ser livre de impulsos naturais, portanto "autônoma", logo capaz de agir como "restauradora" para a ordem da alma humana: "Kant vai em direção a uma forma única de perfeição na consumação teleológica da razão em uma nova legislação da ordem da alma" (p. 66).

Por toda sua visão histórica, a interpretação de Velkley sobre Kant, na minha opinião, falha em dois pontos importantes. Primeiro, apresenta uma versão de fuga da natureza na filosofia de Kant que ignora a importância dos juízos estéticos sobre o belo da natureza no conceito de teleologia de Kant. Isso não é menos importante que sua explicação sobre a teleologia na segunda metade da terceira *Crítica* e, na verdade, Kant sugere que, metodologicamente, eles são mais fundamentais para sua explicação da ligação da natureza com a razão e dos aspectos teóricos e práticos do funcionamento humano. O prefácio da segunda Introdução da *Crítica do Juízo* termina com um curto parágrafo no qual Kant diz: "Com isto eu concluo todo o meu esforço crítico". E os parágrafos precedentes são dedicados a explicar por que uma explicação transcendental do "poder estético do juízo" é necessária, e o papel que esse poder desempenha ao resolver o enigma de achar um princípio para o poder do juízo. "Toda a ousadia crítica" de Kant, em outras palavras, chega a um fim com uma explicação de como o juízo "cujo uso correto é tão necessário e universalmente exigido que esse poder é apenas o que entendemos por compreensão sadia" (V: 169) depende de uma explicação da reflexão estética – ou seja, *baseada no sentimento*. Insistir que a ousadia de Kant tinha a intenção de *superar* ou transcender a natureza ignora o papel de mediação que a imaginação, o desinteresse e o prazer representam em sua ousadia crítica. Com certeza, na *Crítica do Juízo Teleológico*, Kant está preocupado com a cultura humana e o progresso, e está ciente dos desejos artificiais sempre crescentes que o desenvolvimento técnico provoca. Mas é exatamente essa preocupação que o leva "de volta à natureza" na *Crítica do Juízo Estético*, em que ele se concentra na necessidade de se ligar novamente e de forma direta com a natureza (sem instrumentos, mas também sem a moral), de tal forma que começamos a sentir, por meio do prazer da reflexão sobre as formas perceptivas, a possibilidade da conformidade da natureza com nosso chamado moral. A interpretação de Velkley não deixa espaço para esta ligação direta com a natureza, privilegiando em seu lugar a projeção racional de um ideal unitário da liberdade humana que não só omite, mas também "supera", a natureza na subjetividade humana. Então é extremamente difícil ver como o problema da alienação da razão da natureza, que Velkley traça de forma tão cuidadosa de Kant voltando para Rousseau, é resolvido nesta interpretação.

Um segundo problema com esta interpretação, na minha opinião, é que coloca um poder extraordinário nas mãos do filósofo. Na interpretação de Velkley, é esse grupo de elite que planeja uma "revolução" global "nos fundamentos teóricos e morais":

> Segundo Kant, o filósofo deve ser definido como um legislador, não como um mero teórico. Sua legislação estabelece a ordem arquitetônica da razão em que as várias pesquisas da filosofia e da ciência atuam e onde devem ser vistas como um apoio coletivo ao fim último que o filósofo define. Em outras palavras, o filósofo legisla a unidade sistemática da razão como governada por um único princípio organizador ou *télos*. A revolução que ocorre nas investigações dos fundamentos da filosofia teórica e moral tem um arquiteto principal – a filosofia como legisladora. Isso quer dizer que as revoluções "locais" nos fundamentos teóricos e morais estão refletindo uma revolução maior e mais abrangente, planejada e iniciada pela atividade legislativa do filósofo crítico. (p. 18)

A filosofia tem muito mais importância na interpretação de Velkley sobre Kant que a função limitada que Kant atribui a ela em sua primeira *Crítica*. Para Velkley, esta é a parte da resposta de Kant para Rousseau, que questionou se "a moderna filosofia [pode] manter sua posição como a força dominante nas relações humanas e continua a promover a emancipação e o esclarecimento da humanidade" (p. 13). Uma "cultura definitiva" ideal deve ser determinada pela filosofia como parte desta resposta que, segundo Velkley, envolve um compromisso surpreendente com as preocupações práticas sobre as teóricas: "todas as realidades supersensíveis e as causas são compreendidas como subordinadas aos projetos essenciais da liberdade [...] Kant não poderia afirmar mais diretamente a primazia da prática no sentido mais profundo que ele pretendia; a prática determina a direção e até o conteúdo da investigação teórica" (p. 144).

A noção de Velkley da primazia da prática não pode ser julgada escapista, como a de Ameriks, mas é muito mais preocupante exatamente por esse motivo. A liberdade da investigação e da crença parece desaparecer na busca abrangente por uma unidade da razão. Sem dúvida, é um preço muito alto a pagar para conquistar a alienação, e é difícil de acreditar que Kant cogitaria, para não dizer assinaria, tal opinião. Na verdade, mesmo o espírito da "revolução rousseauniana" em sua forma de pensar sobre a humanidade comum parece abrir mão, nessa explicação, para um paternalismo extremo que é exatamente a resposta errada para a questão "O que é o Iluminismo?" Paradoxalmente, esta consideração da elevação da prática sobre a teoria abre a porta para o próprio autoritarismo que supostamente devia combater. Como veremos brevemente, Kant estava ciente do perigo de permitir que a razão prática cuidasse de todos os aspectos da experiência humana, e queria bloquear a possibilidade desse conteúdo ditatorial na teoria.

Richard Eldridge, em *The Persistence of Romanticism*, também vê a filosofia de Kant como fundamentada no problema da alienação, mas está menos inclinado a ler Kant como alguém determinado em atribuir ao filósofo a função de instituir uma cultura moral mais elevada na terra:

> Kant vê a sua própria obra filosófica como uma maneira de estabelecer esse projeto, ajudando-nos a libertar-nos de tutelas ou do serviço à nossa natureza animal, a fim de que atinjamos a liberdade racional. Esta articulação do princípio da moral serve para ajudar a nos levar, primeiramente, a encontrar um estado liberal e, depois, por meio da cultura, a voltarmo-nos para uma harmonia racional com os outros. Este avanço em direção à liberdade, primeiro por meio da política e depois por meio da cultura, não é, entretanto, apenas tarefa da filosofia. A arte tem um papel crucial a representar nesse desenvolvimento.[139]

Eldridge vê a separação da natureza e da liberdade problematizada na terceira *Crítica* como expressão de uma "profunda angústia" latente em Kant sobre a possibilidade de realmente manifestar a nossa liberdade no mundo (p. 36). As "narrativas imaginativas" de Kant sobre o (possível) progresso da história humana são formas de lidar com essa angústia e, talvez, até de combater as condições humanas infelizes que a causam. Além disso, ele destaca que a obra imaginativa e transmissível do

---
139. Richard Eldridge, *The Persistence of Romanticism: Essays in Philosophy and Literature* (Cambridge: Cambridge University Press, 2001), p. 38.

artista pode fazer o mesmo. Em "How is the Kantian Moral Criticism of Literature possible?", Eldridge discute a caracterização kantiana da filosofia – ou seja, da total condição humana – na segunda introdução da terceira *Crítica*.[140] Eldridge nota a preocupação de Kant: "não descansaremos contentes com uma liberdade vazia e especulativa que não seja realizada de forma compreensível e devemos, de alguma forma, ver o mundo como encorajador da realização da liberdade" (p. 75). Eldridge reconhece, em outras palavras, que a terceira *Crítica* retoma o problema da alienação e apresenta um terceiro caminho entre as explicações metafísicas da moral (seja *noumenal* ou politicamente ideal) e as abordagens de pensamento prático em primeira pessoa; ambas apenas perpetuam a alienação da liberdade humana de uma natureza humana. "É muito pouco reconhecido", escreve Eldridge, "que Kant começou em seus últimos escritos, especialmente na *Crítica do Juízo*, a repensar o problema de como podem existir a moral e a liberdade no mundo sensível" (p. 75).

Eldridge está particularmente interessado no papel que o gênio representa na realização da liberdade por meio da arte; retornarei a este ponto nos últimos capítulos. Por hora, sua observação sobre o papel da terceira *Crítica* é bem-aceito: na época em que escreveu sua última crítica, Kant tinha mudado suas ideias sobre o papel da sensibilidade, do sentimento e da imaginação com relação à moral. O que ele tinha declarado impossível na primeira *Crítica* e improvável na segunda torna-se o foco de toda a primeira metade da terceira *Crítica*: a possibilidade dos prazeres – sem humilhações dolorosas – baseados nas condições universais e *a priori*. Lá, argumenta que a reflexão dá origem ao juízo estético para um sentimento cuja validade universal depende de sua independência de uma determinação prática e teórica. Visto que a reflexão estética em si envolve as condições de cognição no geral (imaginação e compreensão é uma atuação livre), os sentimentos resultantes têm um *pedigree* em cada parte tão puro quanto aquele do sentimento humilhado do respeito pela lei moral. Alguns sentimentos reflexivos, como o sentimento do sublime, envolvem a faculdade da razão prática pura e nosso reconhecimento da autonomia de nossa moral em face à natureza sem finalidade. Mas outros, especialmente o caso do paradigma do sentimento estético – em outras palavras, nossos sentimentos pela beleza –, dependem totalmente das condições da cognição de modo geral. Tais sentimentos

---

140. *Ibid.*, pp. 71-84.

não só são independentes da razão prática, mas seu próprio direito de reivindicar a validade universal depende dessa independência.[141]

A Primazia Mediada da Razão Prática

Quero agora retornar ao problema da alienação criado pelo que tenho chamado de "interpretações metafísicas da prioridade da prática e a tentativa inicial de Kant para trazer a prática de volta ao reino da natureza". Kant continua a tratar o tema da eficácia causal da moral na Dialética da Razão Prática Pura, ao introduzir o conceito do Sumo Bem como o objetivo necessário da razão prática. A lei moral, argumenta Kant, exige que nos esforcemos para produzir, na natureza, um estado no qual "a felicidade [esteja] na proporção exata da moral".[142] Mas se somos incapazes de fazer isso, então a lei moral deve ser "fantástica, dirigida a fins imaginários e, consequentemente, falsa por natureza".[143] A famosa solução a este problema da alienação moral com potencial debilitante de nosso eu natural foi, é claro, o postulado da razão prática – da imortalidade e de Deus. É um trampolim para essa perigosa virada da razão, que, em vigor, envolve romper as fronteiras da razão teórica em nome da prática, que Kant argumenta, de forma clara, pela primazia da razão prática. Tendo observado várias interpretações da doutrina de Kant, talvez seja hora de examinar sua própria explicação.

Infelizmente, a afirmação de Kant da primazia da prática não é nada transparente. Para começar, como já mencionado, sua localização na *Crítica* é claramente estratégica, se não *ad hoc*. Para preservar a doutrina do sumo bem e a necessidade de uma explicação mais integrada da moral que a motiva, Kant assumiu uma posição instável. Ele permitiu que a razão suspendesse a virada copernicana adequada pelo bem da prática, para fazer a simples declaração metafísica dos postulados.[144] Para preparar o terreno para seu movimento não Crítico, ele argumenta que, sob certas circunstâncias especulativas, a razão deve

---

141. Paul Guyer, "Feeling and Freedom: Kant on Aesthetics and Morality", em *Kant and the Experience of Freedom* (Cambridge: Cambridge University Press, 1993), pp. 1-47, esp. pp. 46-47. Guyer vê essa independência a serviço da razão da prática pura. O argumento desse capítulo é levemente diferente, ou seja, essa independência também serve à razão prática pura. Entretanto, esta não é independente *em nome da* moral.
142. *Critique of Practical Reason*, V: 110.
143. *Ibid.*, V: 114.
144. Yirmiyahu Yovel, em *Kant and the Philosophy of History* (Princeton: Princeton University Press, 1980), pp. 287ff, mostra o caso para a falta de resistência da incorporação dos postulados de Kant em seu sistema.

admitir essas proposições [da razão prática] e, ainda que elas sejam transcendentes, procurar uni-las aos seus conceitos como uma posse estranha a ela [...] Deve assumi-las como coisa estranha que não germinou em seu solo, todavia, como justificada, tratando-se de compô-las e englobá-las com tudo o que com razão especulativa se encontre em seu poder, embora seja de convir que não são conhecimentos seus, mas apenas extensões do seu uso sob outro ponto de vista, isto é, o prático, o qual não é precisamente contrário a seu interesse, que consiste na limitação da temeridade especulativa.[145]

Os interesses da razão prática, "inseparavelmente ligados" a ela, sobrepujam os interesses da razão teórica, mas só porque estes últimos interesses não são "nem um pouco" opostos aos primeiros. São apenas diferentes e Kant diz: "não é uma questão de qual deve recuar, pois um não precisa entrar em conflito com o outro".[146] Contudo, a capacidade da razão prática para vencer a especulação não é tão poderosa quanto possa parecer. Embora ele afirme que "se o especulativo e o prático estivessem simplesmente dispostos lado a lado (coordenados)", um conflito surgiria; seu argumento para a necessidade em dar a preferência à prática em vez da necessidade teórica baseia-se no receio de que, sem uma hierarquia clara de interesses, *qualquer* lado pode assumir o comando:

a primeira [a razão especulativa] comprimiria estreitamente os seus limites, sem admitir nada da segunda em sua esfera, ao mesmo tempo que esta última [a razão prática] distenderia os seus limites sobre todas as coisas e, onde a sua necessidade o exigisse, procuraria incluir a primeira em seus limites. Mas, por outro lado, não se pode pretender da razão prática que se mantenha subordinada à razão especulativa, invertendo-se desse modo a ordem das coisas.[147]

Isso parece querer dizer que é válido dar a primazia a certos interesses da razão prática na medida em que sirva para manter um equilíbrio e uma harmonia razoáveis entre a razão teórica e a prática, incluindo manter a própria razão prática sob controle. A explicação de Kant sobre a primazia da prática é, portanto, um tipo bem mais suavizado de preferência do que muitos comentaristas, incluindo tanto O'Neill quanto Korsgaard e até mesmo Ameriks, parecem querer atribuir a Kant. Além

---

145. *Critique of Practical Reason*, V: 120ff.
146. *Ibid.*
147. *Ibid.*, V: 121.

disso, há uma sugestão de que Kant já está tateando um tipo de mediação da faculdade que ele logo sugeriria na *Crítica do Juízo* como uma forma de coordenar sem subordinar.

Vale a pena olhar mais atentamente para o que Kant parece querer nesse ponto na *Crítica da Razão Prática* e em particular notar sua preocupação de que a razão prática "aumentaria suas fronteiras sobre tudo e, quando suas necessidades exigissem, buscaria compreender [a razão especulativa] dentro de si". Suas preocupações sobre situar a especulação sobre a razão prática pura – a autonomia moral – são bem conhecidas. Elas datam de seu primeiro despertar, graças a Rousseau, para o incomparável valor da humanidade e a preocupação de que uma preferência dogmática pela teoria pudesse encobrir esse valor. Aqui, entretanto, ele expressa uma preocupação paralela de que, se a razão prática não for contida de forma apropriada, ela se tornará ideológica, fazendo com que a teoria se encaixe em seus propósitos. Essa é uma percepção importante que, infelizmente, é obscurecida por seu chamado para a teoria para emprestar os princípios da razão prática "e buscar integrá-las [...] como uma possessão estranha" para ser comparada e relacionada a tudo que ela possa, a fim de dar apoio à moral. Para ter certeza, isso apenas é permitido se e quando o princípio "emprestado" se mostra inseparavelmente ligado com as necessidades da razão prática pura, de forma que nenhum "interesse patológico", nem (podemos dizer) ideologia, está em sua origem.

A intenção de Kant nesse ponto na segunda *Crítica* é preparar o terreno para os postulados de Deus e da imortalidade, que "a razão nos oferece como o suplemento para a nossa impotência para [realizar] o sumo bem". O problema com a explicação de Kant de como postular as noções metafísicas dará a esperança racional necessária para cumprir nossas obrigações morais já foi examinada no capítulo 2: como Kant poderia suspender todo o aparato crítico para trazer de volta a metafísica teológica?[148] E, mesmo que ele pudesse se dar bem com isso nos fundamentos práticos, será que a introdução da ajuda sobrenatural realmente resolveria o problema de como podemos racionalmente ter esperanças de provocar o sumo bem *na natureza*, como a lei moral manda que façamos?[149] Além disso, se a primazia da razão prática fosse introduzida como uma doutrina a fim de dar sentido aos argumentos para os postulados e mais tarde falhasse, qual seria a utilidade sistemática da afirmação da primazia?

---

148. Yovel, *Kant and the Philosophy of History*.
149. Cf. capítulo 2 neste volume.

Novamente, a terceira *Crítica* e a explicação de Kant sobre a independência do valor estético são cruciais para o fim da história. Há, na verdade, um sentido pelo qual para Kant a prática é primária, mas ela não tem relação com a afirmação de que todos os valores são construídos por nós, nem com a necessidade de um procedimento prático que sirva de guia para toda essa construção. Tampouco a primazia tem a ver com a descoberta da fonte de todo o valor em uma vida interior que transcende a natureza, nem de um *télos* definitivamente unificado da razão humana. O que parece estar motivando a afirmação da primazia na segunda *Crítica* é a necessidade de ligar a moral em sua forma racional pura ao fato da finitude e da encarnação dos seres humanos. Kant estava extremamente consciente na segunda *Crítica* de que sua teoria moral exigia dos seres humanos um sentimento de esperança se fosse para fornecer uma explicação plausível de como seria possível requerer a implementação de suas exigências no mundo natural. Mas a humilhação, Deus e a imortalidade não eram suficientes.

Em *The Unity of Reason: Rereading Kant,* Susan Neiman argumenta que, para Kant, a alienação dos seres humanos como seres morais no mundo da natureza é "tão fundamental que ela nunca pode ser totalmente superada". Ela afirma que "se a filosofia envolve atingir a maturidade [como Kant afirma em 'O que é o Iluminismo?'], ela também envolve uma aceitação da perda do sentido irrefletido de integração que as crianças sentem com respeito ao seu mundo".[150] Acho que ela está certa ao lembrar a profundidade da realização de Kant da desarmonia generalizada e o desconforto entre a razão humana e sua materialização. Entretanto, ao mesmo tempo, temos o fato de que Kant buscava algum tipo de ligação entre os dois e pretendia claramente em sua análise do juízo da beleza ajudar a cumprir esse propósito. Um sentido ingênuo e irrefletido de unidade tinha de ser abandonado, como Neiman corretamente destaca, mas, na verdade, Kant descobriu uma

---

150. Susan Neiman, *The Unity of Reason: Rereading Kant* (Oxford: Oxford University Press, 1994), p. 202. A visão de Neiman da primazia da prática é que ela desce para uma primazia do mundo moral em termos de seu poder e aplicação relativa à razão teórica. Ela equipara a razão teórica com a ciência, e argumenta que a razão teórica é crucialmente dependente da cooperação do mundo. A razão prática, em contraste, pode atingir seu fim sozinha. Ela continua argumentando que os objetos da razão prática, por serem nossos próprios fins, são impressionantemente simples de realizar (pp. 128-129). É claro, se o Sumo Bem é o fim da razão, e somos exigidos a tentar torná-lo real no mundo a despeito de uma falta absoluta de razão para pensar que é até possível para nós, então desenvolver a atitude interna correta em direção de nossas obrigações torna-se um problema real para a razão. (Cf. o capítulo 2 para uma discussão aprofundada acerca da explicação de Neiman sobre o Sumo Bem e os postulados.)

versão madura dessa unidade no desenvolvimento de um sentido estético reflexivo pelos objetos da natureza. Isso também é possível, como vimos no capítulo 3, no caso de os seres humanos terem o acesso à natureza e ao ócio para refletir sobre isso não o torna menos importante como um remédio para a alienação e, como eu já sugeri, pode fazer com que a experiência da beleza seja uma parte importante do desenvolvimento moral. No mínimo, ela reintroduz as capacidades imaginativas e criativas humanas em nossa navegação entre os dois aspectos dos "eus" humanos.

Vimos que várias partes da *Crítica do Juízo Estético* podem ser lidas como uma explicação de como os valores estéticos reflexivos podem servir ao propósito do juízo moral, precisamente na forma que Kant necessitava, ao incorporar valores da razão prática. Uma passagem citada na seção 42 da *Crítica do Juízo Estético* vale ser vista novamente, pois oferece a possibilidade de uma abordagem estética reflexiva para o problema da alienação que nunca foi realmente resolvido pelo postulado de Deus e da imortalidade. Se nós, de alguma forma, fôssemos capazes de *perceber* ou *sentir* que a natureza tinha espaço para os seres morais – que seres com objetivos pertencessem a ele e que a própria natureza tivesse um propósito –, então teríamos algum tipo de sentimento de esperança para que seguíssemos suas possíveis leis estritas e até naturais:

> a razão também tem interesse na realidade objetiva das ideias (por isso, no sentimento moral, ela cria um interesse direto), ou seja, um interesse de que a natureza deveria, pelo menos, mostrar uma trilha ou dar uma pista que contivesse algumas bases para que assumíssemos em seus frutos uma harmonia válida com aquele nosso desejo que é independente de todo interesse (um desejo que reconhecemos *a priori* como uma lei para todos; assim, poderíamos basear essa lei em evidências). Portanto, a razão deve ter interesse em qualquer manifestação na natureza de uma harmonia que se assemelha à harmonia mencionada e, então, a mente não pode refletir sobre a beleza da *natureza* sem, ao mesmo tempo, perceber seu interesse estimulado.[151]

Mas isso é algo que apenas podemos atingir *indiretamente* por meio de ideias morais. Ou seja, a fim de ocasionar a ligação da natureza e do interesse moral, nossa atenção e nosso sentimento devem

---

151. *Critique of Judgment*, V: 300.

estar diretamente ligados à própria natureza, além de qualquer interesse moral. Apenas um juízo assim é desinteressado, contemplativo e não prático, embora volte o interesse para as formas da natureza que tornam possível a ligação indireta com a moral:

> não é essa ligação [entre a beleza da natureza e as ideias morais] que nos interessa diretamente, mas as próprias características da beleza de qualificar tal ligação, que, portanto, pertence a ela de modo intrínseco.[152]

A visão de Kant é, de certa forma, bem simples: se quisermos provar que nossa natureza moral é compatível conosco uma vez que somos criaturas encarnadas e limitadas – que a racionalidade e a bestialidade dependem uma da outra e que podemos, portanto, esperar atingir nossas metas morais superiores neste mundo –, então o mundo deve nos apresentar pelo menos uma pista de que é possível que nossos propósitos morais tenham um lugar dentro dele. A contemplação desinteressada e um interesse direto subsequente na natureza nos dão uma razão independente, embora temporária, para acreditar em nossa capacidade de produzir a moral no mundo. A solução de Kant para o problema do abismo entre os dois usos da razão aqui chega à suspensão da moral pelo bem da moral. Os valores estéticos não são condições fundamentais para a lei moral, nem a fonte de todos os valores, mas são a fonte de um valor independente e muito especial, sem o qual cumprir nossa obrigação moral seria uma tarefa cruel e perigosa. É esta percepção que está enterrada pela ênfase exagerada na primazia da prática na filosofia de Kant. Tal ênfase chega a negligenciar um aspecto fundamental do humanismo de Kant: seu foco na "natureza do sujeito como um ser de sentido, ou seja, como um ser humano".[153]

---

152. *Ibid.*, V: 302.
153. *Critique of Practical Reason*, V: 196. Eu gostaria de agradecer a Henry Allison pelos comentários na minha interpretação na seção 42 "On the Intellectual Interest in the Beautiful", que me ajudou a esclarecer a relação da moral com o valor estético. Para uma explicação prolongada da independência dos valores estéticos do valor moral, mas a subordinação dessa independência à moral, o leitor deve ver a introdução e os ensaios de Guyer em *Kant and the Experience of Freedom*. O livro de Guyer (*Kant on Freedom, Law, and Happiness*, Cambridge: Cambridge University Press, 2000), entretanto, é menos preocupado com o valor estético e, na verdade, na argumentação para uma concepção normativa da liberdade como "nosso valor fundamental", Guyer parece estar se distanciando de sua ênfase inicial sobre a independência do valor estético em sua relação com o valor moral.

CAPÍTULO 5

A falha da imaginação de Kant

Em uma explicação bem famosa do papel transcendental da imaginação na filosofia de Kant, Martin Heidegger praticamente acusou Kant de covardia intelectual. Heidegger defendeu que a recusa de Kant na segunda edição da *Crítica da Razão Pura* em assumir que a imaginação era uma faculdade fundamental se devia ao fato de Kant ter identificado originalmente a imaginação transcendental com a "raiz comum" da sensibilidade e do entendimento, mas não quis garantir tal *status* básico a uma faculdade cuja natureza obscura o amedrontava: "Ele viu o desconhecido", diz Heidegger e "tinha de voltar atrás".[154]

Na crítica já clássica da interpretação de Kant segundo Heidegger, "Die Einheit der Subjektivität" ["Sobre a unidade da subjetividade"],[155] Dieter Henrich toma para si o desafio que Heidegger lança à integridade da filosofia kantiana e defende Kant alegando que a sua recusa em explorar a raiz comum, tanto da sensibilidade quanto do entendimento, não tem ligação com a atitude de Kant em referência à imaginação, mas, de certa forma, representa sua adoção da opinião, já proposta por Christian August Crusius, contra Christian Wolff, de que a subjetividade não pode radicar em uma simples faculdade básica ou em um princípio. Longe de sugerir a necessidade de identificar qualquer raiz

---

154. Cf. *Critique of Pure Reason* (*CPR*), trad. Norman Kemp Smith (New York, 1929), Introduction, A15/B 29: "there are two stems of human knowledge, namely, *sensibility* and *understanding*, which perhaps spring from a common, but to us unknown, root." [Há duas origens do conhecimento humano, ou seja, a sensibilidade e o entendimento, o que talvez surja de uma raiz comum, mas que é desconhecida para nós.] E veja também Heidegger, *Kant and the Problem of Metaphysics* (*KPM*), trad. James S. Churchill (Bloomington: University of Indiana Press, 1962), pp. 41-42, 173.
155. Dieter Henrich, "Die Einheit der Subjektivität", *Philosophische Rundschau* 3 (1955), pp. 28-69. Trad. Gunter Zöeller as "On the Unity of Subjectivity", in Dieter Henrich, *The Unity of Reason: Essays on Kant's Philosophy*, ed. Richard Velkley (Cambridge, MA: Harvard University Press, 1994). As traduções neste capítulo são de Zöeller.

comum da subjetividade humana, Henrich argumenta que Kant nega totalmente a possibilidade de conhecer tal capacidade básica e é agnóstico acerca da existência dessa capacidade, mesmo fora das condições do conhecimento humano.[156] Visto que Kant, no final, "renuncia" a uma resposta positiva à questão de que condições da possibilidade da subjetividade humana, a raiz comum "desconhecida" a que Kant se refere na introdução da *Crítica da Razão Pura* não pode ser, de jeito algum, uma faculdade conhecida e, portanto, não pode ser a imaginação.[157] A imaginação não é suprimida nem "deslocada" na filosofia de Kant, mas, simplesmente, não é o foco central.

Historicamente, a ideia de que a subjetividade humana deve ser unificada, com base na sua origem em uma fonte comum que medeia a sensibilidade e o entendimento, foi um tema trabalhado por Johann Gottlieb Fichte, F. W. J. Schelling e G.W. F. Hegel e proposto mais uma vez por Heidegger, argumenta Henrich. Mas, para a filosofia crítica, tal unidade era incognoscível e poderia ser explicada utilizando regras apenas em termos de algum tipo de objetividade "intrasubjetiva":[158]

> A unidade da subjetividade, na construção final de Kant, é concebida como teleológica. Kant sente-se compelido a olhar além do que é dado imediatamente na consciência, "para olhar além da sensibilidade, para o suprassensível como o ponto em que todos os nossos poderes *a priori* são reconciliados, visto que é a única alternativa que nos cabe para fazer com que a razão se harmonize com si mesma".[159]

Porém, o que interessa ao conhecimento é que a unidade estrutural das faculdades é possível. Se essa for a visão de Kant, então, é claro que nenhuma explicação poderia ser construída para a primazia da imaginação como a fonte original do conhecimento. A imaginação é apenas uma das faculdades da mente, todas elas só podem ser entendidas como derivadas da experiência.[160]

---

156. Henrich, "Die Einheit der Subjektivität", pp. 32-39.
157. Se alguma faculdade deve ser vista como mais fundamental para a estrutura da subjetividade humana, Henrich argumenta, é "a percepção e suas categorias" (p. 44). Henrich admite que essa renúncia da esperança por uma subjetividade fundamentada não vem facilmente para Kant (p. 46).
158. Henrich, "Die Einheit der Subjektivität", pp. 44-45. A busca por uma unificação dos princípios é vista por Kant como uma condição *subjetiva* necessária da razão e, portanto, a noção de uma faculdade fundamental, ou poder, é uma ideia reguladora.
159. *Ibid.*, p. 46. A citação de Kant é da *Critique of Judgment*, trad. Werner Pluhar (Indianapolis and Cambridge: Hackett, 1987) V: 341.
160. *Ibid.*, p. 50.

Isso, argumenta Henrich, explica o afastamento de Kant de qualquer tentativa para "deduzir" as faculdades na primeira edição da *Crítica* a partir de uma "análise lógica" das condições do conhecimento na segunda edição revisada. Não é um medo da fonte desconhecida da razão, mas, em vez disso, um reconhecimento de sua indisponibilidade que levou Kant a se concentrar nas condições do entendimento, cujas estruturas – as formas lógicas do juízo –, diferentemente da imaginação ou da sensibilidade, ele acreditava estarem disponíveis para análise. Portanto, segundo Henrich, Kant tornou-se extremamente cauteloso sobre qualquer tentativa de explicar a exata natureza da sensibilidade ou a relação da imaginação com o entendimento. Visto que a unidade das faculdades em qualquer sentido absoluto é desconhecida para os seres humanos, o papel de mediador da imaginação deve ser visto como simplesmente "a unidade das atividades que são exigidas além dos princípios objetivos do conhecimento, a fim de tornar compreensível a realidade do conhecimento".[161] Ver a imaginação em seu sentido operacional explica a iniciativa de Kant, na segunda edição da *Crítica*, de assimilá-la ao entendimento como uma de suas funções.

O argumento de Henrich parece historicamente correto. Poucos podem ir contra a afirmação de que o movimento dos idealistas para ampliar o conhecimento em direção a uma explicação dos fundamentos de suas origens constitui um rompimento decisivo com a filosofia kantiana, mesmo que nem todos os seus defensores percebessem isso naquela época. Ainda assim, o sucesso da abordagem "epistemológica" de Henrich teve o efeito de empurrar aspectos interessantes da interpretação de Heidegger para um canto empoeirado. Particularmente, os estudiosos de Kant tenderam a negligenciar o que Heidegger, em suas interpretações, era capaz de apreciar, ou seja, o fato de que Kant raramente *era* atacado pelo que considerava ser a natureza misteriosa da imaginação e que, mesmo em um reino da cognição (sem mencionar a ação e a motivação humana), Kant parecia desconfiado da inescrutabilidade da imaginação.[162]

Contudo, uma terceira ruga foi adicionada ao tecido do debate, por Hartmut Böhme e Gernot Böhme no livro *Das Andere der Vernunft*.

---

161. *Ibid.*, p. 54.
162. Cf.., *CPR*, A78/B103: "A síntese em geral [...] é mero resultado do poder da imaginação, uma função cega mas indispensável da alma, sem a qual não teríamos o conhecimento, qualquer que fosse, mas da qual dificilmente estamos cientes". E A123: "Que a afinidade das aparências [...] e, portanto, da experiência em si, apenas seria possível por meio de uma função transcendental da imaginação é bastante estranha, mas é, apesar de tudo, uma consequência óbvia do procedimento de argumentação".

Eles concordam com Henrich em que o giro crítico de alguma forma necessitava se afastar da visão da imaginação de Kant como uma faculdade separada, mas tomam esse giro como base para criticar todo o trabalho de Kant.[163] Argumentam que, quaisquer que sejam as razões filosóficas, a falta de vontade de Kant em conceder à imaginação qualquer tipo de *status* autônomo estava enraizada no mal-entendido psicológico de proporções fóbicas. E, embora fossem características da psique do Iluminismo, os medos subconscientes da imaginação e da sua ligação com o sentimento e o corpo não eram nada "saudáveis". Após algumas análises textuais brilhantes e divertidas, os Böhme concluem que o giro da crítica foi um afastamento, motivado pela angústia, do compromisso filosófico com aspectos criativos e enriquecedores da experiência humana. Em uma observação mais maldosa, sugerem que a filosofia de Kant selou o destino de qualquer filosofar no futuro:

> Embora a imaginação tenha sempre sido tomada com precaução [...] até o século XVII, ela ainda tinha seu lugar ancestral entre as faculdades do conhecimento. Ela perdeu essa posição com Kant – de uma vez por todas, é possível dizer, se alguém considerar a filosofia dos românticos um *intermezzo*.[164]

Os Böhme veem o giro crítico como um sintoma não apenas da "angústia" de Kant como um típico homem da razão do século XVIII, mas também do que aflige geralmente o pensamento "moderno" contemporâneo. A seguir, gostaria de fazer uma tentativa inicial de adjudicar o debate entre aqueles que, como os Böhme,[165] acreditam que a antipatia da filosofia crítica pela imaginação e pela sensibilidade em geral mina seu significado e aqueles (os típicos estudiosos de Kant) que veem tais críticas como uma filosofia mal estabelecida que perde o ponto da iniciativa crítica.[166]

Henrich argumenta que a unidade das faculdades para Kant podem ser compreendidas apenas "teleologicamente", portanto, o

---

163. Hartmut Böhme e Gernot Böhme, *Das Andere der Vernunft: Zur Entwicklung von Rationalitätsstrukturen am Beispiel Kants* (Frankfurt am Main: Suhrkamp, 1996).
164. *Ibid.*, p. 231.
165. O livro de Robin May Schott, *Cognition and Eros: A Critique of the Kantian Paradigm* (Boston: Beacon Press, 1988), apresenta outra afirmação dessa posição de uma perspectiva feminista.
166. O debate triplo entre os Böhme, henrichianos e heideggerianos deve ser evitado por conta do espaço aqui. Entretanto, é tratado no capítulo sobre a imaginação no livro dos Böhme em *Das Andere der Vernunft* (veja nº 10), "Heideggers Philosophische Rehabilitierung der Einbildungskraft", pp. 243-245.

movimento para a imaginação como *origem* transcendental é rejeitado, e qualquer tentativa de reescrever a explicação da subjetividade de Kant nos termos da imaginação só poderia ser equivocada. Os Böhme argumentam que Kant era patologicamente averso a dar à imaginação qualquer *status* genuíno próximo do entendimento e da razão e, portanto, não poderia encontrar um lugar apropriado para ela em sua explicação do conhecimento. A explicação de Henrich é uma explanação metodológica do "deslocamento" da imaginação na filosofia crítica de Kant, a dos Böhme é uma psicossocial. Ambas podem conter elementos da verdade – e não são, de jeito algum, exclusivas mutuamente –, mas creio que nenhuma das duas pode dar a última palavra sobre o assunto. Pois, como apresentarei a seguir, em última análise, não está claro que a imaginação estava totalmente inserida na filosofia de Kant, nem que ele continuava a acreditar que todo o funcionamento da imaginação *a priori* deve estar subordinado ao entendimento.

Duas considerações dão apoio à visão de que o papel da imaginação não estava inserido na teoria de Kant. Primeiro, o papel do juízo teleológico que passa a ter significado como uma condição transcendental do juízo humano para Kant, sendo que a sua preocupação com isso acabou resultando no ponto crucial da filosofia crítica com a publicação da *Crítica do Juízo*. Então, nas fases finais e maduras de sua filosofia, a imaginação representa um papel essencial na explicação de Kant da natureza da experiência humana organizada de forma reflexiva (teleologicamente). Segundo, Kant não era totalmente negativo em sua visão da imaginação, mesmo quando percebia onde estavam seus excessos. E, por fim, um desses excessos – a saber, o entusiasmo – representa um papel importante em sua última teoria social.

Uma terceira consideração também é importante na avaliação da extensão de quanto a filosofia de Kant foi maculada por motivações problemáticas. Os pesquisadores têm argumentado que uma força motivadora crucial, por trás da "rejeição" de Kant da metafísica, estava em sua interpretação de Rousseau e sua consequente revisão radical da concepção instrumentalista vigente da razão.[167] Na medida em que essa interpretação do giro crítico é baseada profundamente na fraca convicção de Kant de que a especulação metafísica leva a uma imagem "elitista" da moral, claramente representa um elemento adicional para

---

167. Cf. Richard Velkley, *Freedom and the End of Reason: On the Moral Foundations of Kant's Critical Philosophy* (Chicago: University of Chicago Press, 1989), e Frederick C. Beiser, "Kant's Intellectual Development: 1746-1781", capítulo I de *The Cambridge Companion to Kant* (New York: Cambridge University Press, 1992), pp. 26-61.

a consideração em qualquer análise completa dos motivos que sustentam a filosofia crítica. Observei todas essas considerações (uma após a outra) e concluí, à luz da contribuição dos Böhme, com a interpretação de Kant.

Reflexão Imaginativa e Gosto

A afirmação dos Böhme de que a imaginação perdeu seu lugar como uma das faculdades do conhecimento na filosofia de Kant é relativamente incontestável, se considerarem o destino da imaginação na *Crítica da Razão Pura*. Na segunda edição da *Crítica*, Kant define a imaginação como "a faculdade de apresentar [*vorstellen*] na intuição um objeto que não *é apresentado em si mesmo*" (B151).[168] Tal atividade pode envolver a representação de um objeto de acordo com as leis de associação, de forma que as imagens envolvidas dependem do que é, ou foi, dado pelos sentidos. Ou, o sujeito, longe de qualquer experiência particular, representa o objeto da intuição de acordo com as categorias *a priori*. No primeiro caso, a imaginação é um efeito determinado de forma empírica e está, portanto, associado ao modo que a revela para uma análise transcendental. Nas palavras de Kant, essa forma empírica de representar as intuições é "reprodutiva" e "não contribuiu para a explicação da possibilidade de um conhecimento *a priori*" (B152). Esse tipo de atividade imaginativa, diz Kant, cai dentro do domínio da psicologia, mas não da filosofia transcendental (isto é, crítica).

No segundo caso, em que, no processo de apresentar intuitivamente um objeto, a mente está ativa, Kant chama a atividade de "produtiva". É a "primeira aplicação" da compreensão de objetos da intuição *possível*. Aqui, a mente é criativa no que apresenta de forma espontânea um objeto na intuição, ou seja, a mente apresenta o objeto independentemente das condições empíricas. Kant afirma que a única estrada para esse tipo de "produção" espontânea (síntese) é por meio das categorias do entendimento. Portanto, esse tipo de produção imaginativa é vista como "uma ação [*Wirkung*] do entendimento na sensibilidade" (B152), e o "ato transcendental da imaginação" é identificado com a "influência

---

168. Evitei de propósito o uso de "representar" para traduzir *vorstellen*. Isso foi feito para evitar qualquer engano literal na interpretação do termo em língua inglesa, que poderia sugerir que por mais que a imaginação esteja se apresentando na intuição deve ter sido apresentada antes (literalmente, é ser "re-presentado"). A palavra alemã *vorstellen* quando lida literalmente também não leva o mesmo significado (mas significa, literalmente, "colocar em frente de"). Cf. também a nota de tradução de Pluhar, na *Critique of Judgment*, p. 14.

sintética do entendimento sobre o sentido interior" (B154). Uma vez que Kant já declarou que o entendimento deve ser a única fonte de todos os atos de combinação ("a síntese", B130), a condição de todo o conhecimento sintético *a priori* apenas pode ser o entendimento, uma daquelas *tarefas* é ser imaginativo de forma produtiva. A imaginação simplesmente não tem um *status* independente aqui.

Para Kant, como já mencionado, todos os atos de síntese são atos do entendimento. Além disso, ele afirma que todos os atos do entendimento são juízos (A69/B94) e rotula o entendimento como "faculdade do juízo" (A69/B94), como se isso sugerisse que nenhum outro juízo é possível, exceto os juízos que sintetizam representações segundo as categorias do entendimento. Mas, para ser mais precisa, isso não implica que todos os atos do juízo sejam atos do entendimento ou da síntese. Tudo o que se pode dizer a partir do que foi dito (A69/B94) é que todos os atos de síntese são juízos. De fato, a afirmação de Kant na segunda edição (B) da "Dedução Transcendental" é bem forte: "Todas as percepções possíveis e, portanto, tudo o que pode chegar à consciência empírica, ou seja, todos os aspectos da natureza, devem, desde que se considerem suas ligações, ser temas das categorias" (B164-165). Mas até mesmo essa forte afirmação não rejeita o fato de os seres humanos terem uma capacidade adicional para um juízo não sintético envolvendo a imaginação. É claro que os seres humanos são capazes de juízos analíticos, mas, além disso, também podemos *contemplar* nossa experiência (já sintetizada). Nós somos capazes de fazer juízos *sobre* juízos de experiência, ou seja, sobre a experiência já categorizada. Não há necessidade de supor que os juízos "de uma ordem mais elevada" envolvam a aplicação de categorias apenas por considerarem os juízos sintéticos como sua matéria. Se tais juízos são possíveis, como se fossem sobre juízos sintéticos do entendimento, pode ser que a imaginação seja requerida por esse *outro* tipo de juízo não sintético;[169] nesse caso, a imaginação não poderia ser comparada ao entendimento. Se esses juízos têm alguma importância na análise da experiência humana, então, apesar de tudo, deve haver um lugar para a imaginação como uma faculdade independente na filosofia de Kant.

É claro que é exatamente isso que acontece na explicação de Kant sobre o juízo reflexivo. Na *Primeira Introdução da Crítica do Juízo*, Kant aceita que "o juízo não é apenas uma habilidade de subordinar o

---

169. Na definição de Kant, os juízos analíticos não exigem imaginação, visto que seus "objetos" já estão lá, no conceito sendo analisado, e, em qualquer caso, a intuição não está envolvida.

particular ao universal (cujo conceito é dado), mas também, o oposto, uma habilidade de encontrar o universo a partir do particular",[170] e continua a argumentar que o princípio para desempenhar esta última tarefa não pode vir do entendimento. A tarefa de encontrar uma ideia universal para o específico é tarefa do "juízo reflexivo": *refletir* (ou considerar [*belegen*]) é reter as apresentações dadas [*Vorstellungen*] e compará-las tanto com outras apresentações ou com o poder [em si] cognitivo de alguém, em referência a um conceito que torna isso [a comparação] possível" (X: 211). A imaginação, "a faculdade de apresentar na intuição um objeto que não está presente" (B151), obviamente terá um papel a desempenhar aqui, na medida em que as apresentações dadas devem ser comparadas (mas não *combinadas*) com "outras apresentações" que também não estão presentes. O que podem ser essas outras apresentações será discutido a seguir, mas é claro que, o que quer que sejam, a imaginação, como a faculdade de "apresentar" o que não está presente, terá de estar envolvida.

Além disso, o "objeto" do juízo reflexivo não é um objeto da experiência, mas, em vez disso, é um "arranjo, dotado de propósito, da natureza em um sistema" (XX:214), de forma que seu propósito não é o resultado da aplicação de uma categoria. Nas palavras de Kant, ela não tem "base [...] nas leis universais do entendimento" (XX: 216). Seja no que for que Kant acredite sobre a atuação da imaginação em tais juízos, ele não quer dizer que a imaginação reflexiva seja simplesmente uma tarefa do entendimento. Por esse motivo, o juízo reflexivo não pode ser constitutivo do conhecimento. Isso não determina a cognição, mas liga com as aparências de forma totalmente diferente:

> Então, quando o juízo reflexivo tenta trazer determinadas aparências para conceitos empíricos de coisas naturais definidas, lida com elas *de forma técnica* em vez de ser esquemático. Em outras palavras, não lida com elas mecanicamente, como se fossem um instrumento guiado pelo entendimento e pelos sentidos; lida com elas *artisticamente*, nos termos de um princípio que é universal, mas também indeterminado: o princípio de um arranjo, dotado de propósito, da natureza em um sistema. (XX: 213-214)

Esse tipo de julgar, para Kant, é mais holístico que os juízos "determinantes" do entendimento e, ao mesmo tempo, mais experimental. Seu princípio é "apenas uma pressuposição necessária", enquanto

---

170. *First Introduction to the Critique of Judgment* (Ak XX), trad. Werner Pluhar, em *Critique of Judgment*, XX: 210.

aquele do entendimento é "lei" (XX: 215). Emprestando a terminologia de Rudolf Makkreel em *Imagination and Interpretation in Kant*, o juízo reflexivo pode ser chamado de *interpretativo*.[171] Ele envolve *técnica* e é uma "arte", enquanto a atividade sintetizante do juízo cognitivo procede "esquematicamente" e é, portanto, mais "mecânica" na natureza. À luz de tudo isso, é razoável querer saber se a afirmação dos Böhme de que a filosofia de Kant é uma filosofia da imaginação reprimida não é um tanto precipitada. O ponto de vista deles talvez tenha se originado pela segunda edição da *Crítica da Razão Pura* e é até mais plausível, nesse caso, se originar na *Crítica da Razão Prática*.[172] Porém, no texto sobre a reflexão na terceira *Crítica*, Kant demonstra uma disposição para considerar um tipo de juízo muito mais "imaginativo".

É claro que os Böhme estão cientes dessa defesa e consideram a importância da imaginação em um tipo de reflexão – em outras palavras, nos juízos reflexivos estéticos do gosto. Eles argumentam que, apesar de nesses juízos a imaginação ter um papel mais independente, ainda assim, Kant encontra no gosto uma arena diferenciada, "protegida" para a imaginação, onde a obra criativa dessa faculdade é reduzida ao simples "representar":

> Mas isso ainda pode ser estabelecido, e também aqui, onde a independência da imaginação é, no mínimo, aceita como um jogo, o prazer empolgado nesse jogo ocorre exatamente onde ele é bem-comportado, ou seja, onde ele está adequado ao entendimento. O Classicismo deleita-se com as figuras domesticadas e alegorizadas das personagens da mitologia grega, que tinham poderes emocionantes e impressionantes. A imaginação é transformada de Eros em Cupido (Putto), em uma criança que encanta porque ela faz espontaneamente o que outros pediriam permissão. (*Das Andere der Vernunft*, pp. 238-239)

Com respeito à teoria do gosto de Kant, o estudo dos Böhme é competente – e, na verdade, eles poderiam ter dito muito mais. O gosto, para Kant, embora o filósofo faça uma insinuação de uma ligação real com a moral, está fortemente associado com a cultura e serve (na melhor das hipóteses) para domar e disciplinar as pessoas ao ocultá-las na *aparência* da moral.[173] A explicação de Kant sobre o gosto está muito

---

171. Rudolf A. Makkreel, *Imagination and Interpretation in Kant: The Hermeneutical Import of the Critique of Judgment* (Chicago: University of Chicago Press, 1990).
172. *Critique of Practical Reason*, V: 69.
173. Por exemplo, veja *Anthropology* (*Anthr.*) (Ak VII), trad. Mary J. Gregor (The Hague: Nijhoff, 1974), II-12/ 244: "O gosto ideal tem uma tendência a promover a moral em uma

marcada pelas explicações britânicas do século XVIII e, portanto, ele parte dessas teorias em uma tentativa de encontrar um fundamento *a priori* para os juízos do gosto. Faz isso ao insistir que nesses juízos a atividade "harmoniosa" da imaginação e entendimento "pertence à cognição em geral" (*"zu einem Erkenntnis uberhauptgehört"* [V: 219]). A imaginação não é totalmente livre, mas é "livremente legal"[174] com o entendimento definindo seus limites: "E, apesar disso, dizer que a *imaginação* é *livre* e ainda *legal* de si mesma, ou seja, que ela carrega em si a autonomia, é uma contradição. O entendimento sozinho dita a lei" (V: 241).

Na seção 50 da terceira *Crítica*, Kant define uma dicotomia entre genialidade/espírito/imaginação e, do outro lado, disciplina/gosto/entendimento. Nos juízos do gosto, apesar de o entendimento não ser a única faculdade operativa, ele é claramente *definido* como se fosse:

> Para um trabalho ser belo, não é necessário que seja rico e original em ideias, mas é preciso que a imaginação em sua liberdade seja proporcional à legalidade do entendimento. Pois se a imaginação for deixada na liberdade que não tem lei, tudo o que ela produz não passa de tolices e é o juízo que adapta a imaginação ao entendimento. (V: 319)

Aqui Kant separa a imaginação do juízo, implicitamente definindo o último como a habilidade de revelar a faculdade imaginativa para o entendimento. "O juízo [...] em breve permitirá que a liberdade e a riqueza da imaginação sejam enfraquecidas em vez de enfraquecer o entendimento" (V: 320). Portanto, Kant argumenta, as belas-artes exigem "imaginação, entendimento, espírito e gosto"; e é a quarta condição – ou seja, o gosto – que percebe que os outros três elementos são muito

---

forma externa. Tornar um homem [*Mensch*] bem-educado em um ser social não chega a formar um homem *moralmente bom*, mas ainda o prepara para isso, pelo esforço que ele faz, em sociedade, para agradar os outros (para fazer com que eles o amem ou admirem)." E também V: 210: "Mostrar o gosto em nossa conduta (ou em julgar a conduta de outra pessoa) é muito diferente de expressar nossa forma moral de pensar. Pois isso contém um mandato e dá origem a uma necessidade, na qual o gosto moral apenas joga com os objetos de gostar sem se comprometer com eles". Para uma discussão dos paralelos entre a visão de Kant sobre o gosto e a feminilidade, veja Kneller, "Discipline and Silence: Women and Imagination in Kant's Theory of Taste", em *Aesthetics in Feminist Perspective*, eds. Hilde Hein and Carolyn Korsmeyer (Bloomington: University of Indiana Press, 1993), pp. 179-192.

174. Kant fala de *"freie Gesetzmüßigkeit der Einbildungskraft"* (legalidade livre da imaginação) (V: 240)."

ordenados e que a imaginação nunca leva vantagem (V: 320 n. 55). Assim, pareceria que os Böhme estão corretos ao dizer que "a liberdade da imaginação na arte também é apenas aparente".[175]

O Excesso Imaginativo e o Progresso Moral

Ver esses aspectos da teoria do gosto de Kant como um tipo de golpe crítico definitivo na imaginação seria, entretanto, não perceber o fato de que, mesmo que Kant quisesse que a imaginação fosse "domada" pelo gosto, também parecia estar disposto a permitir o excesso de entusiasmo da imaginação em alguns casos. A teoria estética de Kant envolve mais que apenas uma teoria do gosto, como tinha argumentado anteriormente.[176] E, como já vimos, na seção 17 da *Crítica do Juízo*, Kant também defende a visão, apesar de fazê-lo brevemente, de que "uma imaginação muito fértil" (mais tarde na "Crítica do Juízo Estético" ele fala de "espírito" ou "genialidade") pode associar-se à razão. Kant defende a possibilidade da genialidade artística exibindo a ideia racional da humanidade "como uma ideia estética totalmente *concreta* (em uma imagem modelo)" (V: 233), e no último parágrafo dessa parte Kant defende de modo inequívoco a possibilidade da "expressão visível das ideias morais" por meio da imaginação, de modo que, apesar de "considerada apenas pela experiência", no entanto, *transforma* essa experiência em uma apresentação de algo novo:

> Essas ideias morais devem estar relacionadas, na ideia do propósito superior, com tudo que nossa razão relaciona com o moralmente bom: a bondade da alma ou pureza, coragem ou serenidade, etc.; e a fim de essa relação se tornar visível, por assim dizer, na expressão corpórea (como um efeito do que está no interior), ideias puras devem ser unidas com uma imaginação muito forte em alguém que busca até julgar, para não falar em exibi-la. (V: 235)

---

175. *Das Andere der Vernunft*, p. 329 (veja nº 10).
176. Estou colocando de lado a teoria do sublime de Kant, que eu discuti em "Kant's Immature Imagination", em *Modern Engendering: Critical Feminist Readings in Modern Western Philosophy*, ed. Bat Ami Bar-on (Albany: SUNY Press, 1994). Embora lá a imaginação seja permitida a "correr livremente", o papel destinado à imaginação *vis-à-vis* à razão não é menos problemático ao do que determinado como *vis-à-vis*, entendimento no juízo de gosto. No fim, ele os deve ser "humilhado" pela razão como Böhme argumentam em *Das Andere der Vernunft*, pp. 215-223 (veja nº 10). Eu também faço uma crítica feminista em "Kant's Immature Imagination", em *Modern Engendering: Critical Feminist Readings in Modern Western Philosophy*, ed. Bat Ami Bar-on (Albany: SUNY Press, 1994), pp. 141-153.

As considerações morais e uma imaginação "poderosa" (*mächtige*) também são introduzidas na experiência estética na discussão das ideias estéticas de Kant, ou seja, das apresentações intuitivas da imaginação que "estimulam muito o pensamento, mas que, para ele, nenhum pensamento determinado [...] pode ser adequado" (V: 314). E, como vimos, dizem que as ideias estéticas são complementares às ideias racionais, visto que as últimas são "conceitos nos quais a *intuição* (apresentação da imaginação) não pode ser adequada" (V: 314). As ideias estéticas são "excessos" imaginativos que

> estimulam [...] tanto pensamento que nunca serão compreendidos dentro de um conceito determinado e, com isso, a apresentação expande esteticamente o conceito em si e define o poder das ideias intelectuais (ou seja, da razão) em movimento: isso faz com que a razão pense mais [...] do que pode ser apreendido e diferenciado na apresentação. (V: 315)

Portanto, pode-se dizer que as ideias estéticas servem para expressar uma ideia racional em uma forma sensível. Na formulação de Makkreel, a imaginação, por meio das ideias estéticas, complementa a razão ao tentar completar as ideias da razão na experiência. "O pensamento, que é a função da razão, está aqui [na presença de uma ideia estética] ocasionado por um excesso de conteúdo intuitivo que não pode ser contido dentro de conceitos do entendimento."[177] Kant diz que tais apresentações imaginativas/criativas "fazem com que adicionemos um conceito de pensamentos de tudo que é inexprimível, mas o sentimento do que acelera nossos poderes cognitivos e conecta à linguagem, que, caso contrário, seriam meras letras, com o espírito" (V: 316). Que a expressão do "excesso" imaginativo pode ter implicações importantes para a vida humana e para a criatividade é uma ideia que é nova para Kant na terceira *Crítica,* na qual ele admite à imaginação um poder "transformador" (*umbildende*). Certamente, isso é um argumento em favor da afirmação de que a imaginação não perdeu seu lugar na filosofia crítica de Kant. Temos apenas que retornar à afirmação de Kant em V: 314:

> Pois a imaginação ([em seu papel] como um poder cognitivo produtivo) é muito poderosa quando cria outra natureza além da material que a natureza real oferece. Nós a utilizamos para nos entreter quando a experiência nos golpeia como uma rotina ostensiva. Podemos

---

177. Makkreel, *Imagination and Interpretation*, pp. 118, 121.

até reestruturar [*umbilden*] a experiência; e, ao fazer isso, continuamos a seguir as leis analógicas, apesar de também seguir princípios que residem em um nível superior, ou seja, na razão (e que são tão naturais para nós como aquelas que o entendimento segue ao apreender a natureza empírica), pois, apesar de ela estar sob essa lei (da associação) que a natureza nos empresta o material, ainda assim podemos processar esse material em algo totalmente diferente, ou seja, em algo que ultrapasse a natureza. (V: 314)

Aqui, Kant está descrevendo um tipo de "juízo" – no caso das ideias da razão, pode-se chamá-lo de "devaneio moral" – no qual a imaginação constrói apresentações que "superam" (*übertreffen*) sem transcender a natureza. Ao comentar essa passagem, Makkreel diz o seguinte:

> O uso de Kant do termo "ultrapassar" aponta para uma diferença significativa na forma em que se pode dizer que as ideias estéticas e racionais vão "além" dos limites da experiência. As ideias racionais transcendem a natureza, e as ideias estéticas ultrapassam-na ao transformar e enriquecer a experiência.[178]

O resultado de tais apresentações é que a imaginação "vivifica" a ideia da razão ao torná-la presente na intuição, isto é, a imaginação é capaz de fazer com que a ideia racional "seja real". Sempre que tais apresentações forem expressas de forma concreta, de modo a se comunicar com os outros, ocorrerá uma experiência "de maneira mista" do tipo discutido no ideal do belo. Ou seja, uma experiência que permite ao sujeito *sentir* o que o ideal racional (moral) sozinho apenas poderia imaginar que ocorresse.

O papel elevado da imaginação nesses casos sugere, se não uma *unidade* da sensibilidade com a razão no sujeito humano, pelo menos um lugar superior para a segunda na experiência moral humana. Nas experiências estéticas (de modo misto) que Kant permite ir *além* do gosto, a racionalidade e a sensibilidade (via imaginação) estão ambas envolvidas. Mas, diferentemente do que ocorre com o juízo de gosto, a imaginação não está contida e "disciplinada". Na verdade, é exatamente o *excesso* imaginativo na "multiplicidade das apresentações parciais" (V: 316) que vai ao encontro de uma necessidade por parte da razão. Essa apresentação libertina estimula no sujeito um "interesse cheio de

---

178. Makkreel coloca sua ideia em seu comentário a essa passagem, *ibid.*, p. 120.

vida" nas ideias da razão e, como vimos no capítulo 4, um interesse na sua realização.

Para Kant, os juízos envolvendo o que podemos chamar de imaginação "idealista" conectam as apresentações intuitivas com a ideia moral, originando um ideal concreto e sensível e um tipo de vitalidade moral ou interesse que não resulta de uma ideia intelectual sozinha. Como já vimos, tais "fantasias" morais podem comprovadamente servir como base subjetiva de uma esperança racional no progresso moral, ou seja, podem motivar a crença na *possibilidade* de realizar ideias morais. Na exibição deste objeto, a imaginação torna a realização desse objeto subjetivamente possível – "imaginável". A virtude humana perfeita pode ser um ideal inatingível, mas "uma imaginação muito forte" pode dar a essa noção intelectual uma qualidade viva que ela não tinha antes, trazendo-a para a terra, supostamente, e permitindo que os seres humanos antevejam e realmente alcancem o que a razão moral exige deles para se esforçar.

Vimos no capítulo 2 que a capacidade da imaginação para estimular a moral é muito relevante para a doutrina de Kant sobre o Sumo Bem – ou seja, de um mundo moral "no qual a virtude e a felicidade são proporcionais, ou, pelo menos, no qual os seres humanos façam todos os esforços para maximizar a correspondência da felicidade com a virtude".[179] Afirmei lá que, por causa das dificuldades presentes no que tem sido chamado de doutrina "teológica" do Sumo Bem em Kant, que exige o postulado da existência de Deus para fundamentar essa esperança, é importante olhar para as explicações das experiências morais estéticas na terceira *Crítica* de Kant como alternativa possível para esse salto metafísico da fé na segunda *Crítica*.[180] Ou seja, se, como Kant

---

179. Estudiosos têm debatido se o conceito do Sumo Bem envolve ou não, nas palavras de Harry van der Linden, "a união da virtude universal e da felicidade universal" ou a mais modesta "sociedade moral na qual os agentes humanos tentam fazer uns aos outros felizes, mas não obtêm sucesso necessariamente", *Kantian Ethics and Socialism*, Indianapolis: Hackett, (1988, pp. 42ff.). Cf. também Andrews Reath, "Two Conceptions of the Highest Good in Kant", *Journal of the History of Philosophy* 26 (4) (1988), pp. 593-619. Van der Linden distingue entre a concepção teleológica (o "sumo bem desejável") e uma concepção moral (o "sumo bem moral"). Reath faz uma distinção semelhante entre uma concepção do sumo bem "teleológica" e uma "secular (ou política)". (pp. 594ff.)

180. O termo é Andrews Reath's (veja n° 26). Apesar de eu ter achado ambas as explicações muito úteis ao classificar as diferentes tendências no pensamento de Kant, tanto Reath quanto Van der Linden estão inclinados a rejeitar a explicação "espiritualizada" do Sumo Bem em Kant. Para mim, parece que isso tem um efeito infeliz de desconectar a noção de Kant da resposta sentida que é parte do componente de felicidade do Sumo Bem. Na explicação de Kant, o postulado da existência de Deus na interpretação "teológica" serviu para fazer mais que uma crença racional fundamental em um paraíso futuro. Ele também cana-

argumenta na terceira *Crítica*, tivermos a capacidade reflexiva estética para literalmente "dar sentido" às ideias racionais como a do Sumo Bem, por que essa capacidade *em si* não serviria para fundamentar nossa *esperança* (não a nossa certeza) de que poderíamos criá-lo? Sob a luz das fortes afirmações de Kant sobre os poderes criativos e vivificadores da imaginação na terceira *Crítica*, a questão parece razoável, e ainda que Kant não vá tão longe, tanto na discussão do ideal do belo ou das ideias estéticas, como para sugerir que sejam ingredientes necessários nos esforços humanos para o aprimoramento moral.[181]

Há um paralelo aqui com o ensaio de Kant "Uma antiga questão levantada novamente: A raça humana está em progresso constante?" em que Kant levanta a mesma questão para a esperança racional nas instituições sociais e no progresso moral:

> Deve haver alguma experiência na raça humana que, como um evento, aponte para a disposição e a capacidade da raça humana em ser a causa de seu próprio avanço em direção ao melhor, e [...] em direção à raça humana como sendo a autora desse avanço.[182]

Kant usa a questão do progresso moral para ter a oportunidade de expressar seu apoio aos objetivos da Revolução Francesa. Ainda que o "evento" a indicar a capacidade humana para o progresso moral não seja a Revolução em si, mas "a forma de pensar [*Denkungsart*] dos espectadores". Ou seja, o evento que indica a habilidade humana em ser a "autora" de uma sociedade moral está expresso publicamente, em uma simpatia não oportunista [*uneigenützig*] por aqueles que participam em lutas para pôr um fim à opressão humana. O vislumbre de esperança que a história oferece para aqueles que buscam a razão para acreditar em um progresso moral é "o desejo de participação que delimita o

---

lizou o *desejo* para tal forma de descrição dentro da fé em Deus. A virtude de encontrar um papel para a *imaginação* nos esforços do fundamento para originar o "sumo bem desejável" é que ele fornece um canal para este mundo e, portanto, uma justificativa para o *desejo*.

181. Kant sugere que o belo pode servir como um símbolo da moral e, portanto, o ato como um tipo de ponte para a moral a partir do gosto, porque o belo estimula sensações que são "de alguma forma análogas" ao sentimento presente quando fazemos nossos juízos morais (*CJ*, 230/354). Mas até além da incerteza de seus argumentos, o ponto aqui é que Kant falha ao acompanhar os relacionamentos muito mais íntimos entre a moral e a experiência estética sugerida no "ideal" e em sua explicação das ideias estéticas. Para uma interpretação diferente da ligação entre o gosto e a moral, veja Paul Guyer, "Feeling and Freedom: Kant on Aesthetics and Morality", *Journal of Aesthetics and Art Criticism* 48 (2) (1990), pp. 137-146.

182. O ensaio, apesar de completo em si, foi incluído como a segunda parte da publicação de 1798 intitulada de *Streit der Fakultäten*. A tradução aqui é de *Kant on History*, ed. Lewis White Beck (New York: Bobbs-Merrill, 1986), pp. 137-154. A citação é de VII: 84.

entusiasmo" (VII: 85) dos espectadores, um entusiasmo que Kant identifica como uma "participação passional no bem". (VII: 86).

O trabalho de Felicitas Munzel sobre a noção do caráter moral de Kant e a "revolução em *Denkungsart*" que a precipita ressalta a centralidade de um tipo incondicional de "adoção da determinação" para fazer o que é certo, seja o que for que esteja no coração do entusiasmo que Kant contempla aqui.[183] Nesta interpretação, a resposta do espectador poderia ser uma indicação de que a humanidade pode ter os meios para realizar o progresso moral. Mas o que exatamente é esse modo de pensar que "delimita o entusiasmo" e é uma "participação passional no bem"?

Nessa mesma passagem (VII: 85), Kant cria um argumento antropológico do qual se serve repetidas vezes em suas palestras sobre o assunto: "O entusiasmo genuíno sempre se move apenas em direção do que é ideal e, na verdade, para o que é puramente moral, tal como o conceito do correto". Nas anotações dos alunos dessas palestras de antropologia apresentadas durante a década de 1770, encontramos Kant dizendo a eles que "um entusiasmo é sempre uma nobre Fantasista, *cheia de vida e energia*, portanto, além disso, inclinada à virtude. Na verdade, muito do que é bom desaparece da terra onde eles são purificados".[184] Nas palestras publicadas sobre antropologia, ele define um entusiasmo como um *visionário* ou *fantasista* e o último como uma pessoa que "falha em combinar suas imaginações com leis de experiência". No mesmo lugar ele acrescenta que, quando acompanhado pela "paixão" (*Affect*), o fanatismo se torna entusiasmo (VII: 202). Ou seja, o entusiasmo é a condição da participação passional nas "imaginações" morais que falham em "harmonizar com os conceitos" (VII: 48/172),

---

183. Cf. Felicitas Munzel, *Kant's Conception of Moral Character: The "Critical" link of Morality, Anthropology, and Reflective Judgment* (Chicago: University of Chicago Press, 1999), p. 330. A explicação de Munzel sobre a natureza voluntária, a posição do ego moral em um ato de solução seguido pelo desenvolvimento e pela manutenção do caráter, é criteriosa. Enfatizar esse aspecto do caráter moral ajuda a esclarecer o porquê, para Kant, os entusiastas morais eram tão valorizados: eles são exibicionistas, exemplos visíveis da escolha radical da moral. Como caracteres ficcionais, entretanto, eles também poderiam ser perigosos pelo mesmo motivo (veja *CPR*: A570/B598).

184. As anotações de Brauer, MS p. 88. Baseado em anotações feitas por um estudante, Theodor Friederich Brauer, datadas de 1779 e tiradas de transcrições na Philips-Universität, Marburg. Gostaria de agradecer Werner Stark pela ajuda no uso desses materiais e pelas úteis informações sobre o contexto histórico no qual foram escritos. Embora essas fontes sejam de transcrições de estudantes das palestras de Kant e, portanto, não são a última palavra em uma questão disputada na interpretação de Kant, nada que eu confio aqui é essencialmente novo para Kant, mas visões que corroboram no entusiasmo são expressas em outros lugares. Tenho confiado nas passagens de Brauer que também aparecem em notas de outros estudantes durante aquele período.

mas são associados com os ideais racionais. Nas *Reflexões sobre Antropologia*, Kant identifica dois tipos de "fantasistas": aqueles da sensibilidade e aqueles da razão. Os últimos são pessoas que se enganam com suas próprias ideias de percepções reais (XV. I: R 498: presumivelmente, como em alucinações). Eles são *wahnsinnig*: tomando o que está apenas nos pensamentos de alguém para ser percebido por todos os sentidos do corpo. Os fantasistas da razão são "visionários" que confundem suas próprias ideias de realidade (mesmo que não seja perceptivo; também em R 499; *Schwärmer*: tomando o que é sentido "mentalmente/espiritualmente" [*geistig*] como real). Os fantasistas dos dois tipos confundem o que está na imaginação deles com as coisas em si (R 499). Kant afirma que tanto Platão quando Rousseau eram entusiastas da razão. Pode-se argumentar então que os espectadores da Revolução, cujo fervor simpatizante "delimita" o entusiasmo, estão experimentando algo como as experiências do "nobre fantasista" na habilidade de imaginar e desejar o ideal racional. Esses espectadores são uma fonte de esperança exatamente porque o próprio caminho moral do pensamento está encarnado na paixão e na participação imaginada nos grandes ideais sociais. Eles enchem as concepções abstratas de justiça com um desejo e uma nostalgia que é concreta. A imaginação criativa e seu papel das ideias estéticas na discussão da genialidade da terceira *Crítica* vem à mente: espectadores cujo próprio caráter moral se expressa em um excesso de participação imaginativa assemelham-se à genialidade artística que incorpora um excesso do pensamento em uma expressão física única.

Contudo, Kant não foi claro em seu elogio do entusiasmo moral. No conjunto de seus comentários das palestras antropológicas e os últimos comentários da "Antiga Questão", é interessante observar sua posição expressada na *Crítica da Razão Prática*: Kant argumenta que o juízo "típico" da prática pura se defende contra "o misticismo da razão prática, o que a torna um esquema que serviria apenas como símbolo, ou seja, propõe fornecer intuições reais ainda que sejam não sensitivas (de um reino invisível de Deus) para a aplicação da lei moral e, portanto, mergulha no transcendente" (V: 70-71). Todavia, ele contrasta este mergulho místico com o "empirismo da razão prática" para o benefício do primeiro:

> Protestar contra o empirismo da razão prática é muito mais importante e recomendável, porque o misticismo é compatível com a pureza e sublimidade da lei moral; e como isso não é natural aos caminhos usuais do pensamento [*Denkungsart*] para expandir sua imaginação para intuições supersensitivas, o perigo deste lado

não é tão geral [...] O [e]mpirismo [da razão prática] é muito mais perigoso que todo o entusiasmo místico, que nunca pode ser uma condição durável para um grande número de pessoas. (V: 70-71)

Aqui, Kant expressa uma atitude totalmente ambivalente com relação à imaginação usada para apresentar ideias da razão. Apesar de deixar bem claro que a razão prática baseada em princípios empíricos está se degradando, pois geralmente se associa com a inclinação (sensitiva), ele é tolerante com a imaginação "expandida" para o supersensível apenas por este ser menos provável de ocorrer. O "racionalismo da razão prática" é uma aposta mais segura, caso alguém tivesse de escolher. Portanto, em uma breve passagem, no coração de sua teoria moral madura, Kant consegue tanto criticar quanto defender o entusiasta (por exemplo, Swedenborg) e, ao mesmo tempo, os antepassados racionalistas do próprio Kant. Na verdade, ao considerarmos a teoria moral, a especulação racionalista apaixonada sobre o bem é *menos* perigosa que enfatizar o "interesse empírico com o qual as inclinações geralmente estão ligadas de forma secreta" (V: 71). O entusiasmo místico sempre será uma "condição duradora" para um pequeno número de pessoas e, mesmo assim, é compatível com a pureza e a sublimidade da lei moral, pois envolve a transcendência imaginativa das inclinações e da sensibilidade. No cômputo geral, e em conjunção com outras afirmações de Kant sobre o valor moral positivo do entusiasmo, parece que ele sempre manteve certo respeito pelos visionários que foram além da tolerância evoluída. Sua rejeição de Swedenborg e dos metafísicos era mais sutil do que os Böhme sugeriram.[185]

Kant acredita que as tentativas de transcendência imaginativa por pessoas comuns estão fadadas ao fracasso e na terceira *Crítica* argumenta que esse *fracasso* da imaginação pode dar origem a uma apreciação da superioridade da razão sobre a imaginação (e a sensibilidade). É claro que esta apreciação é o sentimento do sublime: na seção 29, "Sobre a Modalidade de um Juízo sobre o Sublime na Natureza", Kant diz que

> O [sublime] é que verdadeiramente caracteriza a moral do homem, em que a razão deve exercer sua dominância sobre a sensibilidade, exceto quando em um juízo estético sobre o sublime apresentamos

---

185. Para uma defesa da visão de que Kant nunca rejeitou totalmente a metafísica racionalista, veja Karl Ameriks, "The Critique of Metaphysics: Kant and Traditional Ontology", em *The Cambridge Companion to Kant* (Cambridge: Cambridge University Press), pp. 249-279.

esta dominância como exercida pela imaginação em si, como um instrumento da razão. (V: 268-269)

E também:

a [imaginação], agindo de acordo com os princípios da esquematização do juízo[,] [...] é um instrumento da razão e de suas ideias [...] Neste conceito do poder estético do juízo [i.e., da imaginação], pela qual ele procura se elevar a ponto de estar adequado à razão [...] apresentamos o objeto em si como dotado de um propósito subjetivo, exatamente porque de forma objetiva a imaginação, [mesmo] em sua maior expansão, é inadequada à razão. (V: 269)

Aqui a imaginação parece estar agarrando o transcendente, apenas para depois ser desprezada e abrir caminho a um chamado moral mais alto do sujeito. Em um tipo de propaganda moral enganosa, a promessa da percepção metafísica é oferecida como o objetivo que a imaginação tenta alcançar (em contemplação do poder devastador ou do tamanho dos objetos naturais), apenas para ser substituída pelo sentimento de transcendência da razão.

Então, encontramos Kant, por um lado, admirando e defendendo o "entusiasta da razão", que toma suas visões morais imaginadas como realidade e também em sua teoria estética, propondo uma teoria da imaginação que sugere que tais visões teriam valor moral significativo. Ao mesmo tempo, ele visivelmente se abstém de apresentar um argumento forte e explícito para a necessidade de uma imaginação para apoiar o juízo e a ação moral. Mais uma vez devemos perguntar por quê.

A hesitação de Kant em adotar uma consequência natural de suas próprias visões sobre a imaginação pode ser traçada, creio, a duas motivações bem diferentes, uma delas com raízes históricas (caso os Böhme estejam corretos) e psicológicas pessoais em suas preocupações com respeito aos perigos das distrações imaginativas. A outra motivação não é tão óbvia, lamentavelmente. A aversão de Kant ao elitismo moral levou-o a rejeitar a noção de qualquer tipo de acesso intuitivo ao racional (moral), mesmo que não tivesse rejeitado totalmente aqueles que afirmaram sua existência. Kant estava convencido de que a própria moral condenava que alguém se considerasse mais bem equipado para apreender os princípios morais e, portanto, pôr-se como autoridade moral sobre os outros. O centro de sua teoria moral exige um conhecimento próprio (cada uma avaliando o próprio máximo) para evitar a autoilusão de pavimentar o caminho para a criação de uma exceção à própria moral.[186] O que quer que seja, tal autoconhecimento não deve ser "criativo". Além disso, a imaginação, sentia Kant, não é dada a todos na mesma medida (embora todos tenham potencial para desenvolvê-la). A genialidade é um dom da natureza, "uma predisposição mental inata" (V: 308) que pertence aos artistas cujas ideias são "ricas em fantasia e, ainda assim, também em pensamento" (V: 309). Kant desejava dar margem para que certos entusiastas (especialmente Platão e Rousseau) fossem capazes de combinar seus talentos para a fantasia com um talento igualmente grande para o pensamento filosófico. Mas nem eles nem qualquer outro gênio poderia afirmar, apenas com base em sua genialidade, ser mais ou menos moral que qualquer outra pessoa. A razão para isso é que a marca distintiva da genialidade está em sua incapacidade de ser compartilhada – literalmente comunicada – aos outros. Por esse motivo, Kant argumenta que um grande descobridor como Newton não estava, em seu trabalho científico, exibindo a genialidade, visto que Newton poderia "mostrar como ele fez cada uma das etapas que tinha seguido a fim de obter os primeiros elementos da geometria até as suas maiores e mais profundas descobertas [...] para qualquer pessoa [...], permitindo que outros o seguissem". Por outro lado, um Homero ou um Wieland mostraram a genialidade exatamente por que seus trabalhos, baseados em uma rica fantasia, eram inexplicáveis até mesmo para eles, quem dirá, para os outros. Eles não poderiam traçar regras para que os outros seguissem a fim de conquistarem o que eles haviam conquistado.

No capítulo 7, argumentarei que, na própria explicação de Kant sobre a reflexão estética, a genialidade pode ser considerada mais comum entre os seres humanos do que sugere sua distinção entre Newton e Homero. Aqui, o ponto a ser considerado é simplesmente que Kant apresentou essa diferenciação como algo não problemático. Neste aspecto, está apenas reiterando a tendência dos estéticos alemães, culminando com a obra de Lessing, discutida no capítulo 2. Ou seja, Lessing lutou para garantir ao artista uma maior liberdade artística e menos restrições pelas regras da crítica; em termos práticos, afirmou que a genialidade é uma regra em si. E como vimos no capítulo 3, a imaginação artística para Kant e para Lessing é um produto da natureza. Mas, exatamente

---

186. Cf. Immanuel Kant, *The Metaphysics of Morals*, trad. Mary J. Gregor (Cambridge: Cambridge University Press, 1991), VI: 441. Andrews Reath argumenta de forma convincente em favor da centralidade desse aspecto da ética de Kant em "Two Conceptions", e mais recentemente Jeanine Grenberg escreveu muito sobre a concepção da humildade de Kant e o papel que ela desempenha em sua teoria moral (*Kant and the Ethics of Humility: A Story of Dependence, Corruption and Virtue*, Cambridge: Cambridge University Press, 2005).

por esse motivo, Kant sentia que não seria uma condição necessária da experiência moral humana; por esta razão, a suspeita de Kant para com as afirmações dos visionários metafísicos. Esses "artistas do absoluto", como podemos chamá-los, nunca forneceriam regras para que outros seguissem a fim de duplicarem suas próprias experiências. Em outras palavras, suas fantasias não são comunicáveis de forma universal.[187]

A Dimensão Imaginativa da Especulação Metafísica

Em *Enlightenment, Revolution and Romanticism*, e em seu artigo "Kant's Intellectual Development 1746-1781" de *The Cambridge Companion to Kant*, Frederick Beiser enfatiza os sentimentos ambivalentes de Kant com relação à metafísica em toda a sua vida e em seus escritos. Beiser destaca a própria metáfora de Kant para os metafísicos como suas (de Kant) amantes sedutoras,[188] mapeando o desenvolvimento intelectual de Kant em vários estágios, incluindo a paixão, a desilusão, a reconciliação parcial e o divórcio. Ele argumenta que a visão de Kant da iniciativa filosófica e, consequentemente, da importância dos metafísicos tinha mudado em 1765 após ele ter lido Rousseau. Kant tornou famosa a afirmação de que daquele dia em diante estava comprometido com os interesses práticos:

> Eu sou, por inclinação, um estudioso em busca da verdade. Sinto uma sede intensa pelo conhecimento e um desejo incansável de progredir com ele, bem como uma satisfação em cada passo que dou. Houve um tempo quando eu pensava que apenas isto constituiria a honra da humanidade, e eu desprezei o homem comum que nada sabe. Rousseau corrigiu-me. Essa pretensa superioridade desapareceu e aprendi a respeitar a humanidade. Deveria me considerar muito menos inútil que um trabalhador comum se eu não acreditasse que apenas uma consideração valoriza todas as outras, ou seja, para estabelecer os direitos do homem. (Comentários em "Observações sobre o Belo e o Sublime" XX: 44)

No *Enlightenment, Revolution and Romanticism*, Beiser vê a preocupação expressada por Kant de que seu filosofar seria "útil" como uma

---

187. Neiman destaca outro problema com os visionários, para Kant, ou seja, sua tendência a forçar suas visões sobre os outros (*The Unity of Reason: Rereading Kant,* Oxford: Oxford University Press, 1994, p. 169).

188. *Dreams of a Spirit-Seer*, Ak II: 367: "Die Metaphysik, in welche ich das Schicksal habe verliebt zu sein, ob ich mich gleich von ihr nur selten einiger Gunstbezeugungen ruehmen kann, leistet zweierlei vorteile".

preocupação compartilhada geralmente pelos últimos iluministas na Alemanha:

> O *Aufklärung* era um movimento prático na medida em que seu propósito não era descobrir os primeiros princípios da razão – a maioria dos *Aufklärer* acreditava que esta tarefa já tinha sido alcançada por pensadores como Leibniz, Wolff e Kant – mas que deviam trazê-los para a vida diária. Em resumo, seu objetivo era superar a lacuna entre a razão e a vida, a teoria e a prática, a especulação e a ação [...] A maioria dos pensadores do fim do século XVIII via-se como *Aufklärer*, não apenas as velhas figuras como Kant, Herder e Wieland, mas também os jovens como Schlegel, Hölderlin e Novalis.

Esse giro para o prático explica, segundo Beiser, por que Kant veio a manifestar um "total ceticismo com relação à metafísica". Ele é tão profundo, diz Beiser, que em *Dreams of a Spirit-Seer*, "compara os metafísicos aos sonhos do visionário ou dos profetas do espírito" ("O desenvolvimento intelectual de Kant" p. 45) e (em "As Políticas da Filosofia Crítica de Kant") também alega que para Kant, "tanto os metafísicos como os profetas do espírito vivem em uma fantasia privada do mundo e a buscar abstrações ilusórias [...] o objetivo do ceticismo [de Kant sobre a metafísica] é expor a vaidade da especulação, de modo que direcionemos nossos esforços para encontrar o que é verdadeiramente útil para a vida humana" (*Enlightenment, Revolution and Romanticism*, p. 28). Com este favorecimento da prática sobre a razão teórica, Beiser sugere que a lua de mel com os metafísicos está acabada para Kant.

Defendi no capítulo 4 que, na verdade, Kant não "preferia" a prática à razão teórica, mas via as duas como entrelaçadas, ligadas pelo juízo reflexivo. O próprio Beiser mantém, e acredito que bem corretamente, que o suposto "divórcio" da teoria especulativa nunca foi totalmente concluído e que "as chamas do antigo caso de amor queimaram até o fim" da vida de Kant ("O Desenvolvimento Intelectual de Kant", p. 57). Beiser encontra a antiga chama queimando fortemente na hipótese de Kant, na segunda *Crítica*, sobre as condições sob as quais os seres humanos poderiam ter esperanças de criar um mundo justo – o sumo bem (*Enlightenment, Revolution and Romanticism,* p. 55) –, ou seja, nos postulados das noções metafísicas de Deus e imortalidade. Como vimos anteriormente, Beiser argumenta que seu retorno à metafísica constitui uma "profunda traição" do espírito radical de sua política republicana e uma inconsistência em sua filosofia (p. 55). Embora Beiser sem dúvida esteja correto ao apontar a desilusão de Kant com a metafísica em 1765 e até mesmo antes disso, creio que, como os Böhme, ele exagera ao rotular a visão de Kant da metafísica especulativa de "ceticismo absoluto". Apesar de ser verdade que Kant pune a metafísica por ser *schwärmerisch* e ter tendências ao fanatismo, como acabamos de ver, Kant não estava imune ao "entusiasmo", nem se envergonhava de admitir o fato. A passagem frequentemente citada de "Comentários" é, sem dúvida, a indicação da própria suscetibilidade ao *Schwärmerei*, tanto do conhecimento quanto da moral: ele confessa uma "sede intensa pelo conhecimento e um desejo incansável de ir em frente", que só cedeu após a interpretação de Rousseau dando lugar a um desejo intenso de "estabelecer os direitos do homem".[189]

Como vimos, em certos casos, Kant realmente abraçou a *Schwärmerei* da metafísica ao serviço da moral e eventualmente até encontrou um lugar limitado para seu entusiasmo no sistema crítico. Quero concluir este capítulo discutindo que Kant pretendia retornar à metafísica na *Filosofia Crítica*, e ele fez isso de uma forma interessante e defensável que não exigiria o recurso dos postulados. Os postulados foram, reconheço, uma reintrodução fracassada das entidades metafísicas que não preservavam, nem pretendiam, a autonomia da especulação metafísica. Mas como Kant era cético com relação aos "entusiastas", também acreditava que o *prazer* da especulação metafísica desinteressada – ou seja, o prazer ao fazer metafísica *não em serviço da moral ou da política* – é um mecanismo natural e talvez até necessário para o avanço da humanidade. Os argumentos da parte anterior sugerem que há outra dimensão para a relação de Kant com os metafísicos – uma dimensão estética.

Kant associa Rousseau ao entusiasmo imaginativo por ideias morais: e ainda assim, foi Rousseau quem o despertou de seu sono metafísico dogmático e provocou o divórcio da especulação metafísica "elitista" em favor da prática. Há certa ironia nisso, o que pode ter levado Kant a encontrar um lugar sistemático para o "fantasista nobre" que se esforçava para ter a perfeição e os ideais que residiam no coração da metafísica racionalista, que o filósofo procurou abandonar. Nesse sentido, vale recordar nossa discussão anterior (capítulo 3) com relação à terceira *Crítica* na seção 17 ("Sobre o Ideal do Belo"). Kant

---

189. Cf. Velkley, *Freedom and the End of Reason*, pp. 6-8, 32-43 e Beiser, "Kant's Intellectual Development", pp. 43-46, e também Dieter Henrich, "Kant und Hegel", em *Selbstverhältnisse* (Stuttgart: Reclam, 1982), pp. 183-184, sobre a influência de Rousseau no "lado imaginativo e emocional" do pensamento de Kant.

descreve um tipo de juízo que envolve a ligação de apresentações intuitivas com uma ideia moral, produzindo uma apresentação concreta do que é simplesmente uma ideia racional. No capítulo 2, argumentei que tais "imaginações" morais podem até servir como base subjetiva da esperança racional no progresso moral, ou seja, podem ativar a crença na *possibilidade* de realizar ideias morais, suplantando a hipostatização dos postulados. Na exposição desta ideia da razão, a imaginação faz com que a realização dessa ideia seja possível *subjetivamente* – "imaginável". De modo interessante, Kant faz a alusão de que isso não será encontrado em todas as pessoas:

> a fim de que esta ligação seja visível em, por assim dizer, uma expressão corpórea (como um efeito do que está no interior), ideias puras da razão devem estar ligadas a uma imaginação muito forte em alguém que busca não só julgar, mas também expô-la. (V: 235)

As semelhanças nessa parte da terceira *Crítica* referente à explicação de Kant do estado "patológico" do *Schwärmerei* são claras: a pessoa julga segundo um ideal do belo, buscando uma realidade verdadeira de sua ideia. E, apesar disso, Kant não sugere de forma alguma que considerar essas ideias como realidade é loucura. Isso é simplesmente colocar o juízo estético para o uso moral, embora, aparentemente, apenas alguns terão os poderes exigidos da imaginação para literalmente produzir esse ideal. Em todos esses casos, a nostalgia da metafísica abandonada de Kant parece que tem encontrado um novo lar nos limites de sua filosofia prática; e está muito menos alienado que o postulado da existência de Deus e o "fato" da imortalidade humana.

Além de abraçar e até mesmo incorporar as nostalgias metafísicas em sua filosofia prática, Kant também acha um jeito de valorizar os desejos metafísicos mesmo onde não estão diretamente ligados às preocupações morais. O juízo que envolve o ideal do belo envolve um interesse da razão e, portanto, não é em si um mero juízo estético, mas o que chamei anteriormente de um tipo de "modo misto" que envolve tanto a prática como os elementos estéticos (V: 236). Isso o distingue dos juízos puros do gosto, que são, por definição, *impraticáveis*: envolvem o prazer *desinteressado*. Entretanto, como vemos no capítulo 3, Kant acredita que podemos nos interessar pelos objetos do juízo reflexivo estético "depois que o juízo tenha se tornado algo estético puro" (V: 296). Kant permite duas possibilidades: uma "empírica" e a outra "intelectual". No capítulo 4, argumentei que o interesse intelectual no belo é um interesse na personificação da ideia de um mundo que está adaptado com as nossas necessidades morais e aqui, novamente, o desejo reprimido de Kant pela metafísica emerge: uma vez que a razão tem um interesse, como coloca Kant, na "realidade objetiva" de suas ideias morais, não pode ser de total indiferença para nós; quando contemplamos o belo, a natureza "mostra um caminho ou dá uma dica com algumas bases para assumirmos" uma ordem que pode existir ou, pelo menos, não estar fora de sincronia com os nossos desejos morais. Como vimos, Kant está sugerindo que, no processo de fazer um juízo reflexivo estético sobre a beleza de um objeto, podemos nos preocupar com a natureza do que é apenas uma parte e valorizar o todo do mundo natural para o seu bem. Como seres morais, estamos carregados de tarefas de trazer a ordem moral para o mundo natural – uma exigência da natureza humana que dificilmente parece possível. Assim, estamos intelectualmente interessados em encontrar provas de que a natureza exterior a nós, no que parece ser a ordem racional e o propósito de sua beleza, pode ser apropriada para a natureza "interior". Todavia, para Kant, este desejo/interesse/prazer pela ordem da natureza manifestada no belo não é, em si, um interesse moral. É intelectual, um tipo de amor platônico. A contemplação do belo pode gerar um "amor" ou admiração pela natureza em si, *além de qualquer ligação com a nossa natureza moral*.

Mas o que é este prazer na "dica" da ordem racional transcendente além de um tipo de entusiasmo metafísico, afastado apropriadamente pela reflexão estética? A pessoa que chega a amar o todo da natureza baseada na contemplação desinteressada das propriedades formais da natureza caracteriza-se por uma semelhança com o "fantasista nobre" – com o filósofo Platão, observando para fora da caverna; ou com a admiração de Rousseau do estado da natureza; ou, até mesmo, com o próprio Kant, intimidado pelo brilho dos céus. Tomar o interesse intelectual no belo é um sentimento profundamente "metafísico".

Esse desejo pela especulação metafísica é inevitável e é um tema recorrente na primeira *Crítica*. A razão busca o incondicional pela sua própria natureza. O perigoso é acreditar que alguém a tenha encontrado. Resistência fria e calculista e ficar próximo de casa (ficar perto das rochas do fenomenal e evitar o mar aberto do noumenal) são as únicas formas de evitar os encantos da imaginação e a ameaça do fanatismo. Mas espero ter mostrado que a atitude de Kant para com o fanatismo não é totalmente negativa. O capítulo 1 já apresentou a ideia de que, para Kant, os poderes mentais são capazes do desenvolvimento imaginativo e do crescimento – do progresso, como podemos dizer. Vale a menção da passagem mencionada naquele momento. Em uma nota de rodapé na *Primeira Introdução da Crítica do Juízo* (Parte XIII, "Sobre a Estética do Poder do Juízo, Comentário" [em referência a encontrar a definição de um sentimento de prazer que está ligado às fontes *a priori*]), Kant faz a seguinte e impressionante confissão:

> Na verdade, o homem pode desejar algo mais ardente e persistentemente, apesar de estar convencido de que não pode obtê-lo, ou que é talvez até mesmo totalmente impossível [...] e é, na verdade, um artigo importante para a moral que nos adverte enfaticamente contra desejos vazios e fantasiosos, nutridos, com frequência, por romances e às vezes também por apresentações místicas, semelhantes a romances, de perfeições sobre-humanas e felicidade fanática. Mas alguns desejos vazios e nostalgias [...] têm seus efeitos sobre a mente [...] Na verdade, não é um problema desprezível para a antropologia investigar por que essa natureza nos deu a predisposição para tais dispêndios inúteis de nossas forças como [nós vemos em] desejos vazios e nostalgias (que certamente desempenham um grande papel na vida humana). Parece-me que aqui, como em todo o restante, a natureza tem feito provisões sábias. Pois se tivéssemos que nos assegurar de que podemos, de fato, produzir o objeto, antes que a sua apresentação pudesse nos determinar a aplicar nossas forças, essas forças presumivelmente permaneceriam amplamente ociosas. Pois, geralmente, não chegamos a saber quais forças temos, exceto ao tentar usá-las. Então, a natureza nos forneceu a ligação entre a determinação de nossas forças e a apresentação do objeto (para estar lá) mesmo antes de sabermos qual habilidade nós temos, e é exatamente esse esforço, que essa própria mente parecia, a princípio, ter um desejo vazio, que produz essa habilidade em primeiro lugar. Agora, a sabedoria é obrigada a impor limites a esse instinto, mas a sabedoria nunca terá sucesso ao erradicá-lo, ou ela nem mesmo exigirá sua erradicação.

Uma "predisposição" a "desejos vazios e nostalgias" que parece ser um "gasto inútil de nossas forças" poderia, na verdade, ser um mecanismo capacitador – parte do plano da natureza para impulsionar capacidades humanas desconhecidas por eles. Algo semelhante ao progresso histórico capacitado pela natureza via a sociabilidade não social está a trabalho no micronível no indivíduo, com a imaginação incitando a razão em um desenvolvimento que a crítica racional iria apenas frustrar. Aqui também o mecanismo da natureza, um tipo de "racionalidade irracional" talvez, é algo que Kant não só tolera, mas aplaude até certo ponto. Consideremos a seguinte passagem da "Crítica do Juízo Teleológico", na qual Kant ilustra o que chama de "propósito intelectual" e descreve o modo no qual ele pode naturalmente levar ao *Schwärmerei*:

> É uma verdadeira alegria ver com quanta paixão os geômetras antigos investigaram essas propriedades de tais linhas, não se permitindo ficar desconcertados se perguntassem pelas mentes estreitas sobre qual uso tal conhecimento poderia ser [...] Enquanto esses geômetras trabalhavam de forma inconsciente para a posteridade, tiraram o prazer de um propósito que, apesar de pertencer à natureza das coisas, ainda poderia ser mostrado totalmente *a priori* em suas necessidades. Platão, um mestre nesta ciência, foi superado pelo entusiasmo [*Begeisterung*] [quando viu] que a nota original das coisas é tanta que poderia ser descoberta sem qualquer experiência e que a mente é capaz de produzir a harmonia dos seres a partir do princípio do suprassensível [...] Foi este entusiasmo que elevou Platão acima de conceitos empíricos para as ideias que ele pensava que poderiam ser explicadas apenas por uma comunidade intelectual [entre nós mesmos e], a origem de todos os seres [...] Certamente isso é perdoável se, como resultado de um mal-entendido, essa admiração aumentasse gradualmente ao ponto do fanatismo [*Schwärmerei*].

Parece que Kant finalmente avançou na visão de que o *desejo* é útil para a metafísica e pode ser adotado pelo Iluminismo, mesmo se a metafísica – o Absoluto em si – estiver fora dos limites. Ao mesmo tempo, este desejo não está interessado na moral, na política nem na utilidade (Kant também menciona "as propriedades dos números, com as quais a mente reproduz a música" nessa passagem). É, em outras palavras, um desejo desinteressado pelo conhecimento em si que nos leva a descobrir o propósito aparente que por sua vez "expande a mente" e Kant diz "faz com que fiquemos suspeitos [...] de que há algo mais do que suficiente nessas apresentações do sentido, algo que, apesar de não conhecermos, pode guardar a base fundamental para essa harmonia [entre a forma da intuição sensível e o nosso poder dos conceitos]".

Em ambas as passagens, Kant novamente advoga, ou pelo menos "perdoa", um tipo de prazer intelectual desinteressado, que é uma completa absorção, "o amor" ou "o prazer" tomado pela natureza do objeto estudado e uma falta de preocupação pela utilidade, satisfação ou até mesmo bondade que o objeto pode trazer. Mesmo onde esse prazer leva ao fanatismo, Kant deseja ser tolerante. É difícil não ver algo autobiográfico nessas passagens, um tipo de referência latente à paixão cega confessada com a metafísica nos comentários de 1765. Certamente isso não representa um retorno ao seu antigo amor, como se isso significasse a adoção da existência de objetos que transcendem a experiência. Embora flerte com ela nos postulados de Deus e imortalidade na segunda *Crítica*, o que Kant faz na terceira *Crítica* é muito mais sutil. O que volta aqui não é a substância da especulação metafísica, mas o reconhecimento e o reposicionamento de um desejo legitimado por ela.

Assim, a imaginação de Kant não falha, mas, em vez disso, retorna como uma força real nos últimos capítulos da sua obra Crítica. Nesse respeito, a crítica dos Böhme é muito forte. E considerando que Kant não desenvolveu mais profundamente a sua teoria, a motivação não é totalmente ruim: o acesso intuitivo à moral pode, na verdade, ser criativo e importante, mas não é fácil. A imaginação pode acompanhar todo tipo de características "indesejáveis", da mesma forma que pode compreender. Pessoas extremamente criativas também podem ser totalmente autocentradas e a genialidade pode ser perversa. Sem dúvida Kant estava correto, por *essas* razões, em considerar que o modo como a imaginação funcionava em relação às outras capacidades era o ponto central para decidir seu valor.

É por essa resposta à questão de como Kant caracteriza as "conjunções" possíveis da imaginação com outras faculdades que a crítica dos Böhme não pode ser ignorada. Eles estão corretos ao apontar que Kant nunca pareceu totalmente confortável com a noção de uma relação "de igual valor" entre a imaginação e a razão, mesmo que em sua teoria estética crítica tivesse trabalhado em uma explicação da criatividade imaginativa compatível com tal relação. A questão surge novamente: por que Kant não foi mais além com a noção do ideal do belo ou das ideias estéticas? Por que não encontrou um lugar mais destacado para a imaginação na moral? O papel que o entusiasmo representa na teoria social de Kant, como um vislumbre de esperança na questão humana do progresso moral, é uma forma de fazer exatamente isso, mas o próprio Kant nunca pareceu estar totalmente convencido.[190] Portanto, é muito provável que parte da resposta está na hipótese dos Böhme. Ao expor a motivação para o desenvolvimento teórico de Kant, não devemos desconsiderar a possibilidade de que, por razões subconscientes que ficaram muito claras dois séculos depois, Kant simplesmente pode não ter

---

190. Os Böhme afirmam que esse Romantismo é um *intermezzo* e, portanto, não totalmente preciso. Cf. "The 'Earliest System-Programme of German Idealism' (Berne, 1796): an Ethics", trad. H. S. Harris, em *Hegel's Development: Toward the Sunlight 1770-1801* (Oxford: Clarendon Press, 1972), pp. 510-513. Nas pp. 249ff., Harris também discute a origem do fragmento, oferecendo sua própria opinião de que foi escrito por Hegel.

sido capaz de dar, de forma inequívoca, à imaginação um *status* de mesmo valor que os ramos "governados por lei" da experiência humana. Foi, afinal de contas, uma faculdade associada ao nível transcendental com "a ilegalidade" e, em níveis empíricos, com as influências contaminantes do corpo, seus sentimentos e desejos. Pode muito bem haver um sentido em que Heidegger estava certo sobre um ponto: não foi a falha da imaginação de Kant que evitou que ele adotasse a faculdade "inferior", mas sim, em vez disso, a falha da coragem.

Em suma, Kant estava tentado e talvez tenha sido extremamente cauteloso com o excesso imaginativo entusiástico – não era "para ser totalmente estimado, visto que a paixão como tal merece censura" (VII: 86) e foi uma das "duas pedras" por entre as quais a filosofia crítica deve caminhar (na primeira *Crítica* [B128]). Tal precaução não era compartilhada pelos seguidores "entusiasmados" de Kant. O fragmento "Sistema Programático" (atribuído por vários pesquisadores a Hegel ou Hölderlin ou Schelling, ou até aos três, ou a alguma combinação entre eles) é um bom exemplo de uma tentativa de colocar em prática algumas das visões de Kant sobre o modelo do ideal na arte: "Estou convencido agora", diz seu(s) autor(es), "que o ato superior da Razão, aquele que abrange todas as Ideias, é um ato estético".[191] Apesar de sua autoria parecer incerta, visto pela luz das visões de Kant sobre o poder da imaginação, o período pré-romântico no qual este fragmento é um tipo de manifesto, é facilmente visto como uma extensão da teoria estética de Kant.

---

191. Em *Friedrich Hölderlin: Essays and Letters on Theory*, trad. e ed. Thomas Pfau (Albany: State University of New York Press, 1988), pp. 154-156.

CAPÍTULO 6

Reflexões imaginativas sobre o si mesmo em Novalis e Hölderlin

O primeiro período do Romantismo alemão (Jena) está intimamente identificado com o início do Idealismo alemão e com a filosofia de Johann Gottlieb Fichte. A razão para isso é bem óbvia. Fichte começou a lecionar na universidade de Jena na primavera (semestre de verão) de 1794, e o trabalho preliminar de sua principal obra, o *Wissenschaftslehre*, apareceu naquele mesmo ano.[192] Sua chegada em Jena foi aguardada com grande entusiasmo e, entre a coorte dos estudiosos e estudantes de Jena, inspirados pela sua forte presença, estavam alguns, cujos nomes ficariam inseparavelmente ligados ao Romantismo alemão. Os Schlegel, Schelling, Tiek, Novalis e também Höederlin[193] faziam parte do grupo de Jena em que o trabalho de Fichte foi apaixonadamente estudado e discutido.

---

192. *Über den Begriff der Wissenschaftslehre* e *Foundation of the Entire Wissenschaftslehre*, Partes I e II, foram publicados em setembro de 1794. *Concerning the Concept of the Wissenschaftslehre* já tinha sido concluído e foi publicado em maio de 1794. Daniel Breazeale, trad. e ed., *Fichte: Early Philosophical Writings* (Ithaca, NY: Cornell University Press, 1988), pp. 47-49 para uma lista das publicações e palestras sobre Fichte durante o período de Jena.

193. A questão sobre considerar Hölderlin um "romântico" é algo difícil de responder. Por um lado, ele é normalmente considerado nos livros escolares da literatura alemã como parte do *"Klassik"* e muitos pesquisadores resistem a rotulá-lo como romântico. Cf., por exemplo, Manfred Frank: "Hölderlin... gehört aber nach der gewöhnlichen Meinung nicht in den Rahmen der Frühromantik; und ich will ihn auch nicht durch einen hermeneutischen *coup de force* zu einem geistigen Mitbewohner der Jenaer Wohngemeinschaft machen, der er nicht war. Em *Einführung in die Frühromantische Ästhetik: Vorlesungen* (Frankfurt: Suhrkamp, 1989), p. 249. Por outro lado, é caracterizado por Ricarda Huch em *Die Roman-*

A filosofia de Fichte estava, é claro, muito influenciada pela filosofia crítica de Kant (ele foi contratado na Universidade em Jena como um "kantiano para substituir Reinhold[194]) e pela preocupação de Fichte pela necessidade de uma defesa mais enfática da possibilidade da razão prática, uma defesa que fosse além de onde o próprio Kant a levou.[195] A necessidade de tal medida é sugerida pelo próprio Kant na terceira *Crítica*, na qual ele fala de um "abismo" separando a natureza e a liberdade, e da necessidade de um "princípio de propositalidade" para quando uma casualidade da liberdade fosse considerada eficaz no reino natural.[196] Como vimos, este princípio, para Kant, nada mais é que um regulador; no entanto, a questão de um princípio comum unindo a razão teórica e a prática em um único sistema necessariamente permanece em aberto para Kant. Mas, para Fichte, a defesa da liberdade exigia mais. A descoberta de uma explicação unitária da subjetividade – ou seja, uma explicação baseada em um único princípio "constitutivo" – parecia ser necessária para que a razão prática pudesse estar bem situada dentro da constituição de um sistema universal.[197]

Na medida em que os projetos de Hölderlin e de Novalis são considerados em pesquisas para uma explicação de como o desejo e o sentimento humanos podem estar ligados à reflexão e à razão – ou seja, na medida em que são exemplos do que Dieter Henrich chama de "*Vereinigungsphilosophie*"[198] é plausível ver ambos os autores como parte de uma tentativa pós-kantiana de "reparar" as dificuldades

---

tik: Blütezeit, Ausbreitung und Verfall (Hamburg: Rowholt, 1985 [1951]) como um romântico pela disposição (pp. 484ff). Em *Die Romantische Schule* (Berlin: Gaertner, 1870), Rudolf Haym vê o germe da filosofia romântica nas ideias de Hölderlin e argumenta que ele pertence, por esse motivo, a uma história do Romantismo (p. 305), embora Hölderlin seja chamado "*eine Seitenlinie der Romantik*" (um desdobramento do romântico), em contraste ao "*Hauptlinie*" de Novalis (p. 324)

194. Dieter Henrich destaca que, embora Kant ainda estivesse ensinando em Königsberg em 1792, a Universidade em Jena foi o centro da filosofia "kantiana" (*Konstellationen: Probleme und Debatten am Ursprung der idealistischen Philosophie – 1789-1795*) (Stuttgart: Klett-Cotta, 1991), p. 229.

195. Frederick Neuhouser, *Fichte's Theory of Subjectivity* (Cambridge: Cambridge University Press, 1990), capítulo 1.

196. *Critique of Judgment*, V: 175-176.

197. Ou seja, Fichte não estava satisfeito nem com um princípio regulador, nem com o "fato" alegado da consciência da lei moral. A preocupação de Fichte também estava enraizada em seu descontentamento com a doutrina de Kant do "fato de razão" na segunda *Crítica*. Cf. Neuhouser, *Fichte's Theory*, pp. 21-29.

198. Dieter Henrich, "Hegel und Hölderlin", em *Hegel im Kontext* (Frankfurt am Main: Suhrkamp, 1987), pp. 12ff. "*Vereinigungsphilosophie*" é o termo que Henrich usa para se referir ao elemento do pensamento exemplificado em termos modernos pelo neoplatonismo – por exemplo, por Shaftesbury, na Inglaterra, e por Hemsterhuis e Herder, na Alemanha.

suscitadas pela noção de Kant de que a subjetividade tem um caráter duplo irredutível, ou seja, é parte natureza e parte liberdade. Também pode ser plausível afirmar que esses escritores tiveram uma *influência decisiva* no curso do idealismo alemão.[199] Certamente, no caso tanto de Hölderlin quando de Novalis, a "reunificação" da natureza do si mesmo foi um tema importante. E, no entanto, esse desejo pela unificação do si mesmo com a natureza não deve ser confundido com o projeto de dar uma explicação sistemática unificada do si mesmo baseada em um único princípio básico da consciência. Este foi o projeto de Fichte, e com o qual, acredito, nem Novalis nem Hölderlin se envolveram.

Se não fosse esse o caso – ou seja, supondo que Hölderlin e Novalis estivessem juntos com Fichte na tentativa de uma explicação unificada do si mesmo –, então, o fato de eles não conseguirem tal unificação só pode ser visto como uma falha filosófica. Além disso, identificar os objetivos desses escritores com os de Ficht obscurece a afinidade muito próxima entre os últimos escritos de Kant sobre a moral e a estética e uma importante vertente do Romantismo. A seguir, argumentarei que tanto Novalis quanto Hölderlin desenvolveram concepções do si mesmo que estavam, na verdade, muito mais para o espírito de Kant do que para Fichte, e que suas críticas sobre Fichte devem ser lidas como um tipo de resposta poética kantiana para o revisionismo de Fichte.[200] Argumentarei que tanto Novalis quanto Hölderlin adotaram posições que

---

199. Como Henrich faz com Hölderlin, "Hegel und Hölderlin", pp. 21-22, em *Konstellationen*, e mais completamente em *Der Grund im Beweßtsein: Hölderlins Denken in Jena (1794–95)* (Stuttgart: Klett-Cotta, 1992).
200. Charles Larmore, em "Hölderlin and Novalis", também destaca que ambos os filósofos poetas eram críticos da explicação de Fichte para o autoconhecimento e o seu fundamento original na intuição intelectual, mas param brevemente de rotulá-lo como uma perspectiva kantiana. Ele vê a influência de Niethammer na obra de ambos os filósofos, especialmente em sua visão do método filosófico como uma tarefa interminável. Isso pode ser verdade, mas também é uma noção kantiana da filosofia, como argumentei no capítulo 1. Larmore vê na teoria moral e no ideal de liberdade a principal contribuição de Kant aos pré-românticos, ao contrastá-los com a teoria estética de Schiller e o ideal da unidade. A negação de Kant do papel do sentimento ("Hölderlin e Novalis", p. 143) determina a tensão que os pré-românticos sofriam e tentavam aliviar. Ele não considera a teoria da imaginação reflexiva estética de Kant, que esse livro argumenta como uma ligação conceitual entre Kant e os pré-românticos (em *The Cambridge Companion to German Idealism*, ed. Karl Ameriks, Cambridge: Cambridge University Press, 2000, pp. 141-160). Richard Eldridge em *The Persistence of Romanticism: Essays in Philosophy and Literature* (Cambridge: Cambridge University Press, 2001), vê uma continuidade conceitual entre a insistência de Kant em ambos os fatos da liberdade humana e da nossa incapacidade de conhecê-la, e a representação romântica dessa "aspiração impossível à liberdade" (p. 19). Em "The Kantian Moral Criticism of Literature", ele explica a visão da genialidade e da esperança moral de Kant pela referência à literatura, de forma que estão totalmente compatíveis com as explicações pré-românticas de preencher a lacuna entre a liberdade e a natureza.

são mais bem entendidas como aceitação de um agnosticismo essencialmente kantiano sobre a capacidade do si mesmo humano conhecer os fundamentos dessa própria unidade.²⁰¹

Na "Doutrina da Virtude", Kant afirma que "Apenas a descida ao inferno do autoconhecimento pode abrir o caminho para Deus":²⁰² *"Erforsche, ergründe dich selbst!"* ("Explore, compreenda-se!"). O autoconhecimento de que Kant está falando aqui é a "autocognição" (*Selbsterkenntnis*), mas, nesse contexto, não é simplesmente um conhecimento teórico do si mesmo que Kant está recomendando. É mais o tipo de conhecimento que responderia às questões: "O que eu sou, por natureza?" e "O que quero realmente?", "O que realmente me motiva?" Para Kant, essas são as questões fundamentais à tarefa de torna-se moral e, portanto, plenamente humano. Respondê-las é o projeto que todos os seres humanos são obrigados a criar para si. Nessa mesma passagem, Kant diz que toda a sabedoria humana (*Weisheit*) em última instância consiste no acordo das vontades e dos desejos com o objetivo final do ser humano, e o caminho para este fim último exige a descida para as profundezas sombrias da natureza e da motivação humanas. A sabedoria humana para Kant envolve tanto o conhecimento teórico (incluindo o empírico) como o prático: o conhecimento do que somos e o conhecimento do que deveríamos ser.²⁰³ A revisão de Fichte do projeto kantiano de "compreender" o si mesmo foi uma força motriz importante por trás dos conceitos filosóficos do si mesmo de Hölderlin e Novalis. É, portanto, importante esboçar a explicação de Fichte para o autoconhecimento antes de avaliar a relação entre o projeto como foi concebido por Kant e a resposta romântica para Fichte.

O Projeto de Fichte

Embora Kant tenha mostrado preocupação na terceira *Crítica* para fechar os abismos entre a razão prática e a teórica em sua própria filosofia, nunca abriu mão das explicações em separado desses dois

---

201. Como vimos no capítulo 5, a discussão clássica desse problema em Kant, desenvolvida contra a interpretação de Heidegger, é encontrada em Dieter Henrich, "The Unity of Subjectivity", publicado em *Philosophische Rundschau 3* (1955), pp. 28-69 "Über die Einheit der Subjektivität" e trad. G. Zöller em Henrich, *The Unity of Reason*, ed. R. Velkley (Cambridge, MA: Harvard University Press, 1994), pp. 17-54.
202. Immanuel Kant, *The Metaphysics of Morals*, trad. Mary J. Gregor (Cambridge: Cambridge University Press, 1991), VI: 441.
203. A distinção tem uma contrapartida contemporânea na distinção de Ernst Tugendhat entre *Selbstbewußtsein and Selbstbestimmung*. Veja seu *Self-Consciousness and Self-Determination*, trad. Paul Stern (Cambridge, MA: MIT Press, 1986), pp. 18-38.

lados da razão apresentados nas duas primeiras *Críticas*. Seu apelo ao autoconhecimento na "Doutrina da Virtude" quer ser um chamado para que as pessoas se conheçam em nome dos objetivos de uma razão prática cuja ligação sistemática necessária com a razão teórica não tem sido demonstrada. Mas Fichte, visando resgatar o projeto kantiano para a moral, estava determinado a dar uma explicação unitária da estrutura fundamental de toda a consciência. Assim, o que para Kant era um convite ao "conhecimento de si mesmo" para os objetivos da razão prática envolvidos, para Fichte era a explicação da própria estrutura de toda a autoconsciência. Uma motivação importante para a explicação de Fichte foi suscitada pela crítica da opinião atribuída a Kant por Reinhold, de que toda a consciência é representativa.[204] Nesse aspecto, a autoconsciência deve ser compreendida como uma representação de nós para nós mesmos, e, portanto, passa a ser vista nos moldes de um sujeito analisando um objeto, neste caso específico. Mas isso, assim que saiu a crítica, parece acarretar um retrocesso prejuducial aos sujeitos. Ou seja, a explicação representativa pressupõe que a autoconsciência exige que eu me veja não apenas como o objeto da minha análise, mas também como o sujeito, como examinador. E surge a questão: "Qual é a natureza do exame deste sujeito?" Neste ponto, o sujeito que conduz a análise torna-se o objeto analisado e assim por diante *ad infinitum*. Acontece que, segundo a crítica, se modelarmos a autoconsciência em nossa consciência de mesas, cadeiras e outros objetos de nosso mundo, uma explicação da nossa própria subjetividade está literalmente sempre além do nosso alcance.

Se o próprio Kant considerou esse ponto de vista, e se uma explicação representativa deve levar em conta o infinito retrocesso prejudicial, isso deve ser questionado. Entretanto, o que importa é que Fichte levou esses problemas a sério. Sua resposta foi defender, em primeiro lugar, que a autoconsciência não é uma questão de representar o si mesmo para o si mesmo – não é um caso de consciência de um objeto. Em vez disso, o "Eu" da autoconsciência, aquele que descubro quando examino a minha própria consciência, é uma atividade que é ao mesmo

---

204. Cf. Neuhouser *Fichte's Theory*, pp. 70ff. Neuhouser caracteriza a dificuldade como um regresso infinito de conhecer os sujeitos. Cf. também Dieter Henrich "Fichte's Original Insight" (em *Contemporary German Philosophy*, University Park: Pennsylvania State University Press, 1982, pp. 15-53), em que é argumentado que a "teoria da reflexão" era tida como inatingível por Fichte, pois ela leva a uma circularidade e foi questionada em forma de súplica. Fichte respondeu a essas cobranças diretamente contra a versão de Reinhold da teoria de Kant por G. E. Schulze em *Aenesidemus*, em uma revisão publicada em 1794 (em Breazeale, *Fichte*, pp. 59-77).

tempo uma realização, *eine Tathandlung*. Este "fato-ato"[205] de uma autoconsciência imediata e não representativa, essa intuição intelectual, é o que Fichte chama de "autoposição". O sujeito capaz do conhecimento representativo não é em si uma representação, mas apenas, nas palavras de Fichte, "aquele ato que não existe e que não pode aparecer entre os estados empíricos de nossa consciência, mas que está na base de toda a consciência e por si só a torna possível".[206] A tarefa da filosofia é "refletir sobre o que se pode à primeira vista ser considerado e *abstrair* de tudo o que realmente não pertence a ela".[207]

O resultado desse processo de reflexão e abstração é uma explicação da autoconsciência delineada por Fichte nos três "princípios". Primeiro, o si mesmo posiciona-se de forma absoluta, e esse posicionamento é a sua existência.[208] Para Fichte, esse autoposicionar-se não produz um efeito distinto de sua atividade.[209] Pelo contrário, o si mesmo deve ser entendido como essencialmente idêntico a essa atividade. Segundo, "a oposição em geral está posicionada totalmente pelo si mesmo".[210] Isso significa que o si mesmo, além de se posicionar, posiciona o "não si mesmo", oposto a ele mesmo.[211] Terceiro, "tanto o si mesmo como o não si mesmo são postos como divisíveis". Tanto o si mesmo como o não si mesmo estão posicionados como negativas parciais de cada um deles; são, portanto, limitados pelo outro, mas não destruídos pelo outro. Esses princípios esgotam o que pode ser alcançado pela investigação filosófica do si mesmo, diz Fichte. O resultado da investigação, nas palavras de Fichte, é que "No si mesmo, oponho um não si mesmo divisível a um si mesmo divisível".[212] O primeiro momento expressa uma consciência imediata do si mesmo, uma intuição

---

205. Essa é a interpretação de Neuhouser de *Tathandlung, Fichte's Theory*, p. 106.
206. *Science of Knowledge*, ed. e trad. de Peter Heath e John Lachs (New York: Meredith, 1970), p. 93.
207. Heath e Lachs, *Science of Knowledge, ibid*.
208. Heath e Lachs, *Science of Knowledge*, p. 98: *The word "I" is to be understood as "the self as absolute subject. That whose being or essence consists simply in the fact that it posits itself as existing... As it posits itself, so it is; and as it is, so it posits itself."* [A palavra "Eu" deve ser entendida como "o ego enquanto sujeito absoluto. Aquele cujo ser ou essência consiste simplesmente no fato de que se posiciona como existente [...] Como se *posiciona*, assim é; e como *é*, assim se *posiciona*.]
209. *"It is at once agent and the product of action; the active, and what the activity brings about; action and deed are one and the same, and hence the 'I am' expresses an Act (Tathandlung)"* [O agente é o produto da ação; o ativo e aquilo que a atividade origina; a ação e o fato são uma só e a mesma coisa, portanto, o "eu sou" expressa um ato"] (Heath and Lachs, *Science of Knowledge*, p. 97).
210. Heath e Lachs, *Science of Knowledge*, p. 103.
211. Heath e Lachs, *Science of Knowledge*, p. 104.
212. Heath e Lachs, *Science of Knowledge*, p. 110.

intelectual, uma autoposição. O segundo e o terceiro ocorrem como dois aspectos de um ato: o ato da divisão (ou "limitação") "ocorre, do ato de oposição imediatamente, dentro e paralelamente a ele; ambos são uma coisa e outra e diferenciam-se apenas na reflexão".[213] Para Fichte,

> O si mesmo deve ser igual e ainda oposto a si mesmo. É tudo uma só consciência, mas uma consciência que envolve um si mesmo absoluto, por um lado, e um si mesmo limitado e divisível, por outro.[214]

Eis, em linhas *bastante* gerais, como a teoria do autoconhecimento foi proposta por Fichte em Jena em 1795. As revisões posteriores a Fichte não serão consideradas aqui. Hölderlin participou de palestras de Fichte nos últimos quatro meses de 1794; participou novamente em janeiro seguinte, durante o período em que ele "se envolveu em um completo estudo crítico da sua [Fichte] filosofia".[215] Durante esse período, Hölderlin trabalhou muito em seu romance *Hiperion* e também produziu seu único trabalho filosófico: quatro ensaios, sendo que um deles criticava implicitamente a concepção do ser absoluto de Fichte, "Urteil und Sein".[216] Ao mesmo tempo (no início de 1795) em que Hölderlin escrevia sua obra, Novalis preparava os seus *Fichte-Studien*, uma grande coletânea de observações e comentários que é, nas palavras de Manfred Frank, "a contribuição filosófica mais importante do pré-romantismo".[217]

No centro da recepção de Fichte tanto de Hölderlin quanto de Novalis, estava a insatisfação com a afirmação de Fichte de que a autoconsciência deve ser compreendida como originada em um ato de autoposicionamento, sendo que o sujeito criado e mantido por tal ato não é cognoscível reflexivamente por meio de uma representação, mas sim identificado por uma consciência imediata, uma "intuição intelectual". Em outras palavras, ambos tiveram problemas com o "princípio primeiro, absoluto, incondicionado" de Fichte. Como Manfred Frank destaca, tanto Hölderlin quanto Novalis acharam inadequada a noção do autoposicionamento absoluto para a tarefa de explicar uma unidade *genuína* da subjetividade, visto que a própria noção de "autoposicionamento"

---

213. Heath e Lachs, *Science of Knowledge*, p. 108.
214. Heath e Lachs, *Science of Knowledge*, p. 109.
215. David Constantine, *Hölderlin* (Oxford: Clarendon, 1988), p. 48.
216. Cf. Henrich, *Konstellationen*, pp. 59-63, para uma discussão da data desse importante fragmento ("Judgment and Being") e para um debate que data do período de Hölderlin em Jena (1794-5).
217. Manfred Frank, *Einführung in der Frühromantische Ästhetik: Vorlesungen* (Frankfurt am Main: Suhrkamp, 1989), p. 248.

parece envolver um ato mais reflexivo. Ou seja, nos termos de Frank, "imediatismo e autorreferência não são noções compatíveis".[218] Uma explicação do si mesmo presente imediatamente não pode ser uma explicação autorreferencial. Esse desacordo acarretou, nas obras de Novalis e Hölderlin, dúvidas sobre a possibilidade de uma explicação unificada da subjetividade, além de pôr um desafio à tentativa de explicação de Fichte. Gostaria agora de examinar cada um desses desafios.

Novalis

> Em maio de 1795, Novalis passa uma noite em Jena com Fichte e Hölderlin na casa de Friedrich Niethammer, o editor do influente *Philosophisches Journal*. Niethammer anotou em seu diário que conversaram muito sobre religião e revelação e concluíram que a filosofia enfrentava muitas questões não respondidas.[219]

Esse encontro aparentemente convenceu Novalis da necessidade de chegar a um acordo com a filosofia de Fichte, um convencimento que resultou em um manuscrito de mais de 500 páginas, seu *Fichte-Studien*, que começou no outono de 1795 e terminou no verão seguinte. Porém, apesar de esses estudos representarem um tipo de homenagem ao dinâmico professor, também contêm uma forte crítica a um ponto central da obra de Fichte.

O problema de Novalis com a explicação de Fichte sobre a autoconsciência depende da visão de que, em suas palavras, "o eu deve se posicionar como representação [*darstellend*]".[220] Ou seja, de um modo muito importante, para Novalis, a autoconsciência deve ser representativa. Na medida em que a autoconsciência é uma reflexão sobre a consciência, envolve o pensamento; e o pensamento apenas pode assimilar um objeto. Mas o "Eu" de Fichte se supõe não representativo, um fato-ato original que apenas pode ser descrito como a consciência imediata, ou "intuição intelectual". Nessa discussão sobre Novalis, Frank argumenta que o termo "intuição intelectual", o que quer que seja, sugere que essa forma de caracterizar a unidade "absoluta" não pode verdadeiramente ser absoluta, pois envolve dois componentes distintos, um intuitivo e outro intelectual ou conceitual. Logo, para Novalis, a intuição intelectual é vista como uma reflexão dirigida à intuição, um

---

218. Frank, *Einführung*, p. 250.
219. John Neubauer, *Novalis* (Boston: Twayne, 1980), p. 22.
220. *Fichte-Studien*, em *Novalis Schriften*, ed. Paul Kluckhohn e Richard Samuel (Stuttgart: Verlag W. Kohlhammer, 1969), II: 282, # 633: "Das Ich muß sich, als darstellend setzen".

sentimento, que para Novalis é a mesma coisa.[221] Por ser apenas uma tentativa de chegar a uma intuição (sentimento) no pensamento, o melhor que se pode fazer ainda é apenas uma reflexão sobre essa intuição (sentimento). Mas isso não é a mesma coisa que o sentimento em si.

Diante da complexa explicação de Fichte de uma autoconsciência unitária contendo um si mesmo dividido na mente, Novalis fala da "famosa batalha dentro do Eu".[222] Ela é encontrada no (supostamente) "absoluto *Urhandlung*" do autoposicionamento, que é, argumenta Novalis, nada mais que uma decepção necessária de um Eu mediado tentando ser absoluto – ou seja, não imediato – e, portanto, entra em conflito consigo mesmo. Por isso, o que Fichte toma como um ato imediato de autoposicionamento é, na verdade, um ato mediado. Manfred Frank toma para si a metáfora de Novalis do "espelho de reflexão" (*Fichte Studies,* nº II) e sua fala acerca do reverso (nº 36) e expõe a teoria como uma explicação da tentativa da mente de se agarrar por meio de um ato de espelhamento:

> A "reflexão" na verdade significa espelhar, sendo que todas as imagens refletidas são lateralmente reversas. Se eu segurar um objeto na frente de um espelho, o direito é refletido para mim como esquerdo e o esquerdo como direito. Também os raios de luz que se aproximam do vidro parecem se mover para longe e se desviam para outra direção. Seria isso diferente do reflexo com que reconhecemos nossa autoconsciência? É o que pergunta Novalis.

Isso é interessante como oposição à interpretação de Meyer H. Abrams que o Romantismo canonizou em *O espelho e a lâmpada*, livro que argumenta que a concepção romântica da mente é a de uma lâmpada que brilha e transforma seu objeto.[223] Em *The Romantic Legacy*, Charles Larmore rejeita essa interpretação do Romantismo por motivos semelhantes àqueles delineados no capítulo I pela definição de romantização de Novalis. Na visão de Larmore, o papel desempenhado pela mente – ou, mais especificamente, pela imaginação – tanto reflete quanto transforma a visão romântica. Em suas palavras, tem uma "função dupla criativa-responsiva" que opera "individual e

---

221. Frank, *Einführung*, p. 253.
222. *Fichte-Studien*, II: 127, #32.
223. *The Mirror and the Lamp* (Oxford: Oxford University Press, 1953). Cf. também Abrams: *Natural Supernaturalism Tradition and Revolution in Romantic Literature* (New York: W. W. Norton, 1973), esp. capítulo 7.2, "Freshness of Sensation", em que ele pontua a noção de Novalis do que Abrams chama "uma irradiação não localizada da consciência e um item incandescente do sentido da percepção" (p. 387).

simultaneamente".²²⁴ Embora seu argumento se destine a apoiar o romantismo em geral, é válido para Novalis, que, como recordamos, definiu "romantização" como um movimento de duas frentes, do ordinário ao extraordinário (correspondendo à função "criativa" de Larmore) e, ao mesmo tempo, do extraordinário e misterioso ao ordinário (função "responsiva" de Larmore).

Visto que o último movimento raramente é atribuído ao Romantismo, a explicação de Frank da mente como "espelho" de nós mesmos em Novalis é particularmente compreensível. Para Novalis, argumenta, "vemos" a autointuição (*"Selbstgefühl"*) refletida no espelho do pensamento e concluímos que a alcançamos. Mas, na verdade, fomos enganados: temos apenas a "imagem do espelho" da autointuição, não a intuição em si. Como qualquer espelhamento, a autorreflexão nos apresenta uma ilusão de nós mesmos que, diz Novalis, exige um segundo ato de reflexão se não quisermos nos enganar pensando que atingimos o conhecimento objetivo do que é essencialmente não objetivo. Este segundo ato reflexivo "corrige" a ilusão do primeiro ato que tivemos de nós mesmos e nos mostra não o si mesmo, mas a nossa ignorância dele. O conceito romântico-filosófico de si mesmo, para Novalis, detém o que somos incapazes de agarrar: o fundamento absoluto do si mesmo. Dado que Novalis acredita que todo "o se esforçar por apreender o fundamento de algo por pensamento é o fundamento da filosofia" e que "todo o filosofar deve terminar em um fundamento absoluto",²²⁵ isso pareceria significar o fim de todo o filosofar e, para Novalis, em um sentido, é verdade: "Os limites do sentimento são os limites da filosofia".

Mas em outro sentido, argumenta, a filosofia pode se reconhecer como absoluta quando reconhece que nenhum fundamento absoluto lhe é dado. Mesmo diante da desistência da busca pelo absoluto – ou melhor, precisamente por causa da desistência –, o "impulso para filosofar" nunca pode ser satisfeito. Surge então uma "atividade livre interminável". Esta "atividade livre interminável em nós", diz Novalis, é "o único absoluto possível que pode nos ser dado".²²⁶ Assim, a filosofia pode apenas fornecer uma explicação negativa do si mesmo: o impulso para unificar o sentimento e o pensamento é a única característica unificadora do si mesmo.²²⁷ Mas, visto que essa característica negativa é, na verdade, um aspecto de nossa natureza, pelo menos não é uma explicação

---

224. Charles Larmore, *The Romantic Legacy* (New York: Columbia University Press, 1996), pp. 21, 31.
225. *Fichte-Studien*, II: 269, #566.
226. *Ibid.*
227. *Fichte-Studien*, II: 126-127, #32.

falsificada do si mesmo humano. Entretanto, onde a filosofia deve parar, a poesia pode começar.

Não há uma resposta definitiva sobre se Novalis acreditava ou não que a poesia poderia fazer o que a filosofia não podia – ou seja, revelar o absoluto e retratar a sua própria essência.[228] Parece improvável que ele pretendesse chegar tão longe em seu trabalho. Em vez disso, a realização poética de Novalis está na sua habilidade em retratar artisticamente o que ele acreditava que seguia suas visões sobre a natureza essencialmente negativa da autoconsciência. Ou seja, sua obra literária não é a "revelação" do absoluto, mas sim uma tentativa de fazer "a filosofia poética"[229] – a fim de compreender o si mesmo e seu mundo não em abstrações, mas romantizando-os. "Romantização" e "filosofia romântica", na definição de Novalis, são a "operação" de retratar o inesperado, de "interromper" a vida comum ao "potencializar" os objetos do mundo, mostrando-os não pelo que *são*, mas pelo que não são – o que são apenas potencialmente. Nessa abordagem, o ordinário sempre é visto à luz do "interminável" e, da mesma forma, o desconhecido, o misterioso e o interminável são retratados como ordinários.[230] Tal mundo é uma *"Verkehrung"*, uma inversão, mas também é um cenário correto, assim como a segunda reflexão do autoconhecimento determina a ilusão do autorreconhecimento.

"Die Welt muß romantisirt werden", "O mundo deve ser romantizado", diz Novalis.[231] A romantização, por retratar o que é simplesmente potencial e, por sua vez, no efeito retrata o que não é, é uma ilusão ou uma inversão que determina a ilusão original de se estar em casa no mundo.

Heinrich von Ofterdingen, com sua narrativa simples e direta usada para descrever um conjunto móvel, caleidoscópio da ilusão, sonho e símbolos, é um exemplo perfeito da doutrina da inversão corretiva de Novalis. Talvez por ser bem literalmente um modelo da ideia do filosofar romântico de Novalis e, portanto, da teoria na prática, a literatura secundária nesse romance é extensa.[232] Simplesmente sugerirei como Heinrich, o protagonista da obra, pode ser visto como a concepção do si mesmo na "figura" de Novalis. Heinrich não é um protagonista comum, apesar de ser, realmente, a figura central do romance. O "desenvolvimento"

---

228. Herbert Uerlings, *Friedrich von Hardenberg, genannt Novalis: Werk und Forschung* (Stuttgart: Metzler, 1991), p. 118.
229. *Ibid.*
230. Frank, *Einführung*, pp. 272ff., e *Fichte-Studien*, II: 545, #105.
231. *Fichte-Studien, ibid.*
232. Uerlings, *Friedrich von Hardenberg*, pp. 389ff.

de Heinrich é quase totalmente interno e subjetivo, passivo a ponto de quase ficar ausente em muitos dos capítulos. Grande parte, quando não a maioria, da ação do romance não o envolve – ou, talvez, seja melhor dizer, envolve-o apenas como uma tela em branco na qual as fábulas, as alegorias e as imagens mágicas que constituem o grosso do trabalho são representadas.

Na verdade, Heinrich praticamente não *tem* um "perfil psicológico" – é um mundo em si, obscurecido pelo sonho, pela fantasia e pela realidade – ou melhor, um mundo em que não faz diferença que alguém seja o que é. Heinrich é um navio cuja única âncora, se assim pode se chamar, está em sua própria subjetividade passiva. Mas se o Heinrich de Novalis é uma autoconsciência romantizada, não ancorada e até mesmo alienada se comparada à personagem viva e multifacetada que se espera em um romance, ainda assim, Heinrich é uma autoconsciência alienada "amigavelmente".[233] Isso inclui momentos de sentimento de êxtase ocasionais que ocorrem mais frequentemente em sonhos, ou no amor, quando o si mesmo (nem sempre Heinrich) reconhece algo "interminável" em si. Esses momentos, para Novalis, são o resultado de uma reviravolta do nosso sentido invertido do si mesmo e, como tal, são os momentos (*"Augenblick"*) de percepção dentro do absoluto. O si mesmo, nesses momentos felizes de "renúncia do Absoluto", quando reconhece sua própria inabilidade para se ligar ao transcendente por meio da reflexão, produz em si

> uma atividade livre interminável [...] o único absoluto possível que pode nos ser dado e que encontramos apenas por meio de nossa inabilidade em nos ligar com um Absoluto e reconhecê-lo.[234]

Essa experiência negativa prazerosa do absoluto tem pouca semelhança ao *Tathandlung* original de Fichte. Ela é, entretanto, muito semelhante ao sublime kantiano:

> Pois o que é sublime, no sentido próprio do termo, não pode ser contido em nenhuma forma sensível, mas preocupa apenas as *ideias da razão, que, embora não possam ser exibidas (dargestellt) adequadamente, originam e convidam a mente a essa própria incapacidade*, que pode ser exibida na sensibilidade.[235]

---

233. III: 685-688: "Die Kunst, auf eine angenehme Weise zu befremden, einen Gegenstand fremd zu machen und doch bekannt und anziehend, das ist die romantische Poetik".
234. *Fichte-Studien*, II: 269, #566.
235. *Critique of Judgment*, p. 245 (grifo nosso).

Um pouco mais adiante, Kant enfatiza que o sublime é uma experiência do que é absolutamente grande *dentro de nós*. Nossa inabilidade de representar para nós mesmos o grande fora de nós é a condição desse reconhecimento:

> No entanto, essa inadequação é o despertar em nós do sentimento que temos dentro de nós, uma força suprassensível e o que é absolutamente fantástico não é o objeto do sentido, mas o uso que esse juízo faz naturalmente de certo objeto, de modo a [despertar] esse (sentimento).[236]

Pode-se dizer que o *Ofterdingen* de Novalis só está cheio desses tipos de epifanias "negativas" – experiências momentaneamente transcendentes que equivalem à "sublimação" do si mesmo.

Hölderlin

Na época da reunião na casa de Niethammer, Hölderlin estava quase partindo de Jena. Já tinha frequentado as palestras de Fichte no semestre de inverno e quase desenvolvera sua crítica influente do último no fragmento "Juízo e Ser". Hölderlin foi estudar Fichte imerso em questões de estética vindas de seu recente contato com a terceira *Crítica* de Kant, com o *Fedro* de Platão e o "Über Anmuth und Würde".[237] Em um dos fragmentos filosóficos que datam daquela época, mostra-se preocupado em explicar a unidade entre "necessidade e liberdade, restrito e irrestrito, sensitivo e sagrado" na faculdade do desejo.[238] Fala com saudade de uma "moral do instinto" que se assemelha a um tipo de intuição intelectual, uma sintonia entre imaginação e desejo, naturalmente de acordo com a lei moral, uma moral não coagida. Mas também admite que tal "sintonia seria então algo simplesmente contingente, uma questão de sorte". A unidade desejada, embora possível, de modo contingente, é, exatamente por esse motivo, inadequada para o desenvolvimento sistêmico. Pelo menos, nesse período de seu desenvolvimento filosófico, Hölderlin parece, pelo menos, impulsionado pelo que Henrich chamou de *"Vereinigungsphilosophie"* e, ao mesmo tempo, pelas dúvidas céticas sobre sua possibilidade.

As dúvidas sobre a possibilidade de uma explicação *sistemática* de uma "moral do instinto" formam a base da discordância de Hölderlin

---

236. *Critique of Judgment*, V: 250.
237. *Friedrich Hölderlin, Essays and Letters on Theory*, trad. Thomas Pfau (Albany: State University of New York Press, 1988), p. 11, e Haym, *Die Romantische Schule*, pp. 301-302.
238. "On the Law of Freedom", em Hölderlin, *Essays*, pp. 33-34.

com Fichte. Mas essas dúvidas devem ser vistas à luz de sua explicação do "Ser" no ensaio incompleto "Juízo e Ser":

> Ser – expressa a ligação entre o sujeito e o objeto. Onde o sujeito e o objeto são ligados e não só em parte, ou seja, unidos de tal forma que nenhuma separação pode ser realizada sem violar a essência do que é para ser separado; lá e em nenhum outro lugar pode ser falado do *próprio Ser*, como é o caso com a intuição intelectual.[239]

A partir disso, considera-se que a explicação de Fichte sobre a intuição intelectual deve estar incorreta, pois não se refere a uma consciência essencialmente indivisível, primordial ao Ser, mas apenas a uma atividade de autoposicionamento que envolve um ato de oposição e reunificação por meio de um conceito de limitação ou divisibilidade.[240] A unidade de Fichte é, portanto, para Hölderlin, uma unidade derivativa: uma identidade, mas não uma unidade absoluta.

O fato de Fichte não pretender sugerir esse tipo de "coerência primordial"[241] é de menor importância aqui do que o fato de que Hölderlin sentia que tal coerência primordial era necessária para fundamentar a concepção de um si mesmo unificado, e que sem ela o si mesmo estava, literalmente, perdido. Dadas tais restrições no que pode contar como um si mesmo integrado,[242] não é surpresa que para Hölderlin não esteja claro que o si mesmo pode até vir a se conhecer. Na medida em que o autoconhecimento for possível, deve envolver o que "antecede qualquer estrutura de síntese, identidade e consciência".[243] Isso significa, para Hölderlin, que o autoconhecimento deve ser estético. Influenciado por sua interpretação da teoria do belo de Kant, e por sua amizade com Schiller e Schelling, Hölderlin desenvolveu uma "doutrina do belo" que fez da estética o princípio de unificação da experiência humana. O belo, para Hölderlin, é o ideal, o modelo visível da humanidade aperfeiçoada. No *Hiperion*, fala do "ser do belo, ou, o que é a mesma coisa, os seres humanos".[244] O belo evidencia a divindade no ser humano: "O ser humano é um deus simplesmente por ser humano. E uma vez que

---

239. Hölderlin, *Essays*, p. 37.
240. Heath e Lachs, *Science of Knowledge*, p. 110.
241. Hölderlin, *Essays*, pp. 20ff.
242. Esse aspecto do pensamento de Hölderlin, Henrich destaca, provavelmente deve muito à sua "projeção de Spinoza em *Science of Knowledge*" (*Konstellationen*, p. 74).
243. Hölderlin, *Essays*, p. 26.
244. Friedrich Hölderlin, *Hyperion or the Hermit in Greece*, trad. W. R. Trask (New York: Ungar, 1965), p. 90.

é um deus, é belo".²⁴⁵ Para Hölderlin, a experiência do belo é a única experiência de integração para o si mesmo em conflito consigo próprio. Essa doutrina não separa Hölderlin de Schiller ou Schelling. O que é diferente para Hölderlin é a sua ênfase em que a obtenção do ser belo é apenas em uma questão contingente, dependendo de como ele é na natureza e do grau de sensibilidade do indivíduo:

> O belo abandona a vida dos homens, foge para o Espírito; o Ideal se torna o que a Natureza era [...] Mas isto, pelo ideal, essa divindade rejuvenescedora, poucos reconhecem um ao outro e são um.²⁴⁶

A unidade da subjetividade não é concedida a todos, de modo algum. Os "poucos" de quem Hölderlin fala aqui, é claro, são os artistas – eles são as mais sensíveis das almas. "O primeiro filho da beleza divina é a arte."²⁴⁷ E, embora no *Hiperion* seja expressa a esperança de que essas poucas almas inaugurarão a "segunda era", esse entusiasmo utópico está guarnecido por um sentido de desilusão. No notável capítulo no começo do romance, Hiperion escreve para Bellarmin, "O que é homem?":

> Como pode o mundo conter uma coisa dessas que fermenta como um caos ou apodrece como uma árvore podre e nunca chega à maturidade? [...] Para as plantas, diz: Eu, também, era como você! E para as estrelas puras: Eu me tornarei como você em outro mundo! – entretanto, cai aos pedaços e continua praticando sua arte em si mesmo, como se, uma vez desmoronado, pudesse pôr uma coisa viva junta novamente como uma peça de construção [...] embora o que faça sempre será um artifício.²⁴⁸

Mesmo o si mesmo artístico – ou melhor, *especialmente* o si mesmo artístico, que se "banqueteou na mesa dos deuses" e sentiu "o belo puro e completo" – deve encarar o fato inevitável de sua própria condição fragmentada. O poeta é obrigado a ser desiludido, Hiperion diz a seus amigos, pois conhece o *sentimento* do belo, que é o *pensamento* revelado para ser desarmônico, cheio de contradição e imperfeição. O belo nunca é pensado.²⁴⁹

---

245. *Hyperion*, p. 91.
246. *Hyperion*, p. 76.
247. *Hyperion*, p. 91.
248. *Hyperion*, p. 57.
249. *Hyperion*, p. 93.

Hölderlin não via o belo como um consolo, nem, como Novalis, algo a ser tratado nos momentos de exaltação poética; um dom que, quando recebido, empresta um *sentimento* de coerência do si mesmo, compensando-o em momentos de mágica poética: "Por toda parte [o poeta] deve se acostumar a não tentar tratar da totalidade que ele se esforça para obter a momentos individuais e a tolerar momentaneamente o incompleto".[250] Para Hölderlin, diferentemente de Novalis, o poeta nunca pode ser uma alienação puramente de prazer, porque se situa no sentimento e este sofre tanto quanto o prazer. Na verdade, no romance, a experiência do sofrimento parece estar limitada a Hiperion, se não como uma obrigação, então como uma necessidade para seu espírito romântico. Na segunda parte do romance, Hiperion pergunta a seu correspondente: "Por que relato meu sofrimento a você, renovando-o...?"[251]

Todo o romance é uma narrativa de sofrimento e de alegria que se alternam, uma tentativa de retratar os altos e baixos que o sentimento humano pode alcançar. O sentimento, Hölderlin diz, é o "freio e a espora"[252] do poeta. Assim, é uma tentativa de concluir que é o sentimento que redime o si mesmo, para Hölderlin, e que, embora a estética não seja sempre um *consolo* para o si mesmo dividido, ainda pode, em um sentido mais heroico, salvá-lo. Mas isso, também, fracassaria em capturar a postura de Hölderlin. Conquanto o sentimento intenso e elevado possa dar ao espírito artístico vislumbres do Ser absoluto, é, em última análise, incapaz de unificar o si mesmo individual, e neste sentido muito importante não pode ser salvador. Em seu esboço "Fundamento para 'Empédocles'", Hölderlin fala do destino de seu herói:

> A fim de organizar a vida, tinha de se esforçar para aproveitá-la com o seu ser no seu íntimo; com seu espírito, tinha de tentar dominar o elemento humano, todas as tendências e impulsos, sua alma, o inconcebível, o inconsciente, o involuntário dentro deles; precisamente na medida em que sua vontade, sua consciência, seu espírito transcenderam o ordinário e os limites do conhecimento e da eficiência humana, tinha de se perder e se tornar objetivo [...] o objetivo ressoou mais pura e profundamente dentro dele, quanto mais aberta estava sua alma, exatamente porque o homem ativo espiritualmente tinha se afastado, tanto do particular quanto do universal.[253]

---

250. "Reflection," em Hölderlin, *Essays*, p. 46.
251. *Hyperion*, p. 114.
252. "Reflection", em Hölderlin, *Essays*, p. 45.
253. "The Ground for 'Empedocles'" em Thomas Pfau, *Friedrich Hölderlin: Essays and Letters on Theory* (Albany: State University of New York Press, 1988), p. 60.

Para Hölderlin, a experiência da consciência unificada, naqueles raros momentos em que ocorre, também é trágica, pois obriga o indivíduo ao universal e, portanto, vai além do que o indivíduo pode ser. Parafraseando Cassirer, o navio por meio do qual o si mesmo se apresenta deve, por ser singular e limitado, ser interrompido.[254] A consciência unificada também é a morte do indivíduo. Se o projeto de Hölderlin é a busca por tal unidade, então seu sucesso parece ser a morte do si mesmo. Pode-se sentir isso no protagonista Hiperion, que, no curso de todo o romance, nunca se torna uma personagem completamente amadurecida. Ele é uma "figura" heroica lutadora, mas nunca uma personalidade integrada. A única redenção pode estar, para Hölderlin, no próprio processo poético. Aqui, pelo menos, o artista pode criar, nas palavras de Eric L. Santner, "as possibilidades de novos modos de discursar e ser, novos modos de fortalecer o si mesmo para seu diálogo com os outros".[255]

Conclusão

Quase como se tivesse Hölderlin e Novalis em mente (na verdade, ele estava frequentemente pensando em Klopstock), Kant proclamou algumas vezes os perigos do romance, o *Roman*. O excesso desse tipo de interpretação, ele adverte, afrouxa a compreensão da realidade e leva a fantasiar, o que está intimamente ligado ao entusiasmo e até mesmo à loucura. Como já vimos, Kant defendia uma atitude cautelosa com respeito "aos desejos vazios e fantasiosos, que são nutridos, com frequência, pelos romances e algumas vezes também pelas apresentações místicas, similares aos romances, ou pelas perfeições sobre-humanas e alegrias fanáticas".[256] Mas então, quase como se soubesse que não haveria um retrocesso na busca romântica por uma consciência unificada, acrescenta a afirmação já examinada no capítulo 5 – em outras palavras, que é importante "investigar por que a natureza nos dá a predisposição para tais gastos inúteis de nossas forças como [vemos em] desejos vazios e nostalgias (que certamente desempenham um grande papel na vida humana)". Sua hipótese era que, se tivéssemos certeza de alcançar um objeto que estava em nosso poder antes que nos permitíssemos desejá-lo, muitas forças fi-

---

254. Ernst Cassirer, "Hölderlin und der deutsche Idealismus", em *Hölderlin: Beiträge zu seinem Verständnis in unserm Jahrhundert*, Alfred Kelletat, ed. (Tübingen: Mohr, 1961), p. 115.
255. Eric L. Santner, Introdução a *Friedrich Hölderlin: Hyperion and Selected Poems* (New York: Continuum, 1990), pp. xxxv-xxxvi. Agradeço ao revisor anônimo da Cambridge University Press por sugerir essa forma de interpretar o projeto de Hölderlin sob uma luz mais tênue.
256. *Critique of Judgment*, p. 420.

cariam sem uso. Assim, a natureza sabiamente nos fornece desejos que exigem um grande esforço "mesmo antes de sabermos qual capacidade temos; é exatamente esse esforço, o que para a mente parece, em princípio, um desejo vazio, que produz essa capacidade". É sábio ficar atento, mas é igualmente sábio reconhecer que as condições da natureza devem ser respeitadas, conclui Kant.

É natural concluir que essa "sabedoria" desejará o que Novalis chamaria mais tarde de "o impulso para ser um 'Eu'".[257] Visto que Kant acreditava, como vimos no início, que a sabedoria também exige que nos compreendamos, é muito bom para ele que também tenhamos o *impulso* para fazer isso. Os trabalhos tanto de Hölderlin quanto de Novalis contêm essa tendência de se esforçar pelo que *não* é, para se exceder, "em um gasto inútil de forças", os limites do que pode ser razoavelmente desejado. Assim, por essa razão, suas contribuições românticas parecem ser um passo pelo caminho kantiano para o autoconhecimento e uma continuação natural e importante do projeto kantiano.

Esses filósofos-poetas podem ser vistos como se seguissem a proibição de compreender o si mesmo, de determinar o que o si mesmo não é, mas poderia ser, a fim de ir além no projeto kantiano de determinar o que o si mesmo deveria ser. Mas, como Kant estava totalmente ciente, esse impulso para o autoconhecimento tem seus custos. O romantismo de Hölderlin e Novalis mantém a promessa de descobrir novas formas de consciência e, portanto, de "reconfigurar" o si mesmo, mas, onde ele não é adequadamente moderado por um sentido de suas próprias limitações, arrisca o apagamento do próprio "si mesmo" que tenta compreender. A insistência de Novalis na natureza momentânea das epifanias imaginativas e no reconhecimento correspondente ao ordinário foi uma das abordagens para o problema que atormentava Kant. No caso de Hölderlin, a solução era descobrir na arte, em seu caso no processo da poesia. Foi uma solução que dependia da genialidade artística, e, como sua própria tragédia final sugere, foi apenas parcialmente bem-sucedida. Na conclusão, no capítulo 7, examinaremos os graus nos quais as visões de Novalis e Kant sobre a genialidade imaginativa convergem e finalmente acenam a um novo entendimento da filosofia no pré-romantismo alemão.

---

257. *Fichte-Studien*, II: 126-127, #32.

CAPÍTULO 7

O kantismo de Novalis e o romantismo de Kant

> Doch das Paradies is verriegelt und der Cherub hinter uns; wir müssen die Reise um die Welt machen, und sehen, ob es vielleicht von hinten irgendwo wieder offen ist.
> (Kleist, "Über das Marionetten Theater" [Sobre o teatro de marionetes]) (O paraíso é barrado e o querubim está atrás de nós; devemos viajar ao redor do mundo e ver se talvez em algum lugar ele está aberto novamente.)[258]

Kleist resumiu a mistura de espanto e profunda decepção que muitos intelectuais dos anos de 1780 e 1790 devem ter sentido com o surgimento da filosofia de Kant. Pois, embora nela a atividade cognitiva humana assuma novos poderes constitutivos que definem seus limites do real, o custo da mudança para esse poder constitutivo da subjetividade humana era alto: a perda do acesso a um mundo além das aparências. Apesar da afirmação de Kant de ter criado "espaço para a fé", o conhecimento do mundo das coisas "em si" estava barrado, assim parecia, de uma vez por todas. Em seu ensaio ficcional "Sobre o teatro de marionetes", Kleist constrói o problema filosófico do conhecimento como um problema dentro do contexto da arte da *performance*. Seu narrador entrevista um famoso dançarino que pretende se movimentar com absoluta graça pelo chão, livremente e sem alienação, mas reconhece que a impossibilidade de atingir sua meta está enraizada na autoconsciência. O grande dançarino conta ao narrador de Kleist que o

---

258. *Heinrich von Kleist: Werke in einem Band* (Munich: Karl Hanser Verlag, 1966), pp. 802-807.

artista deve olhar para a marionete como um modelo de expressão sem autoconsciência do absoluto, um movimento não alienado.

Os comentários do dançarino são, é claro, uma metáfora para o esforço humano por atingir o que está além da pálida possibilidade da experiência humana: conhecimento absoluto e autoexpressão perfeita. O ensaio de Kleist captura o problema que parecia quase sem exceção atormentar os filósofos no imediato despertar da relativização do conhecimento de Kant para a capacidade humana. Kleist não é tipicamente classificado como um romântico, mas seu apelo para uma estratégia de "porta dos fundos" é característica de muitos pré-românticos alemães e descreve o projeto importante da figura fascinante do movimento, Friedrich von Hardenberg, conhecido como Novalis. A filosofia de Kant era um fato da vida para Novalis e para os filósofos e poetas do famoso círculo de Jena. Na verdade, o paradigma "copernicano" na filosofia estava tão entranhado que, em sua enciclopédia "Allgemeine Brouillon", Novalis podia falar do giro copernicano como um fato estabelecido:

> Aqui Kant desempenhou o papel de Copérnico e explicou o empírico Eu juntamente com seu mundo exterior como um planeta e colocou a lei moral ou o Eu moral no centro do sistema; e Fichte tornou-se Newton – o segundo Copérnico –, o inventor das leis do sistema do mundo interior (III: 335).[259]

Novalis estava tão convencido quanto Kant de que a nova filosofia do sujeito tinha dissolvido os erros do passado na filosofia de uma vez por todas. Juntamente com a maioria dos intelectuais do seu círculo, Novalis trocou as estruturas arqueadas do racionalismo leibniziano e wolffiano pelo abrigo na explicação kantiana alternativa de que a mente humana pode conhecer. O próprio Kant reconhecia que os seres humanos seriam tentados para sempre a se esforçarem pelo absoluto, ou incondicionado, mas no fim tendia a ser bastante otimista sobre o fato de que a cognição diária, a ciência e até a ética teriam de agir sem as respostas metafísicas definitivas. Ao mesmo tempo, como vimos no capítulo 5, esse grande expoente do humanismo racionalista mostrou ternura e até simpatia pela fantasia metafísica que tinha sido quase

---

259. Todas as referências à obra de Novalis estão em *Novalis Schriften: Die Werke Friedrich von Hardenberg*, eds. Paul Kluckhohn e Richard Samuel (Stuttgart: Verlag W. Kohlhammer, 1965). Os segundo e terceiro volumes, ed. Richar Samuel com Hans-Joachim Mähl e Gerhard Schulz, contêm os escritos filosóficos de Novalis publicados em 1981 e 1983, respectivamente.

totalmente ignorada pelos analistas de seu trabalho.[260] Na última parte deste capítulo, voltarei a Kant para examinar o lugar que a especulação metafísica conserva em seu sistema e para concluir o argumento deste livro para a continuidade entre seu sistema e o pré-romantismo alemão.

Tornou-se um clichê que o idealismo alemão com sua metafísica pirotécnica livrou-se dos limites kantianos do conhecimento. O pré-romantismo alemão é jogado neste mesmo papel desagradável, com a ofensa adicional de "irracionalismo e misticismo" à acusação. Entretanto, muitos, se não todos, pré-românticos alemães associados ao círculo de Jena renunciaram aos apelos metafísicos do conhecimento ao pensamento especulativo em termos mais cruéis do que o próprio Kant.[261] Ninguém exemplifica melhor essa adesão explícita ao giro copernicano que Novalis, cujos esforços filosóficos culminaram na elevação da estética e da prática da arte como materialização da liberdade humana. Começarei, então, com um olhar muito modesto para os fundamentos metafísicos desse grande poeta e filósofo romântico. Ao fazer isso, espero exonerar Novalis e, em consequência, o círculo pré-romântico alemão, das acusações do excesso metafísico e do racionalismo. Na segunda parte do capítulo, olharei para as consequências das visões de Novalis para uma explicação da natureza da cognição ordinária.

O Kantismo de Novalis

Como vimos no capítulo 6, entre 1795 e 1796, Novalis realizou um sério estudo da *Ciência do Conhecimento* de Fichte (*Wissenschaftslehre*) depois de ter conhecido Fichte juntamente com Hölderlin, na casa de um amigo em comum em Jena. O conjunto de notas sobre Fichte que compreendia a maior parte do manuscrito produzido por Novalis tem sido considerado "a obra filosófica mais significante do pré-romantismo".[262] Nele, Novalis lida com a pré-filosofia desse pensador que tinha afirmado a ascendência ao trono de Kant na filosofia

---

260. Kant nem sempre estava confortável com essa atitude; por toda a sua vida foi fascinado pelo fenômeno aparentemente "sobrenatural". Cf. Hartmut Böhme e Gernot Böhme, *Das Andere der Vernunft* (Frankfurt am Main: Suhrkamp, 1996), e capítulo 4 deste livro.
261. Neste livro, trato apenas sobre Novalis e seu círculo dos pré-românticos alemães. Os pós-românticos, especialmente aqueles ligados a Heildelberg, mas incluindo Schlegel e Tieck no seu último período, não estão em discussão aqui.
262. Manfred Frank, em *Einführung in die Frühromantische Ästhetik* (Frankfurt am Main: Suhrkamp, 1989), p. 248. A obra de Novalis, que incluía o chamado *Estudos sobre Fichte* e *Estudos sobre Kant*, compunha cerca de 500 páginas de anotações manuscritas que ficaram sem publicação até 1901, quando Ernst Heilborn lançou uma importante seleção das anotações. Todo o conjunto, entretanto, permanecia sem publicação e ficou perdido por 30 anos entre 1930 e 1960, quando ressurgiu em um leilão em Nova York.

alemã. Não há dúvidas de que a filosofia foi de grande importância para Novalis, mas o que aparece nos *Estudos sobre Fichte* não é uma adaptação das ideias do mestre pelo aluno, mas uma crítica persistente do pressuposto fundamental dos importantes trabalhos de Fichte. Considerando que Fichte tinha argumentado que o mundo interior do si mesmo pode ser acessado inicialmente via intuição intelectual da autoatividade, nos *Estudos sobre Fichte*, Novalis insiste repetidamente que nenhum conhecimento imediato do eu, como ele é em si, é possível. No capítulo 6, discutimos a metáfora de Novalis do espelhamento como uma explicação do autoconhecimento humano, mas ele também argumenta que a auto-observação é um tipo de "espionagem sobre o si mesmo" a fim de aprender sobre ele. Sobre a "aprendizagem", ele diz:

> não queremos dizer absolutamente nada ao intuir um objeto e impressioná-lo com suas características sobre nós mesmos. Ele [o si mesmo] se tornaria assim um objeto novamente. Não, a filosofia não pode ser auto-observada, pois não seria atrás disso que estamos [ou seja, ela não seria conhecida imediatamente como sujeito: JK]. É talvez o autossentimento. O que então é o sentimento? [...] Ele apenas pode ser observado no reflexo – o espírito do sentimento desapareceu. O produtor pode ser inferido a partir do produto segundo o esquema da reflexão. (II: 113-114, nº 15)

Novalis continua a argumentar que, como o sentimento não pode ser representado e que a reflexão pode apenas representar o sentimento no pensamento, a intuição do próprio si mesmo nunca é uma coisa como ela é "em si". É necessário sempre mediar ou "inferir", um produto sintético de sentimento e reflexão (II: 114, nº 16). Novalis pode ter homenageado Fichte com o título do "segundo Copérnico", mas isso não evitou sua rejeição à suposição central fichteana do mundo interior do si mesmo, ou seja, que o si mesmo "absoluto" pode ser conhecido. Novalis não só rejeita a afirmação do acesso ao "Eu absoluto", sua explicação "positiva" do si mesmo se assemelha com o conceito kantiano do noumenal, ou a coisa em si, enquanto limitado. Como Von Molnár destaca, Novalis refere-se ao conceito do "Eu" como regulador:[263]

Eu – talvez tenha, como todas as ideias da razão meramente reguladoras, um uso classificatório – Nenhuma relação com a realidade. (II: 258, nº 502)

---

263. Geza von Molnár argumenta isso em *Novalis' "Fichte Studies": The Foundations of His Aesthetics* (The Hage: Mouton, 1970), pp. 41-42.

Com referência à noção de Fichte de um *Tathandlung*, o ato intuitivo originário de posicionamento do ego, Novalis diz:

> Cada estado, cada fato-ato [*Tathandlung*] pressupõe outro [...] toda a busca por um primeiro [*gênero*] é besteira – é uma *ideia reguladora*. (II: 254, nº 472)

A reação de Novalis a Fichte põe limitações ao poder e ao alcance do intelecto que são essencialmente kantianas em espírito. Principalmente como estudante das ciências naturais, Novalis foi crítico da especulação metafísica e, como vimos no capítulo 1, ele insistiu que, apesar disso, uma "tendência a buscar o universal" [*Universaltendenz*] é essencial ao pesquisador:

> Não se deve, como um sonhador, buscar um ideal indeterminado – filho da fantasia. Deve-se proceder a uma determinada tarefa para outra determinada tarefa. Um amante desconhecido tem um charme mágico, é claro. O esforço pelo desconhecido, pelo indeterminado, é extremamente perigoso e desvantajoso. A revelação não deve ser forçada. (III: 601, nº 291)

Diante dessas fortes visões da incognoscibilidade do si mesmo como ele é em si, não é uma surpresa que o grande estudo de Novalis sobre Fichte fizesse com que ele voltasse a estudar Kant. A curta coleção de anotações e comentários coletados sob o título "Kant Studien" (1797) foi encontrada em um grupo de anotações sobre o filósofo holandês Hemsterhuis (1721-90).[264] Provavelmente, seu interesse renovado pelas opiniões de Kant sobre as ciências naturais foi provocado pela frequente referência de Hemsterhuis a *Fundamentos Metafísicos das Ciências Naturais* na *Metafísica da Natureza* de Hemsterhuis. Mas, em razão do seu abrupto afastamento do idealismo fichteano, é provável que ele tenha se voltado para os trabalhos de Kant para dar apoio às suas opiniões desenvolvidas acerca dos limites do filosofar sobre os temas metafísicos.[265]

---

264. Cf. a introdução de Hans-Joachim Mähl aos Estudos sobre Kant e Eschenmeyer, *Novalis Schriften* II: 334. Segundo Mähl, baseado no manuscrito e no tipo e formato do papel, essas anotações e comentários foram provavelmente escritos durante ou imediatamente após seu trabalho sobre Hemstrthuis e um anos depois de terminar os *Fichte Studies* em 1796.
265. Mähl, p. 332. O fato de que seu foco do estudo parece ter sido inicialmente o Prefácio e a Introdução da primeira *Crítica* bem como de *Fundamentos Metafísicos da Ciência Natural* também apoia essa visão.

Entretanto, um conjunto de curtas anotações nessa coleção sugere que isso também poderia ter sido outro texto kantiano, um bem mais obscuro, que pode ter dado a Novalis o ímpeto para desenvolver mais a fundo sua filosofia bem como sua obra artística. Em meio às anotações sobre a filosofia de Kant, também foram encontradas anotações sobre a resposta de Kant para Samuel Thomas Sömmerring, um famoso médico e fisiologista de Frankfurt. O livro de Sömmerring *Über das Organ der Seele*, levantou a questão do "centro da alma [*der Sitz der Seele*]", ou a localização da mente no corpo. A obra foi publicada com um breve apêndice escrito por Kant e enviado para Sömmerring especialmente para a publicação:[266]

> Se eu tivesse que posicionar a minha alma, ou seja, o meu si mesmo absoluto, intuitivamente em algum lugar no espaço, então eu deveria me perceber através dessa mesma [intuição espacial] por meio da qual também perceberia a matéria ao meu redor.[...] Agora, a alma apenas pode ser percebida via *o sentido interino*, mas o corpo (seja interno ou externo) apenas pode perceber pelo *sentido externo*; portanto, não é possível determinar um lugar para ela, pois, a fim de fazer isso, criaria em si o objeto da própria intuição externa e teria de se transpor [*versetzen*] para o exterior – o que é uma contradição. Então, a solução desejada do problema de posicionar a alma que é exigido pela metafísica leva para uma dimensão impossível [...] e pode-se, com Terêncio, descrever aqueles que querem isso: "Não se obteria sucesso algum maior que se fosse tentado ser racionalmente insano" [*"Nihilo plus agas, quam si des opera ut cum ratione insanias"*].
> (Kant, carta para Sömmerring, 1796)

Kant responde a pergunta de Sömmerring dizendo que a localização espacial [*der Ort*] da alma, sendo a "alma" compreendida como "meu si mesmo absoluto", teria sido percebida da mesma forma que percebemos a matéria ao nosso redor, ou seja, por meio dos sentidos externos (isso inclui também nossas "entranhas" físicas). Mas o si mesmo absoluto pode ser percebido apenas por meio do sentido interno, não espacial, e, portanto, não pode determinar um lugar especial para si. Pois a alma, para se tornar o objeto de sua própria intuição externa, teria de transpor [*versetzen*] seu ser não espacial "externo" de si mesma no espaço – e isso é uma contradição, diz Kant. A exigência de que a metafísica resolvesse o problema de posicionar a consciência conduz à

---
266. Cf. a carta para Sömmerring datada de 10 de agosto de 1795, *Kants gesammelte Schriften*, Prussian Academy edition, XII.3: 30-35.

incoerência, continua Kant, alertando que seria possível chamar quem o tentasse de especulador metafísico, como Terêncio o faz, no contexto de um conselho para que um amante desprezado desista da ideia de ganhar o objeto cruel de seu desejo por meio da razão.

A questão de "posicionar" a consciência levantada por Sömmerring, bem como a aparente insatisfação com a resposta de Kant, pode muito bem ser explicada pela forte ênfase de Novalis na importância do sentimento como um aspecto central do autoconhecimento. Embora Novalis não faça um comentário exclusivo em suas notas acerca da passagem de Sömmerring, mais para a frente em suas anotações sobre a primeira *Crítica* a questão de "posicionar" a consciência é tratada de forma oblíqua:

> O conceito *do sentido*. Segundo Kant, a matemática pura e a ciência natural pura referem-se à forma da sensibilidade externa – O que a ciência chama de forma da sensibilidade interna? Há o conhecimento *extrassensível*? Há outra forma aberta de sair de si mesmo e chegar para os outros, ou ser afetado por eles? (II: 46)

Este obter o "exterior de nós mesmos" é, provavelmente, uma referência à afirmação de Kant, ao responder para Sömmerring, que o si mesmo não pode, sem contradição, se colocar fora de si mesmo. Mais tarde, na sua conhecida obra *Pólen* [*Blütenstaub*], Novalis melhora esse pensamento no seguinte fragmento:

> O lugar da alma é lá, onde o mundo interno e o mundo externo se tocam [*sich berühren*]. Onde eles permeiam – ela está em cada ponto de permeação. (Novalis, II: 418, nº 20)

O "mundo interno" é o mundo que Fichte tenta elucidar recorrendo à intuição intelectual de um ato original da autoconsciência, uma explicação que, como vimos, Novalis rejeitou em bases kantianas.[267] Ao mesmo tempo, Novalis está infeliz com a recusa de Kant em encorajar a possibilidade para "externalização" do mundo interno do si mesmo. O que Novalis parece sugerir aqui é uma terceira opinião envolvendo a redefinição da autoconsciência como uma interface entre o mundo interno do autossentimento e o mundo externo da autoconsciência objetiva. Essa redefinição, sugere, pode também englobar um modo de atingir os outros e também ser afetado por eles.

---

267. Novalis, contudo, parece acreditar que um tipo de fenomenologia, uma ciência do sentido interno, seja possível. Como vimos, também tomou Fichte como o "Newton" dessa ciência. Cf. *Allgemeine Brouillon, Novalis Schriften*, III: 335 (nº 460).

A insistência de Novalis na centralidade do sentimento para a autoconsciência e, portanto, para a filosofia em geral existia, muito provavelmente, por causa da influência da filosofia de Hemsterhuis. A ênfase no desejo, no sentimento e na importância da poesia na compreensão das ciências deve ter tocado muito o poeta.[268] Um forte compromisso com a importância do sentimento para o conhecimento com certeza ajuda a explicar o comentário irritado no meio dos *Estudos sobre Kant* de Novalis:

> Todo o método kantiano – toda a forma kantiana de filosofar é unilateral. E pode ser justo chamá-la de *Escolasticismo*. (II: 392, nº 50)[269]

Em outra nota fragmentada antes de sua ponderação a respeito da possibilidade de outra forma de conseguir "sair de nós mesmos", Novalis sugere que a prática da filosofia em si e a razão prática devem mover-se em direção a uma nova dimensão estética:

> O filosofar é apenas "cientização" [*wissenschaften*], pensar por meio do pensamento, conhecer o conhecimento – tratar as *ciências* científica e *poeticamente*. A *prática* e a poesia devem ser uma só coisa. Será que esta última significa apenas a prática absoluta tornada particular? (II: 390, nº 45)

Agora, o que quer que signifique encontrar outra forma, um conhecimento extrassensível, para Novalis, não pode supor o abandono do mundo real ou a adoção de uma coisa noumenal em si como algo conhecido:

> Tudo o que é absoluto deve ser banido do mundo. No mundo, as pessoas devem viver com o mundo.[270]

---

268. Mähl's introduction, II: 314ff.
269. A referência ao escolasticismo de Kant também aparece em "Carta aberta sobre o *Wissenschaftslehre* de Fichte", em que Kant cita uma correspondência que trocou com Fichte. Kant tinha escrito a Fichte que ele se sairia melhor se devotasse sua energia a aplicar os ensinamentos da *Crítica da Razão Pura* em vez de tentar reescrevê-la. A resposta "educada" de Fichte assegura a Kant de que ele não "despreza o escolasticismo". Cf. Arnulf Zweig, *Kant: Philosophical Correspondence – 1759-99* (Chicago: University of Chicago Press, 1967) (XII: 370-371).
270. Tirado de "Fragmentblatt", encontrado com anotações de Kant (*Schriften*, II: 395, nº 55). Acompanha uma notável passagem na qual Novalis sugere, presumivelmente em oposição à noção de Fichte de uma autopostulação originária ou *Tathandlung*, que "o verdadeiro ato filosófico é suicida [...], apenas este ato corresponde a todas as condições e características do ato transcendental" – ou seja, não podemos nos levar para dentro do ser, mas sair de nós.

Por trás de todos os comentários e críticas de Novalis sobre Kant, seu pressuposto metafísico fundamental permanece kantiano: a incognoscibilidade da coisa em si não está mais em debate. Na verdade, ele faz a afirmação condescendente de que ridicularizar o tema de Kant pode parecer muito óbvio, "supérfluo e monótono", para os pensadores da geração de Novalis, a menos que mantenham em mente o contexto histórico dentro do qual Kant trabalhou.[271] A doutrina antiespeculação de Kant tinha se tornado "escolasticismo" para Novalis e seus colegas. Então, quando Novalis fala de descobrir um conhecimento extrassensível, ele não quer dizer que tomou o tema com a circunscrição da experiência cognitiva de Kant. Para Novalis, encontrar uma forma de "sair" de nós mesmos não é uma questão de unir as esferas do si mesmo cognitivo e moral que Kant tinha separado tão cuidadosamente.[272] O caminho externo do si mesmo está em uma abordagem totalmente diferente, e está realmente tornando-se aparente para o jovem poeta-filósofo que termina os *Estudos sobre Fichte* e trabalha com Kant e Hemsterhuis. Esse é o caminho do artista, que exige transformar o concreto e o tangível em arte que o mundo interno, baseado em um autossentimento imediato, é impossível capturar de forma puramente reflexiva. A "outra forma" de Novalis localizar a posição da consciência no mundo é por meio da materialização da consciência na arte.

Sugiro que o que Novalis acha que falta em Kant não é a metafísica, mas o comprometimento imaginativo. Como vimos no capítulo 5, Kant era profundamente ambivalente sobre o papel da imaginação e das tentativas para realizar ideais por meio dela. A transposição do si mesmo que Novalis busca e falha ao encontrar na abordagem unilateral de Kant é, para Novalis, uma transformação imaginativa. A impaciência de Novalis com Kant parece originar sua visão de que Kant falha ao ver a possibilidade de poetização do mundo – ou, como ele logo iria dizer –, de "romantizá-lo", como discutido no capítulo 1:

> O mundo deve ser romantizado. Dessa forma, redescobre-se o significado original. A romantização não é nada além de uma elevação qualitativa para uma potência mais alta [*Potenzirung*]. O si mesmo inferior identifica-se com um si mesmo melhor. Assim como nós mesmos somos séries exponenciais qualitativas. Esta operação ainda é bem desconhecida. Na medida em que dou ao lugar comum

---
271. "Kant-Studien", II: 392, nº 49.
272. Cf. *Fichte Studies*, nº 649: "também estamos em uma esfera além do tempo" – Novalis conserva a visão de Kant de que ser humano significa ser capaz de se "transportar" para um reino do intelecto.

um significado maior; ao ordinário, um semblante misterioso; ao conhecido, a dignidade do desconhecido; ao finito, a aparência de infinidade, eu o romantizo. A operação é exatamente o oposto para o superior, o desconhecido, o místico e o infinito – são "logaritmizados" pela ligação –, eles se tornam expressões comuns. A filosofia romântica. A língua romana. Elevação e rebaixamento se alternam.²⁷³

Essa atividade foi, para Novalis, algo que Kant falhou em teorizar na sua tentativa "unilateral" de explicar o conhecimento humano nos termos da "razão pura". Novalis não rejeitou as percepções mais profundas de Kant, mas tentou complementá-las e completar a virada crítica por meio de seu conceito de romantização. Nesse sentido, Novalis se viu em oposição a Kant, que certamente poderia parecer um velho escolástico na mente de um poeta de 24 anos, ao querer dar reino livre à imaginação como veículo para externalizar e, portanto, realizar o que apenas poderia ser sentido. A imaginação, acreditava Novalis, produziria a poesia que seria liberalmente a materialização e o veículo externo para colocar o si mesmo onde ele precisaria estar – do lado de fora dele mesmo e dentro do mundo. Nisto estava a solução filosófica de Novalis para o dilema introduzido por Kant, segundo Kleist: a chave para a porta dos fundos do paraíso seria estética.

Argumentei que a posição de Novalis, de forma alguma, trai a revolução "copernicana" de Kant e não adota o noumenal metafísico. Novalis não é um idealista nesse sentido. Mas a visão de que a arte é uma substituição da filosofia parece emprestar a credibilidade para outra crítica comum do Romantismo, a saber, que ele adota o irracionalismo e o misticismo. Isso também é uma caracterização injusta das próprias visões de Novalis. Para ver como, é importante começar com a caracterização da natureza da própria filosofia de Novalis.

Dadas as visões de Novalis sobre a natureza reguladora do "Eu" e sua negação de um "absoluto" em todos os sentidos, exceto o negativo, pode-se esperar que ele tenha lido a carta de Kant para Sömmerring com aprovação. Entretanto, como acabamos de ver, a discussão do "posicionamento da alma" parece tê-lo mandado para outra direção, uma que marca o afastamento das visões de Kant sobre o autoconhecimento. A explicação filosófica de Novalis sobre o autoconhecimento depende essencialmente da visão de que nosso sentido "interno" de nós mesmos – o auto*ssentido* – é absoluto e imediato, mas que nosso conhe-

---

273. 2: 545, nº 105.

cimento dele, sendo reflexivo, nunca é absoluto e imediato. Para Novalis, a intuição intelectual que Fichte postulou como a base do conhecimento é substituída pelo que poderia ser chamado de "autossentimento reflexivo". Novalis argumenta que pensar sobre nosso autossentimento não nos dá acesso direto a essa experiência imediata de si mesmo, mas indica a direção correta, *lembrando-nos* dela em uma imagem: "A consciência é uma imagem do ser dentro do ser" (II: 106, nº 2). Como coloca Manfred Frank, para Novalis, o autossentimento reflexivo torna-se a "orientação em direção ao, ou melhor, o desejo do absoluto".[274] Nos *Estudos sobre Fichte*, esse desejo é tomado por Novalis como sendo o próprio coração da filosofia, ou melhor, do filosofar – o "único tipo de pensamento" que é a atividade de fazer filosofia. Deveríamos recordar a própria explicação de Novalis sobre o filosofar:

> O que eu faço quando filosofo? Reflito sobre um fundamento. O fundamento do filosofar é, portanto, um esforço do pensamento que busca um fundamento [...] Todo o filosofar deve, portanto, terminar em um fundamento absoluto. Agora, se isso não fosse dado, se esse conceito contivesse uma impossibilidade – então o impulso para filosofar estaria em uma atividade interminável [...] Uma atividade livre e interminável em nós surge por meio de uma renúncia livre do absoluto – o único absoluto possível que pode nos ser dado e que podemos apenas encontrar por meio de nossa incapacidade de conquistar e conhecer um absoluto. Esse absoluto que nos é dado pode apenas ser conhecido negativamente, na medida em que agimos e descobrimos que aquilo que buscamos não pode ser conquistado por meio da ação. (II: 269, nº 566)

A visão de Novalis da atividade da filosofia é que ela envolve um reconhecimento consciente de não poder conquistar seu objetivo de forma alguma. Mas ele também sugere que a consciência humana não pode, por fim, viver com essa situação paradoxal. Perto do fim dos *Estudos sobre Fichte*, ele clama por uma resposta criativa e livre à filosofia das limitações reconhecidas na razão:

> Os objetos não devem fazer violência conosco – eles não podem nos restringir, determinar-nos [*bestimmen*] além das *fronteiras* [...] Devemos procurar criar um mundo interno que seja pendente real para o mundo externo – que, na medida em que ele estiver em oposição direta com [o mundo externo] em todos os pontos, constantemente

---
274. Frank, *Einführung*, p. 253.

aumente nossa liberdade [...] Todas as determinações procedem no nosso exterior – criamos um mundo fora de nós mesmos [...] Quanto mais determinarmos, mais esquematizarmos o que está dentro de nós – mais livres – mais substanciais – nós nos tornamos – nós desprezamos, supostamente, mais e mais o que é desnecessário e nos aproximamos da essência simples, completamente pura do nosso Eu. Nosso poder criativo obtém tanto jogo livre quanto há no mundo *sob ele*. Mas visto que nossa *natureza*, ou a plenitude de nosso ser, é interminável, nunca podemos atingir essa meta *a tempo* – Mas, visto que também estamos em uma esfera além do tempo, devemos atingi-lo lá a cada momento, ou melhor, se quiséssemos, nessa esfera somos capazes de ser uma substância simples e pura. Aqui estão a moral e a paz de espírito, pois um esforço interminável atrás do que paira além do alcance na nossa frente parece insuportável. (II: 287-288, nº 647)

Essas reflexões relembram a visão de Kant de que o ser humano tem uma vocação mais elevada, um "ponto de vista" em um reino intelectual a que é possível a qualquer hora se transportar.[275] Mas, enquanto Kant diz que apenas podemos *pensar* neste mundo, ou no máximo *postular* o tempo e o poder para criá-lo, Novalis argumenta que o poder da imaginação pode criar uma "esfera além do tempo". Além disso, ele afirma que é neste mundo imaginativo que nos "aproximamos da [...] essência pura e simples de nosso 'Eu'". A passagem está oculta, deixando que o leitor especule mais a fundo na natureza deste mundo. Mas as anotações de Novalis parecem sugerir um tipo de consciência oposicionista moral – uma visão utópica –, um mundo do que deve ser como oposto ao que é. Isso é "irreal" e inatingível, no entanto, habitamos nele, pois somos seus arquitetos imaginativos. É uma esfera a ser acessada "a cada momento", exatamente porque está "além do" tempo e do lugar em nossa imaginação.

Dois pontos precisam ser considerados sobre esse assunto de "fazer o mundo" em Novalis. Primeiro, não se trata de uma explicação mística nem transcendente. Novalis está bem certo de que o mundo imaginativo "interno" é um "pendente" para o externo. Está em oposição e por essa razão depende do mundo dos objetos, como qualquer parte depende de sua contraparte. Portanto, não há nada inefável sobre isso. Em *Pólen*, ele escreve:

---

275. Por exemplo, em *Groundwork of the Metaphysics of Morals*, IV: 452ff.

É o preconceito mais arbitrário que seja negado aos seres humanos serem capazes de ficar fora de si mesmos, para ter consciência do que há além dos sentidos. Os humanos podem a qualquer momento ser seres supersensíveis. Sem essa habilidade, não poderiam ser cidadãos do mundo; seriam animais. É claro que a compostura e o autodescobrimento neste estado é muito difícil, visto que ele é tão perpétuo, tão necessariamente associado à alteração de nossos outros estados. Quanto mais formos capazes de nos tornar conscientes desse estado, o espirituoso, mais poderosa e agradável será a convicção que surge dele, a crença na revelação espiritual genuína. (II: 421, nº 22)

Novalis continua a descrever essa "aparência" como um tipo de experiência emergente enraizada na vida ordinária, a "incandescência" referida por Abrams em sua explicação dos "momentos" no Romantismo.[276] Novalis afirma:

Não é uma visão, um som ou um sentimento; são os três juntos, mais que todos os três: uma sensação de certeza imediata, uma percepção em minha maior verdade, a maior característica da vida [...] a aparência [*Erscheinung*] nos atinge particularmente na visão de muitas formas e faces humanas, especialmente em uma rápida olhada de alguns olhos, alguns comportamentos, alguns movimentos, ou ao ouvir certas palavras, a interpretação de certas passagens, certas perspectivas na vida, o mundo e o destino. Muitas coincidências, muitos eventos na natureza, especialmente épocas do ano e do dia, que nos proporcionam tais experiências em nós. Certas vozes são, particularmente, bem adaptadas para produzir tais revelações. A maior parte delas [revelações] é momentânea, poucas duram por uns instantes, muito poucas permanecem. (II: 421, nº 22)

Então, Novalis diz que pessoas diferentes terão experiências diferentes de "revelação", dependendo de suas propensões com relação à sensibilidade ou ao entendimento; também permite que essa habilidade de "sair de si" seja capaz de se tornar patológica quando os sentidos da pessoa e o entendimento estão fora de equilíbrio. Os caluniadores do romantismo podem ou não concordar que esse é um caso de estar

---

276. Meyer H. Abrams, *Natural Supernaturalism: Tradition and Revolution in Romantic Literature* (New York: W. W. Norton, 1973).

"no externo" de si, mas o que Novalis quer dizer com a frase está bem distante de uma descrição da consciência mística.

Isso leva a uma segunda observação sobre a doutrina de fazer o mundo imaginativo de Novalis: é uma explicação de pelo menos um aspecto importante da cognição humana ordinária. Muito frequentemente, seu trabalho, com o de outros românticos, é caracterizado como obsessivo pela noção da genialidade individual. Novalis fala como se ele estivesse caracterizando a consciência humana ordinária, a objeção pode proceder, mas se o autodescobrimento do que ele chama de "Eu puro e simples" depende tanto da imaginação e de uma imaginação artística, será que essa explicação será verdadeira para pessoas comuns? Ou ela é uma descrição da elite dominante da consciência artística?

Não há dúvida de que nessa parte de *Estudos sobre Fichte*, Novalis estava lidando com os princípios de uma teoria do processo artístico para ele mesmo. Mas nessa ligação é importante lembrar que suas visões subsequentes sobre a genialidade e o talento artístico, uma vez que são muito mais liberais, são geralmente atribuídas ao Romantismo. Em seus *Comentários Diversos*, por exemplo, ele propõe a ideia de que a genialidade é uma faculdade humana universal. Ele argumenta que a genialidade é a capacidade de tratar objetos imaginados como reais e que deveria ser diferenciada do talento para a apresentação e observação precisa necessária ao desenvolvimento da genialidade. Ele então afirma explicitamente:

> Sem a genialidade, nenhum de nós existiria. A genialidade é necessária para tudo. Entretanto, o que se quer normalmente significar por genialidade é a genialidade do gênio.[277]

Isso é inequívoco. Para Novalis, como para Fichte e Kant, a imaginação é uma condição da experiência cognitiva humana universal e necessária. Ela é exatamente a naturalidade da capacidade que ele acha significante para o autoconhecimento. A revelação em si é natural e "não deve ser forçada". Ela é a capacidade para a transcendência diária momentânea (como no devaneio) que define o humano: um ser para ser encontrado "lá, onde o mundo interno e o mundo externo se tocam".

---

277. II: 420, nº 22.

O Romantismo de Kant

Ao tentar relacionar a teoria estética de Kant com o Romantismo, tenho na maioria das vezes nadado contra a corrente no mundo acadêmico sobre Kant. Entretanto, há um aspecto da filosofia de Kant que a maioria dos pesquisadores concordaria *ser* precursor do Romantismo: a noção de genialidade. Ela também é vista como um tema secundário para Kant, dada a maneira como é posta, depois de sua longa explicação sobre o gosto na "Crítica do Juízo Estético".[278] Eu gostaria de terminar este capítulo analisando mais atentamente o caminho pelo qual isso pode ou não ser verdade. Farei isso ao justapor a noção do processo criativo de Kant com as visões de Novalis.

A opinião de Kant é bem conhecida, discutida no capítulo 3, que os produtos artísticos são secundários ou derivados do belo, visto que todos os objetos de arte são produzidos com um conceito do produto final em mente.[279] Isso, por definição para Kant, era o que significava a criação da arte. A criatividade artística, por extensão, seria vista, deveria ser entendida, apenas como uma criatividade derivada, visto que o artista tem um propósito ou um conceito em mente. Entretanto, na experiência estética do belo na natureza, não procuramos um propósito específico ou uma regra segundo a qual o objeto é construído. Não há propósito na natureza, pelo menos nenhum que possamos conhecer. Então, simplesmente "brincamos" em nossas mentes com os sinais ou sons presentes na natureza, deixando-os voar de um pensamento para o outro, nunca parando para "interromper" o trabalho e rotular o que estamos vendo ou ouvindo. O ponto não é categorizar nem aplicar regras, mas aproveitar o sentimento prolongado de nossos poderes mentais na harmonia "divertida" com cada um deles. Ou, como Kant também diz, é experimentar o prazer "despertado" ou "vivificado" das nossas forças cognitivas (seção 9). Por outro lado, a arte, que por definição é dotada

---

278. Cf. a discussão de Henry Allison sobre o papel da explicação da genialidade de Kant na terceira *Crítica*. Observada atentamente, ele argumenta, a concepção de Kant realmente corresponde a duas concepções: uma noção "grosseira" de que é um talento especial que nenhuma regra consegue capturar, mas que em vez disso dá a regra para a natureza e que é capaz de realmente produzir objetos belos de arte. A outra é uma concepção "apurada" da genialidade que "parece estar limitada simplesmente a uma capacidade imaginativa e, portanto, não envolve um entendimento, juízo ou gosto". Essa distinção parece ser a mesma que Novalis usa quando ele fala da "genialidade do gênio". Em Henry E. Allison, *Kant's Theory of Taste* (Cambridge: Cambridge University Press, 2001), capítulo 12, "Fine Art and Genius", p. 301. A análise de Allison sugere que a concepção da genialidade de Kant é completamente diferente daquela do gosto apenas no caso "apurado".
279. *Crítica do Juízo*, parte 46 (V: 307-308).

de propósito, apenas pode *imitar* a natureza nesse aspecto. Ela pode no máximo "ter sucesso" como se fosse sem objetivo e "inocente".

Contudo, sobreposta como era, a estética de Kant foi uma explicação notável da genialidade artística e da "originalidade" e tornou-se grandemente influente na teoria da arte do fim do século XVIII e início do século XIX. Como vimos no capítulo 1, essa explicação sustenta a marca do início da teoria estética alemã. Em particular, a explicação de Lessing sobre o papel da liberdade imaginativa na genialidade artística. Essa explicação identifica a genialidade criativa como um fenômeno da natureza, considerando a atividade e o produto do gênio tão "originais" como o belo nos objetos naturais. Na seção 49, "Sobre as potências mentais que constituem o gênio", Kant traça a diferença entre o bom gosto de um lado e o espírito de outro. O bom gosto envolve ordem e suavidade, mas não nos move por si só. Por outro lado, o espírito, "no sentido estético, é um princípio vitalizante na mente" (V: 313). Kant identifica a genialidade com "o espírito" ou o poder para animar ou estimular a alma. A genialidade é, em suas palavras, o poder para "transmitir (às potências mentais) um impulso com finalidade, ou seja, para transmitir às potências mentais um jogo que [...] se sustenta por si e até fortalece o tal jogo" (V: 313). A genialidade anima a mente do ouvinte ao inspirar e comunicar o que Kant chama de "ideias estéticas": "apresentações da imaginação que estimulam o pensamento", mas que não podem ser representadas conceitualmente (ou seja, não seguem regras).

Não há uma regra para a criação e a comunicação das ideias estéticas. O poder animador da genialidade não pode ser aprendido por meio de uma fórmula, diz Kant. No máximo pode ser imitado, assim como um artista (não gênio) imita a produção espontânea da natureza. A genialidade artística progride "naturalmente" – sem "conhecer distintamente regras que determinem o progresso", embora tenha em mente uma ideia do objetivo da obra de arte e também uma ideia do caminho que dever ser manifestado em um medium sensorial. (V: 310, 318). O treinamento é, certamente, necessário, mas não suficiente para a genialidade. "A *genialidade* é uma predisposição mental inata (*ingenium*) *por meio da qual* a natureza dá a regra para a arte", mas essa regra é "indeterminada":

> A genialidade é um [dom natural] para produzir algo para o qual nenhuma regra determinada pode ser dada, nem uma predisposição consistente de uma habilidade para algo que pode ser aprendido

ao seguir alguma regra; portanto, a primeira propriedade de uma genialidade deve ser a *originalidade*. (V: 307-308)

Essa noção de genialidade, que Allison em *Kant's Theory of Taste* chama a noção da genialidade de Kant "de fraca", é a liberdade imaginativa ou simplesmente o pensamento criativo.[280] A criatividade para Kant não é governada por uma lei, e, em *Antropologia*, sua descrição da genialidade parece muito com as descrições dos processos primordiais de regressão usados pelos cientistas cognitivos contemporâneos.[281] Lá, Kant discute o processo natural da criação artística como um tipo de consciência não conceitual imediata de ideias que temos sem estar conscientes delas. Ele tem uma noção da ideação inconsciente, que se assemelha muito às discussões contemporâneas do processo primordial. Em suas palestras e aulas de Antropologia, que lecionou por mais de 20 anos na Universidade em Königsberg, Kant sempre incluiu um pouco do que chamou de "representações obscuras" – ideias que temos inconscientemente. Para ilustrar esse fenômeno a seus alunos, escolhia exemplos de um organista tocando uma "fantasia livre" (composição extravagante).

Antes de olhar para o próprio comentário de Kant, será útil fazer algumas considerações históricas preliminares. A fantasia livre era uma forma de arte que tinha adquirido muita popularidade na época de Kant e uma das poucas formas musicais que Kant menciona. Kant, como qualquer homem e mulher culto de sua época, estava bem ciente do fenômeno da fantasia livre, que estava no auge de sua popularidade

---

280. Allison, *Kant's Theory of Taste*. Brigitte Sassen em "Artistic Genius and the Question of Creativity" em *Kant's Critique of the Power of Judgment*, ed. Paul Guyer (New York: Rowman & Littlefield, 2003), argumenta que o jogo livre da imaginação não é propriamente a chamada criatividade: "Pois o processo criativo é centrado em como essas ideias podem ser trazidas à presença". Sassen, como Allison, está identificando a concepção de genialidade de Kant com um sentido "grosseiro" que Novalis chamaria de "a genialidade do gênio".
281. O processo criativo foi recebido com grande atenção pelos psicólogos cognitivos de hoje e uma ideia, explorada por Colin Martindale, entre outros, argumenta que a originalidade artística pode ser compreendida em termos da habilidade artística em "regressar" ao "processo primordial da cognição" ou, como Martindale prefere chamar, da cognição "primordial". Ou seja, nessa explicação o artista criativo temporariamente abandona a cognição conceitual que é "abstrata, racional e orientada pela realidade" para regressar para a cognição que é "concreta, irracional e autista" para "o pensamento dos sonhos e imaginações". Martindale diz que "a cognição primordial é de associação livre. Ela, então, aumenta as combinações do romance de elementos mentais que formam a matéria-prima para uma obra de arte. Essa matéria-prima deve ser colocada na forma final em um estado de espírito conceitual e racional" ("How Can we Measure a Society's Creativity?", em *Dimensions of Creativity*, ed. Margaret A. Boden, Cambridge, MA: MIT Press, 1996), pp. 163-164).

durante o período acadêmico maduro de Kant no fim da segunda metade do século XVIII. Kant não era muito conhecedor das belas artes e conhecia pouco sobre a teoria musical; portanto, o fato de ele se referir à fantasia mostra sua presença maçante e a importância do gênero para o público bem-educado do século XVIII alemão. A fantasia livre, segundo *The Fantasia* de Peter Schleuning, é um fenômeno peculiar no século XVIII e, além disso, "um fenômeno puramente alemão para todo o período de sua existência – até cerca de 1800".[282] Ela encontra seu protótipo em *Chromatic Fantasia and Fugue* de J. S. Bach, que combinou elementos de gêneros do século XVII (como o prelúdio, a tocata e o capricho) que tinham herdado as liberdades de composição da fantasia do período anterior. Johann Mattheson (um erudito da música de Hamburgo) a definiu depois, argumentando que a música no "estilo fantasia" (*Stylus Phantasticus*) não deveria "trabalhar temas e assuntos adultos [...] não há nada mais oposto a ela que a ordem e a contenção" (p. 15). Uma dessas restrições problemáticas era a justaposição da fantasia com a fuga como um tipo de "correção" ao anárquico da fantasia. Mais uma restrição exposta foi a imposição de uma unidade do sentimento, de um tema emotivo simples, por todo um movimento. Na metade do século, C. P. E. Bach tinha refinado o princípio da liberdade de Mattheson para a fantasia para incluir a liberdade de uma temática das restrições emocionais; a tarefa do músico era "instigar e acalmar muitas emoções na conclusão" e "efetuar a repentina mudança inesperada de uma emoção para a outra" de forma que "a emoção do público domine" (p. 16).

O desenvolvimento da fantasia com relação a uma liberdade cada vez maior comparada às restrições formais, portanto, confirma, como Schleuning aponta, que "o desempenho de *improviso* era o meio essencial para a livre fantasia" (p. 17). Se a fantasia livre é definida como improvisada, classificar essas obras alteraria a própria natureza da obra:

> Deve ser observado a partir de um exame da estrutura formal da livre fantasia que uma estrutura livre, aleatória, errática e "caprichosa", como teria sido o caso nas longas fantasias improvisadas, não poderia ser afetada na mesma medida das obras escritas. Pelo contrário, a necessidade de alcançar uma conclusão após um período curto de tempo compelia o compositor a sacrificar uma parte do prazer e a característica sonhadora contínua da fantasia [...] pelo

---

282. *The Fantasia I: 16th to 18th Centuries*, trad. A. C. Howie (Cologne: Arno Volk Verlag, 1971), p. 17.

bem do mesmo tipo de simetria, de forma que o fim teria um efeito significativo. (p. 20)

Há fortes semelhanças entre a explicação de Kant para a genialidade e o que é exigido do músico da livre fantasia por Mattheson e por C.P.E. Bach. Como na genialidade de Kant, o músico processa "naturalmente" e por meio da inspiração sem "conhecer as regras que determinam o procedimento", movimentando-se facilmente e com naturalidade de uma ideia musical ou expressão para a próxima sem chegar a um objetivo ou propósito. Assim como a natureza exibe a falta de objetivo do objeto, também o faz o músico da fantasia. É um tipo de fenômeno natural nas teclas. Para Kant, o problema da fantasia composta pode ser compreendido, então, como o problema de como reter "a mão da natureza" (V: 309) ao escrever a livre fantasia, uma vez que ela, com sua liberdade de expressão e falta de previsibilidade – na verdade sua falta de resultado –, seria melhor mais como um fenômeno natural do que como uma "obra" de arte. Como já vimos, Kant tem uma explicação "natural" do que envolve a genialidade artística. Uma forma de lidar com o músico que se senta para tocar a fantasia pode ser respeitá-la, também, como um fenômeno natural, e Kant diz algo muito parecido nestas linhas:

> No homem (e nos animais também) há uma gama imensa de intuições sensitivas e sensações de que não somos cientes, embora possamos concluir com certeza de que as temos [...]. Se um músico toca uma fantasia no órgão com os dez dedos e ambos os pés, enquanto conversa com alguém próximo, em uma questão de segundos um grande volume de ideias é despertado em sua alma; e ao selecionar cada uma delas, deve fazer um juízo particular sobre sua adequação, visto que uma simples batida do dedo sem manter a harmonia seria percebida como dissonância. E apesar de tudo sair tão bem, esse músico, quando improvisa livremente, com frequência gosta de transcrever um tipo de suas improvisações felizes, que ele poderia, por outro lado, nunca esperar realizar tão bem, não importa quanto tentasse. [Kant: *Antropologia de um Ponto de Vista Pragmático*, Parte 1, BK. 1, "Sobre as representações que temos sem ter consciência delas".]

O destaque de Kant foi que esse exemplo ilustra que há uma "gama imensa" de representações na mente do músico (e em todos nós, nesse tema) que, embora tenha participação na cognição, não é clara e distinta para a consciência. O que é especial, no caso do músico, é que ele tem as habilidades técnicas necessárias para expressar essas ideias comportamentais, em seu *impromptu*, todavia, faz escolhas harmônicas não aleatórias. Que essas escolhas são o produto de processos inconscientes mostra o fato de que o músico apenas pode ter essas combinações por, de alguma forma, ser capaz de criar atalhos na consciência, o processo deliberativo da composição governada por leis. Na verdade, Kant sugere, quanto mais diligente e atentamente (ou seja, autoconscientemente) ele tenta reproduzir os mesmos mais tarde no papel ("com uma diligência real e atenção" [*"mit allem Fleiß"*]), é menos provável que conseguiria captar a livre fantasia. E, apesar disso, ao mesmo tempo, caracteriza esse processo como aquele que envolve discriminações: cada batida no teclado ou no pedal envolve juízos sobre sua adequação, diz Kant, e uma escolha ruim produziria dissonância.[283]

Embora soubesse um pouco da teoria musical, Kant está obviamente intrigado pelo estado cognitivo que sustenta a livre fantasia. Curiosamente, não parece incomodado com o fato de que as "improvisações felizes" não são, por definição, obras de arte. Ele está mais preocupado em caracterizar a natureza do processo pelo qual um artista virtuoso cria a bela música. O organista que improvisa um tipo de fenômeno da natureza e a obra improvisada são, assim, em si mais naturais que um objeto artificial cujo valor estético pode ser explicado ao longo das linhas da beleza natural: resulta da interação das formas musicais e do jogo livre da imaginação dos ouvintes para quem o improvisador toca. E, visto que o músico está preocupado, uma explicação naturalista de seu papel também é possível. Assim como um objeto de beleza natural pode ser explicado cientificamente, a história causal do estado interior do organista pode ser contada com recurso a um tipo de "regressão" ou ao acesso pelo sonho às ideias que não estão imediatamente presentes na consciência.

Essa história, como contada por Kant, é a história da "fantasia", termo que Kant prefere usar em vez de imaginação quando se refere a "imagens produzidas involuntariamente" ou que ele chamou de "ideias inconscientes":

---

283. A caracterização de Kant do estado cognitivo do músico tocando a livre fantasia e a tentativa subsequente de recapturá-la em notação é uma versão antiga do dilema ou do paradoxo que Schleuning descreve. (O músico enquanto improvisa está trabalhando com ideias musicais que não são arbitrárias nem aleatórias, e também não são previsíveis nem intencionais. Uma composição, por outro lado, deve ter uma estrutura coerente (pelo menos de começo, meio e fim) e, nesse sentido, um propósito. Para se manter fiel à essência do original, essa estrutura deve estar junto ao que não é previsível nem reproduzível.)

Antes que um artista apresente uma forma física (tangivelmente), ele já deve tê-la produzido em sua imaginação; e essa forma é então chamada de invenção. Caso ela seja produzida involuntariamente (como um sonho), é chamada de fantasia e está fora do reino apropriado do artista; mas se ela for governada pela escolha, é denominada de composição, fabricação. (VII: 174ff.)

O "reino apropriado" do artista para Kant é, por definição, um reino de objetivo e técnica para implementar e realizá-lo em um meio. A livre fantasia não é um mero sonho, mas é um caso do que Kant vê como fantasiar, porque envolve a perda do controle – ou, como ele coloca, envolve a imaginação "brincando conosco". Ele diz: "gostamos de brincar com a nossa imaginação e frequentemente fazemos isso; mas a imaginação (*em seu papel da fantasia*) brinca conosco com a mesma frequência". A diferença entre o músico da fantasia e o sonhador, para Kant, é o fato de que o organista desenvolveu grandes habilidades técnicas a tal nível que poderiam ser acessadas sinestesicamente, ou seja, quase inconscientemente. Há, então, um sentido no qual o improvisador não é um artista "consciente". Em vez disso, é um artista que tem uma escolha conscientemente em um estado sonhador a fim de deixar sua imaginação "brincar" com suas decisões sobre quais ideias musicais expressará. O resultado é um objeto natural, não um "composto".

Algo nessas linhas foca a criatividade filosófica também para Kant. Ele tem mais a dizer sobre o jogo livre da imaginação com os objetos naturais como o fogo e os rios de falas sem sentido, e parece, para mim, que a imaginação descrita nessas ocasiões é exatamente aquela que Bach esperava para se apresentar aos seus ouvintes durante a *performance* da livre fantasia. Eis um trecho da *Antropologia* de Kant, em que ele fala do jogo livre da imaginação com "a mudança, as formas em movimento" das chamas do fogo ou das águas do riacho; a imaginação brinca com "uma variedade de ideias de tipos bem diferentes (daqueles da visão) [ou da audição]" e ainda "torna-se perdida na imaginação":

> Até mesmo a música pode exercer essa função, desde que não a ouçamos como conhecedores; pode colocar um poeta ou um filósofo em um estado de espírito tal que ele pode roubar e até dominar um pensamento relevante para seu negócio ou para sua fantasia, coisa que ele não teria alcançado se tivesse se sentado sozinho em sua sala [e tentado entender tudo isso]. (V: 173-174)

O pensamento é facilitado e "animado" pelo foco de nossa atenção em uma única vertente da sensação de exclusão de outras sensações, pois a imaginação está conservada para o propósito de uma "atividade extenuante e persistente [...] a de fornecer o material para suas ideias intelectuais". (Em outras palavras, é conservada para a produção de ideias estéticas.) O poder imaginativo é capaz de focar em seu trabalho ao fixar: zerar em um conjunto de sensações que ocupa, e até paralisar, a nossa percepção externa.

A explicação de Kant ajuda a compreender como a criatividade artística atua, em seu melhor: ao evitar a previsibilidade, ela torna o artista (e o público, até o conhecedor) em um amador, como se fosse algo "natural". O elemento de surpresa sem obediência desorientará prazerosamente o sábio de forma que ele ou ela possam ver ou ouvir com olhos e ouvidos "novos" e restaurar o tipo de originalidade que o amador gosta. Como o jogo das chamas no fogo, peças como a livre fantasia funcionam no nível do jogo estético com o público.

Antes de voltar para Novalis, quero voltar a algo que Kant diz sobre a imaginação na discussão da *Crítica do Juízo* sobre as potências da mente que constituem a genialidade; o trecho se adapta como uma luva a essa discussão da ideação inconsciente na *Antropologia*:

> a imaginação ([em seu papel] como um poder cognitivo produtivo) é muito poderosa quando cria outra natureza além do material que a natureza dá. Nós a usamos para nos entreter quando a experiência nos parece uma rotina excessiva. Podemos até reestruturar a experiência [*umbilden*] e, apesar de fazer isso, continuamos a seguir as leis analógicas, e também seguimos os princípios que existem mais acima, ou seja, na razão (e que são tão naturais para nós como aquelas que o entendimento segue na apreensão da natureza empírica). Nesse processo, sentimos nossa liberdade pela lei da associação (que se liga ao uso empírico da imaginação); pois, embora seja sob essa lei que a natureza nos empresta o material, nós ainda podemos processar o material em algo bem diferente, ou seja, em algo que ultrapassa a natureza. (V: 314)

Voltemos a Novalis, tendo em mente que alguns dos pontos de Kant são sobre o processo criativo. Primeiro, a teoria de Kant da criatividade envolve uma referência central ao processo irracional, ou sub-racional. Isso não está claro na terceira *Crítica,* porém, quando a lemos em conjunto com a passagem da *Antropologia* sobre a ideação inconsciente e a livre fantasia, parece óbvio que é isso que ele tem em mente quando fala do poder criativo da imaginação para criar outra natureza além daquela que é dada, fazendo isso para aliviar o tédio "quando a experiência nos parece uma rotina excessiva". Em segundo lugar, embora ocorra no âmbito da caracterização da genialidade, nessa passagem em particular, ele se refere ao poder da imaginação *de todos* "quando a experiência nos parece uma rotina excessiva". Isso sugere que ele está pensando no devaneio ou na fantasia ordinária, em que é possível para "nós" (presumivelmente humanos) criativamente "processar" os materiais da natureza em algo "que ultrapasse a natureza" e, assim, sentir a nossa liberdade de "uso empírico da imaginação". Em outras palavras, Kant sugere aqui que essa genialidade é uma capacidade *comum a todos*; é a habilidade de produzir ideias estéticas – "intuições internas nas quais nenhum conceito pode ser totalmente adequado". Mas, então, continua, um tanto confuso, a dizer que a genialidade é uma capacidade *especial* para encontrar ideias que estimulam tanto o pensamento que se expande em conceito "de uma forma *ilimitada*" (V: 315).[284] Kant não deixa clara a relação entre a consciência ordinária e o processo criativo da genialidade, talvez porque, para ele, as duas sejam facilmente separadas.

E, finalmente, notaríamos que nessa parte (V: 314), Kant faz uma afirmação bem surpreendente que na reflexão imaginativa "produtiva" somos capazes de ultrapassar a natureza. Para Kant, ultrapassar (*übertreffen*) a natureza, é claro, sugere entrar em um reino do suprassensível, ou moral, não no sentido metafísico, mas no sentido de entrar no reino do que deve ser o oposto ao que *é*. Eu já argumentei que esse pequeno parágrafo acena em direção a uma opinião que o próprio Kant não adotou, mas talvez devesse. Abre a possibilidade de que a moral seja diretamente ligada à reflexão estética, uma vez que a lei moral exige de nós projetar a possibilidade de criar o sumo bem – a felicidade comensurável com a virtude na terra. Kant não disse que a criatividade estética é necessária apenas para esse tipo de projeção, mas Novalis, com outros românticos, disseram.

De certa forma, todo o projeto filosófico e poético de Novalis destina-se tanto a expressar quanto a explicar o processo criativo. Dada sua visão de que "sem a genialidade, nenhum de nós existiria. A genialidade é

---

284. E então na conclusão ele diz:
Portanto a genialidade realmente consiste na relação bem-sucedida [...] nos permitindo, primeiro, descobrir ideias de um conceito dado, e segundo, encontrar uma forma de expressar essas ideias que nos permitem comunicar aos outros [...] a conquista mental que essas ideias produzem. (V: 317)
sugerindo que é a habilidade em comunicar que faz o gênio, visto que a originalidade sozinha pode chegar a um "original sem sentido".

necessária para tudo", não é de se admirar. A genialidade para Novalis, como vimos, é "a habilidade de tratar os objetos imaginados como reais", e, vista dessa forma, sua afirmação de que é "necessária para tudo" não é um exagero. Será que Kant também subscreve a esse conceito de genialidade "ordinária"? Acho que em sua discussão sobre a cognição primordial que está envolvida na arte da improvisação – ou seja, na arte que está mais próxima da natureza e, portanto, mais original –, ele chega perto de expor a onipresença da genialidade. Mas colocou restrições sobre a noção na explicação da terceira *Crítica* que reserva o termo "genialidade" para se referir apenas à habilidade de comunicar com sucesso as ideias primordiais ou "inconscientes". Em outras palavras, embora ele chegue muito perto de um entendimento da criatividade como uma parte necessária das funções cognitivas humanas, terminou a discussão com o que Novalis chama de "a genialidade do gênio". Pois isso não é totalmente claro. Talvez acreditasse que o poder extraordinário da imaginação da "genialidade do gênio" fosse muito mais desenvolvido do que o das pessoas ordinárias e se tornava qualitativamente diferente – pertencendo a uma classe especial. Ou talvez tivesse medo de defender as virtudes dos devaneios.

Novalis não tinha tais preocupações. Ele reconhece a normalidade do gênio, ou o gênio da normalidade, como podemos dizer. As revelações, diz ele, são naturais e "não podem ser forçadas"[285]. Certamente há uma verdade nessa posição: está na capacidade para a transcendência diária e momentânea – a habilidade da fantasia – que desenvolve nossos poderes. Nossa propensão para o ordinário, se não sempre produtivo, a criatividade é o que nos permite nos transpor para fora de nós mesmos e nos encontrar, como diz Novalis, "lá, onde o mundo interno e o mundo externo se tocam".

Conclusão

Kant, como Novalis, acreditava firmemente que a nostalgia e o esforço pelo absoluto, pelo incondicionado, eram características essenciais da razão humana que não poderiam, nem deveriam, ser totalmente suprimidas. Mas também concordou que nenhum conhecimento do

---

285. "Não se deve, como um sonhador, buscar o indeterminado – uma criança de fantasia –, um ideal. Deve-se proceder de uma determinada tarefa para outra determinada tarefa. Um amante desconhecido tem um charme mágico, é claro. O esforço pelo desconhecido, pelo indeterminado, é extremamente perigoso e desvantajoso. A revelação não deve ser forçada" (3: 601, nº 291 – Observações sobre o Físico).

absoluto poderia ser conquistado e que a afirmação de ter feito isso seria necessariamente um erro. A diferença entre Kant e Novalis era, portanto, não uma diferença sobre o valor dos ideais racionais inatingíveis ou da necessidade de evitar os delírios transcendentes. Ao longo deste livro, argumentei que Kant e Novalis estavam mais próximos filosoficamente do que o cânone assumiu. E considerando que Novalis seja um porta-voz importante dos pré-românticos alemães, Kant está, de muitas formas, mais próximo desse movimento do que do Idealismo com o qual ele é tão frequentemente associado. Mas com certeza os dois não são idênticos. O que realmente separa Kant de Novalis e do movimento pré-romântico alemão, creio eu, é sua aceitação relativamente otimista das limitações da razão humana e, portanto, da filosofia. Novalis toma essa resignação como um tipo de "escolasticismo" – uma abordagem "unilateral" que determinou a filosofia para o domínio apenas da razão. A inovação de Novalis, e do seu grupo em Jena, foi redefinir a filosofia em si como uma "atividade livre e interminável" que em seus limites se torna um empenho criativo estético, impulsionado por um poder expandido da imaginação descrita por Kant na terceira *Crítica*.

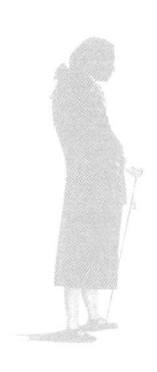

Bibliografia

As referências à obra de Kant neste livro (exceto as referências à *Crítica da Razão Pura* que após longa prática seguem a paginação do original das edições alemãs) são de *Kants Gesammelte Schriften,* editado por Königliche Preußischen Akademie der Wissenschaften, a "edição da Akademie", por volume e número de página. As traduções inglesas na maioria seguem o formato-padrão da *Cambridge Edition of the Works of Immanuel Kant*. A paginação da Akademie é fornecida em todas elas.

Exceto onde observado, as referências à obra de Novalis são de *Novalis Schriften: Die Werke Friedrich von Hardenbergs*, eds. Paul Kluckhohn e Richard Samuel (Stuttgart: Verlag W. Kohlhammer, 1965). As referências apresentam o volume, a página e, quando aplicável, o parágrafo da edição. O segundo e o terceiro volumes, editados por Richard Samuel juntamente com Hans-Joachim Mähl e Gerhard Schulz, contêm os escritos filosóficos de Novalis, publicados em 1981 e 1983, respectivamente. As edições em inglês disponíveis incluem *Notes for a Romantic Encyclopaedia: The Universal Brouillon*, trad. David Wood (Albany: SUNY Press, 2007); *Novalis: Fichte Studies*, ed. Jane Kneller (Cambridge: Cambridge University Press, 2003); *Novalis: Philosophical Writings*, trad. Margaret Mahoney Stoljar (Albany: State University of New York Press, 1997).

Obras de Kant Citadas (Segundo a Akademie Edition)

Kritik der praktischen Vernunft/Critique of Practical Reason (V) (também "Second Critique"); *Kritik der reinen Vernunft/Critique of Pure Reason* (também "First Critique") (A & B editions); *Kritik der Urteilskraft/Critique of Judgment* (V) (também "Third Critique"); *Anthropologie in pragmatischer Hinsicht/Anthropology from a Pragmatic*

Point of View (VII); *Beantwortung der Frage: Was ist Aufklärung?/An Answer to the Question: What is Enlightenment? (XIII); Bemerkungen zu den Beobachtungen über das Gefühl des Schönen und Erhabenen/ Remarks on the Observations on the Beautiful and Sublime (XX); Briefwechsel/Correspondence (XII); Erste Einleitung in der Kritik der Urteilskraft/First Introduction to the Critique of Judgment (XX); Grundlegung zur Metaphysik der Sitten/Groundwork of the Metaphysics of Morals* (também *Foundations of the Metaphysics of Morals)* (IV); *Handschriftlicher Nachlass/Reflections (Anthropology) (XV); Streit der Fakultäten/Conflict of the Faculties (VII); Träume eines Geistersehers, erläutert durch Träume der Metaphysik/Dreams of a Spirit-Seer, Illustrated by the Dreams of Metaphysics (II); Vorlesungen über Anthropologie/Lectures on Anthropology (XXV).*

Outros Livros e Artigos

ABRAMS, Meyer H. *The Mirror and the Lamp.* Oxford: Oxford University Press, 1953.

_____.*Natural Supernaturalism: Tradition and Revolution in Romantic Literature*. New York: W. W. Norton, 1973.

ALLISON, Henry E. *Kant's Theory of Freedom*. New York: Cambridge University Press, 1990.

_____. *Kant's Theory of Taste*. Cambridge: Cambridge University Press, 2001.

AMERIKS, Karl. *The Cambridge Companion to German Idealism*. Cambridge: Cambridge University Press, 2000.

_____. "The Critique of Metaphysics: Kant and Traditional Ontology", in *The Cambridge Companion to Kant*. Cambridge: Cambridge University Press, 2000.

_____. *Kant and the Fate of Autonomy: Problems in the Appropriation of the Critical Philosophy*. Cambridge: Cambridge University Press, 2000.

_____. "Kant, Fichte, and the Radical Primacy of the Practical", in *Kant and the Fate of Autonomy.* Cambridge: Cambridge University Press, 2000.

_____. "On Paul Guyer's *Kant and the Experience of Freedom*", *Philosophy and Phenomenological Research*, 60(2) (1995).

ARENDT, Hannah. *Lectures on Kant's Political Philosophy*. Chicago: University of Chicago Press, 1982.

AUXTER, Thomas. *Kant's Moral Teleology*. Macon, GA: Mercer University Press, 1982.

BAIER, Kurt. "Radical Virtue Ethics", *Midwest Studies in Philosophy 13* (1988), pp. 126-135.

BAUEMLER, Alfred. *Das Irrationalitätsproblem im ästhetischen Denken des 18. Jahrhunderts*. Halle, 1923; republished Darmstadt: Wissenschaftliche Buchgesellschaft, 1967.

_____. *Kant's Kritik der Urteilskraft*. Halle: Max Niemeyer Verlag, 1923.

BAUMGARTEN, Alexander G. *Aesthetica*. Hildesheim, 1961.

_____. *Meditationes Philosophicae de Nonnullis ad Poema Pertinentibus*. Halle, 1735, trans. Karl Aschenbrenner and ed. William B. Holther as *Reflections on Poetry*. Berkeley: University of California Press, 1954.

BECK, Lewis W. *Commentary on Kant's Critique of Practical Reason*. Chicago: University of Chicago Press, 1996.

_____ (ed.). *Critique of Practical Reason and Other Writings in Moral Philosophy*. Chicago: University of Chicago Press, 1949.

_____. *Early German Philosophy: Kant and His Predecessors*. Cambridge, MA: Belknap Press of Harvard University Press, 1969.

_____. *Essays on Kant and Hume*. New Haven: Yale University Press, 1978.

_____. "Kant and the Right of Revolution", *Journal of the History of Ideas* 32, 1971.

_____. *Kant on History*. Indianapolis: Bobbs-Merrill, 1963.

_____. "What have we learned from Kant?", in *Self and Nature in Kant's philosophy*, ed. Allen W. Wood. Ithaca, NY: Cornell University Press, 1984.

BEHLER, Ernst, *German Romantic Theory*. Cambridge: Cambridge University Press, 1993.

_____. "Review of Manfred Frank's *Einführung in die Frühromantische Ästhetik, Athenäum*" 3, Paderborn: F. Schohningh, 1993.

BEISER, Frederick C. *The Early Political Writings of the German Romantics*. Cambridge: Cambridge University Press, 1996.

_____. *Enlightenment, Revolution and Romanticism*. Cambridge, MA: Harvard University Press, 1992.

_____. "Kant's Intellectual Development: 1746-1781", chapter I of *The Cambridge Companion to Kant,* ed. Paul Guyer. New York: Cambridge University Press, 1992.

BERNSTEIN, Jay. *Classic and Romantic German Aesthetics.* Cambridge: Cambridge University Press, 2003.

BODMER, J. J. and BREITINGER, J. J. *Von dem Einfluss und Gebrauche der Einbildungs-Krafft; Zur Ausbesserung des Geschmackes; Genaue Untersuchung Aller Arten Beschreibungen, Worinne die ausserlesenste Stellen der berühmtesten Poeten dieser Zeit mit gründtlicher Freyheit beurtheilt werden.* Frankfurt, 1727.

BÖHME, Hartmut and BÖHME, Gernot. *Das Andere der Vernunft: Zur Entwicklung von Rationalitätsstrukturen am Beispiel Kants.* Frankfurt am Main: Suhrkamp, 1996.

_____. *Aesthetics and Subjectivity: From Kant to Nietzsche.* Manchester: Manchester University Press, 1990.

BOWIE, Andrew. *Aesthetics and Subjectivity: From Kant to Nietzsche.* Manchester: Manchester University Press, 1990.

_____. *From Romanticism to Critical Theory: The Philosophy of German Literary Theory.* London: Routledge, 1997.

BREAZEALE, Daniel. *Fichte: Early Philosophical Writings.* Ithaca, NY: Cornell University Press, 1988.

BUCHWALD, Reinhard. *Schiller.* Wiesbaden, 1954.

CASSIRER, Ernst. "Hölderlin und der deutsche Idealismus", in *Hölderlin: Beiträge zu seinem Verständnis in unserm Jahrhundert,* Alfred Kelletat, ed. Tübingen: Mohr, 1961.

CONSTANTINE, David. *Hölderlin.* Oxford: Clarendon, 1988.

CRAWFORD, Donald. *Kant's Aesthetic Theory.* Madison: University of Wisconsin Press, 1974.

ELDRIDGE, Richard. *The Persistence of Romanticism: Essays in Philosophy and Literature.* Cambridge: Cambridge University Press, 2001.

FICHTE, Johann Gottlieb. *Early Philosophical Writings.* Daniel Breazeale, trad. and ed. Ithaca, NY: Cornell University Press, 1988.

_____. *Science of Knowledge.* Peter Heath and John Lachs, ed. and trans. New York: Meredith, 1970.

_____. *Einführung in die Frühromantische Ästhetik: Vorlesungen.* Frankfurt am Main: Suhrkamp, 1989, English trans. Elizabeth Millán-Zaibert, *The Foundations of Early German Romanticism*. Albany: SUNY Press, 2004.

FRICKE, Christel. *Kants Theorie des reinen Geschmacksurteils*. Berlin: de Gruyter, 1990.

FRIERSON, Patrick R. *Freedom and Anthropology in Kant's Moral Philosophy*. Cambridge and New York: Cambridge University Press, 2003.

GINSBORG, Hannah. *The Role of Taste in Kant's Theory of Cognition*. New York: Garland Press, 1990.

GOTTSCHED, J. C. *Versuch einer Critischen Dichtkunst: Ausgewählte Werke*, eds. Joachim Birke and Birgitte Birke. New York, 1973.

GREGOR, Mary J. *Anthropology from a Pragmatic Point of View*. The Hague: Nijhoff, 1974.

GRENBERG, Jeanine. *Kant and the Ethics of Humility: A Story of Dependence, Corruption and Virtue*. Cambridge: Cambridge University Press, 2005.

GUYER, Paul. "Feeling and Freedom: Kant on Aesthetics and Morality", in *Kant and the Experience of Freedom*. Cambridge: Cambridge University Press, 1993.

_____. *Kant and the Claims of Taste*. Cambridge, MA: Harvard University Press, 1979.

_____. *Kant and the Experience of Freedom: Essays on Aesthetics and Morality*. Cambridge: Cambridge University Press, 1993.

_____. *Kant on Freedom, Law, and Happiness*. Cambridge: Cambridge University Press, 2000.

_____. *Kant's Critique of the Power of Judgment*, ed. New York: Rowman & Littlefield, 2003.

HARRIS, H. S. *Hegel's Development: Toward the Sunlight 1770-1801*. Oxford: Clarendon Press, 1972.

HAYM, Rudolf. *Die Romantische Schule*. Berlin: Gaertner, 1870.

HEIDEGGER, Martin. *Kant and the Problem of Metaphysics*, trans. James S. Churchill. Bloomington: University of Indiana Press, 1962.

HELFER, Martha. *The Retreat of Representation: The Concept of Darstellung in German Critical Discourse*. Albany: State University of New York Press, 1996.

HENRICH, Dieter. *Aesthetic Judgment and the Moral Image of the World*. Stanford: Stanford University Press, 1992.

_____. "Die Einheit der Subjektivität", *Philosophische Rundschau* 3 (1955), "On the Unity of Subjectivity", trans. G. Zöller, in *The Unity of Reason: Essays on Kant's Philosophy*, ed. Richard Velkley, Cambridge, MA: Harvard University Press, 1994.

_____. "Fichte's Original Insight" (in *Contemporary German Philosophy*, ed. Darrell E. Christensen *et al*. University Park, PA: Pennsylvania State University Press, 1982, pp. 15-53).

_____. *Der Grund im Bewußtstein: Hölderlins Denken in Jena (1794-95)*. Stuttgart: Klett-Cotta, 1992.

_____. "Hegel und Hölderlin", in *Hegel im Kontext*. Frankfurt am Main: Suhrkamp, 1987.

_____. "Kant und Hegel", in *Selbstverhältnisse*. Stuttgart: Reclam, 1982.

_____. *Konstellationen: Probleme und Debatten am Ursprung der idealistischen Philosophie (1789-1795)*. Stuttgart: Klett-Cotta, 1991.

HÖLDERLIN, Friedrich. *Essays and Letters on Theory*, trans. and ed. Thomas Pfau. Albany: State University of New York Press, 1988.

_____. "The Ground for 'Empedocles'", in Thomas Pfau, *Friedrich Hölderlin: Essays and Letters on Theory*. Albany: State University of New York Press, 1988.

_____.*Hyperion or the Hermit in Greece*, trans. W. R. Trask. New York: Ungar, 1965.

_____.*On the Law of Freedom*, pp. 33-34.

HUCH, Ricarda. *Die Romantik: Blütezeit, Ausbreitung und Verfall*. Hamburg: Rowholt, 1985 [1951].

JACOBS, B. and KAIN, P. *Essays in Kant's Anthropology*. Cambridge: Cambridge University Press, 2003.

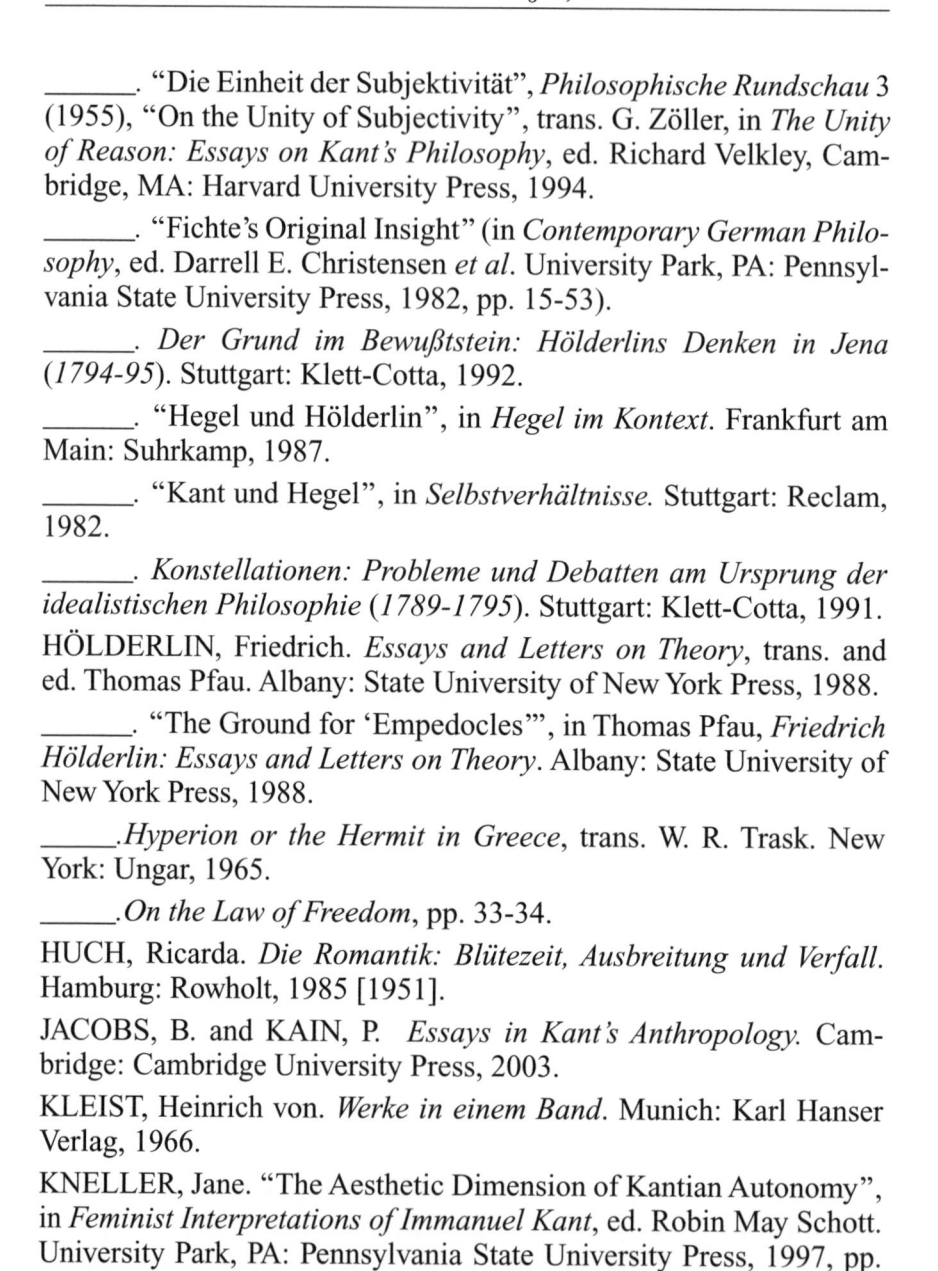

KLEIST, Heinrich von. *Werke in einem Band*. Munich: Karl Hanser Verlag, 1966.

KNELLER, Jane. "The Aesthetic Dimension of Kantian Autonomy", in *Feminist Interpretations of Immanuel Kant*, ed. Robin May Schott. University Park, PA: Pennsylvania State University Press, 1997, pp. 173-189.

_____. "Beauty, Autonomy and Respect for Nature", *L'Esthétique de Kant/Kants Ästhetik/Kant's Aesthetics*. Berlin: de Gruyter, 1995.

_____. "Discipline and Silence: Women and Imagination in Kant's Theory of Taste", in *Aesthetics in Feminist Perspective*, eds. Hilde

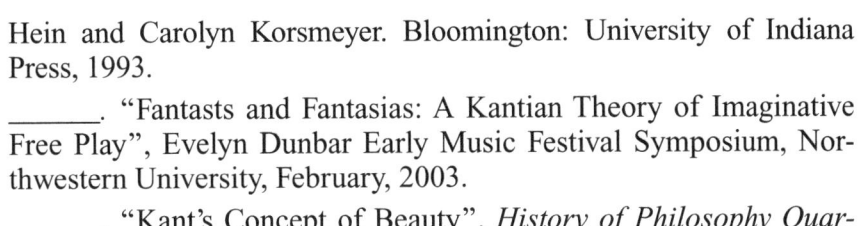

Hein and Carolyn Korsmeyer. Bloomington: University of Indiana Press, 1993.

_____. "Fantasts and Fantasias: A Kantian Theory of Imaginative Free Play", Evelyn Dunbar Early Music Festival Symposium, Northwestern University, February, 2003.

_____. "Kant's Concept of Beauty", *History of Philosophy Quarterly* 3 (1986).

_____. "Kant's Immature Imagination", in *Modern Engendering: Critical Feminist Readings in Modern Western Philosophy*, ed. Bat Ami Bar-on. Albany: SUNY Press, 1994.

_____ (ed.). *Novalis: Fichte Studies*. Cambridge: Cambridge University Press, 2003.

KORSGAARD, Christine M. "Aristotle and Kant on the Source of Value", in *Creating the Kingdom of Ends*. Cambridge: Cambridge University Press, 1996.

KUEHN, Manfred. *Kant: A Biography*. Cambridge: Cambridge University Press, 2001.

LACOUE-LABARTHE, Philippe and NANCY, Jean-Luc trans. Philip Barnard and Cheryl Lester. *The Literary Absolute: The Theory of Literature in German Romanticism*. Albany: State University of New York Press, 1988.

LADD, John. *The Metaphysical Elements of Justice*. New York: Bobbs-Merrill, 1965.

LARMORE, Charles. *The Romantic Legacy*. New York: Columbia University Press, 1996.

LAURSEN, John Christian. "The Subversive Kant: The Vocabulary of 'Public' and 'Publicity'", *Political Theory* 14 (1986).

LEIBNIZ, Gottfried Willhelm, *Philosophische Schriften*, ed. C. I. Gerhardt. Berlin, 1875-90, trans. Leroy Loemker, *Philosophical Papers and Letters*. Chicago: University of Chicago Press, 1956.

LESSING, Gotthold Ephraim. *Briefe, die neueste Literatur betreffend*, 1759, *Werke*, ed. Herbart C. Göpfert. Munich, 1973, V.

_____. *Hamburgische Dramaturgie, Werke*, ed. Herbart C. Göpfert. Munich, 1973, IV.

_____. *Laokoon,* 1766, *Werke*, ed. Herbart C. Göpfert. Munich, 1973, VI.

LONGUENESS, Beatrice. *Kant and the Capacity to Judge: Sensibility and Discursivity in the Critique of Pure Reason*. Princeton: Princeton University Press, 1998.

LOUDEN, Robert B. *Kant's Impure Ethics: From Rational Beings to Human Beings*. New York: Oxford University Press, 2000.

MAKKREEL, Rudolf A. *Imagination and Interpretation in Kant: The Hermeneutical Import of the Critique of Judgment*. Chicago: University of Chicago Press, 1990.

_____. "Imagination and Temporality in Kant's Theory of the Sublime", *Journal of Aesthetics and Art Criticism* 42 [1984], pp. 303-315.

MARTINDALE, Colin. "How Can we Measure a Society's Creativity?", in *Dimensions of Creativity*, ed. Margaret A. Boden. Cambridge, MA: MIT Press, 1996.

MOLNÁR, Geza von. *Novalis' "Fichte Studies": The Foundations of His Aesthetics*. The Hague: Mouton, 1970.

MUNZEL, Felicitas, *Kant's Conception of Moral Character: The "Critical" Link of Morality, Anthropology, and Reflective Judgment*. Chicago: University of Chicago Press, 1999.

NEIMAN, Susan. *The Unity of Reason: Rereading Kant*. Oxford: Oxford University Press, 1994.

NEUBAUER, John. *Novalis*. Boston: Twayne, 1980.

NEUHOUSER, Frederick. *Fichte's Theory of Subjectivity*. Cambridge: Cambridge University Press, 1990.

O'NEILL, Onora. *Constructions of Reason*. Cambridge: Cambridge University Press, 1989.

_____. "Vindicating Reason", chapter 9 of *The Cambridge Companion to Kant*, ed. Paul Guyer. Cambridge: Cambridge University Press, 1992.

PLUHAR, Werner. "*Introduction to Kant's* Critique of Judgment", trans. Werner Pluhar. Indianapolis and Cambridge: Hackett, 1987.

RAWLS, John. *A Theory of Justice*. Cambridge, MA: Harvard University Press, 1971.

REATH, Andrews. "Two Conceptions of the Highest Good in Kant", *Journal of the History of Philosophy* 26 (4) (1988).

RILEY, Patrick. *Kant's Political Philosophy*. Totowa, NJ: Rowman & Littlefield. 1983.

SANTNER, Eric L. *Friedrich Hölderlin: Hyperion and Selected Poems*. New York: Continuum, 1990.

SCHILLER, Friedrich. *On the Aesthetic Education of Man, in a Series of Letters*, trans. Elizabeth M. Wilkinson and L. A. Willonghby. Oxford: Oxford University Press, 1967.

SCHLEUNING, Peter. *The Fantasia: 16th to 18th Centuries (I)*, trans. A. C. Howie. Cologne: Arno Volk Verlag, 1971.

SCHMIDT, James (ed.). *What is Enlightenment? Eighteenth Century Answers and Twentieth Century Questions*. Riverside: University of California Press, 1996.

SCHOTT, Robin May. *Cognition and Eros: A Critique of the Kantian Paradigm*. Boston: Beacon Press, 1988.

_____. "The Gender of Enlightenment", in *Feminist Interpretations of Immanuel Kant*. University Park, PA: Pennsylvania State University Press, 1997.

SCHULZ, Gerhard. *Fichte-Studien*, in *Novalis Werke*. Munich: Beck, 1969.

SEYHAN, Azade. *Representation and Its Discontents: The Critical Legacy of German Romanticism*. Berkeley: University of California Press, 1992.

SILBER, John R. "Kant's Conception of the Highest Good as Immanent and Transcendent", *Philosophical Review* 68 (1959).

SMITH, Norman Kemp. *Critique of Pure Reason*. New York: St. Martin's Press, 1929.

TUGENDHAT, Ernst. *Self-Consciousness and Self-Determination*, trans. Paul Stern. Cambridge, MA: MIT Press, 1986.

UERLINGS, Herbert. *Friedrich von Hardenberg, genannt Novalis: Werk und Forschung*. Stuttgart: Metzler, 1991.

VAN DER LINDEN, Harry. *Kantian Ethics and Socialism*. Trans. Paul Sten. Indianapolis: Hackett, 1988.

VELKLEY, Richard. *Freedom and the End of Reason: On the Moral Foundations of Kant's Critical Philosophy*. Chicago: University of Chicago Press, 1989.

_____ (ed.). *The Unity of Reason*. Cambridge, MA: Harvard University Press, 1994.

WILSON, Holly L. "A Gap in American Kant Scholarship: Pragmatic Anthropology as the Application of Kantian Moral Theory", in *Akten* des Siebten Internationalen Kant-Kongresses, ed. G. Funke. Bonn: Bouvier, 1991.

_____. *Kant's Pragmatic Anthropology*. Albany, NY: State University New York Press, 2006.

WOOD, Allen. *Self and Nature in Kant's Philosophy*. Ithaca, NY: Cornell University Press, 1984.

_____. *Kant's Ethical Thought*. Cambridge: Cambridge University Press, 1999.

WOOD, David. *Notes for a Romantic Encyclopedia*: *The Universal Brouillon*. Albany: State University of New York Press, 2007.

YOVEL, Yirmiyahu. *Kant and the Philosophy of History*. Princeton: Princeton University Press, 1980.

ZAMMITO, John. *The Genesis of Kant's Critique of Judgment*. Chicago: University of Chicago Press, 1992.

_____. *Kant, Herder and the Birth of Anthropology*. Chicago: University of Chicago Press, 2002.

ZWEIG, Arnulf. *Kant: Philosophical Correspondence 1759-99*. Chicago: University of Chicago Press, 1967.

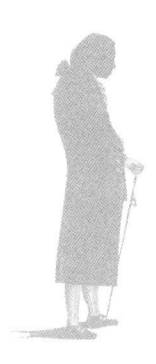

Índice remissivo

A

absoluto, o (o incondicional) 27, 193
alemã 7, 9, 11, 27, 31, 48, 49, 51, 52, 54, 116, 140, 161, 173
alienação 45, 99, 102, 103, 104, 105, 108, 109, 155, 158
Allison, Henry 184
Ameriks, Karl 184
amor 22, 24, 79, 80, 81, 83, 84, 85, 132, 135, 137, 138, 151
antropologia 28, 32, 35, 126, 136
Arendt, Hannah 184
arte 9, 13, 16, 24, 27, 48, 49, 50, 51, 52, 53, 54, 55, 56, 65, 67, 68, 73, 76, 81, 82, 83, 85, 103, 104, 119, 121, 139, 154, 157, 158, 160, 166, 167, 172, 173, 174, 176, 177, 181
autoconhecimento 100, 130, 142, 143, 144, 146, 150, 153, 157, 161, 164, 167, 171
autoconsciência 42, 47, 144, 145, 146, 147, 148, 150, 151, 158, 159, 164, 165
autonomia 20, 49, 53, 54, 55, 71, 88, 89, 92, 95, 104, 107, 120, 133
autonomia racional 92
autoposicionamento (Tathandlung, "fato-ato") 146, 148, 153
Auxter, Thomas 185

B

Baier, Kurt 185
Bauemler, Alfred 185
Baumgarten, Alexander G. 185
Behler, Ernst 185
Beiser, Frederick 185
Bernstein, Jay 186

Bodmer e Breitinger 24, 51, 52
Bowie, Andrew 186

C

Cassirer, Ernst 186
como disciplina 50
comunicabilidade universal 24, 73, 76
comunidade 17, 18, 19, 20, 29, 65, 67, 69, 72, 137
concepção romântica da mente 148
consciência 11, 12, 36, 37, 43, 47, 62, 89, 112, 117, 141, 142, 144,
    145, 146, 147, 148, 153, 155, 156, 157, 163, 164, 166, 168,
    169, 170, 171, 174, 176, 177, 180
criatividade filosófica (Kant) 178
criativo 22, 64, 66, 68, 130, 138, 169, 172, 174, 179, 180, 182

D

da imaginação 5, 9, 10, 11, 12, 13, 15, 20, 21, 22, 23, 24, 25, 26, 27,
    28, 35, 42, 43, 46, 48, 49, 51, 54, 56, 64, 65, 66, 67, 68, 71,
    104, 111, 112, 113, 114, 115, 116, 118, 119, 120, 121, 122,
    123, 124, 125, 128, 129, 134, 135, 138, 139, 142, 166, 169,
    171, 173, 174, 177, 178, 179, 180, 181, 182
Darstellung 13, 66, 187
desinteresse / prazer desinteressado 5, 20, 24, 73, 75, 101
direto 18, 68, 74, 75, 76, 77, 78, 79, 80, 81, 82, 85, 109, 110, 168
doutrina 10, 26, 61, 73, 75, 99, 105, 107, 124, 141, 150, 153, 154,
    166, 171

E

e a imaginação 10
e a metafísica 96
Eldridge, Richard 186
e liberdade 29, 47, 100, 152
elitismo (moral, filosófico) 129
em Hölderlin 152, 155, 156
em Kant 10, 11, 16, 17, 20, 21, 30, 48, 57, 59, 63, 64, 65, 81, 87,
    95, 103, 105, 110, 124, 143, 166, 174
em Novalis 26, 28, 147, 149, 159, 161, 169
empírico 35, 36, 65, 67, 74, 75, 76, 89, 90, 128, 143, 159, 179, 180
"enfraquecimento do sujeito" 14

entusiasmo/ entusiasta 26, 42, 68, 115, 121, 126, 127, 128, 133, 135, 137, 138, 140, 154, 156
estética 5, 7, 9, 10, 11, 13, 16, 17, 20, 21, 22, 24, 25, 26, 27, 28, 29, 31, 32, 40, 45, 46, 48, 49, 50, 51, 52, 53, 54, 55, 56, 67, 70, 71, 72, 73, 77, 78, 79, 84, 85, 86, 87, 91, 101, 104, 109, 121, 122, 125, 129, 130, 133, 135, 138, 139, 142, 152, 153, 155, 160, 165, 167, 172, 173, 180
Estudos sobre Fichte 31, 160, 161, 166, 168, 171
Estudos sobre Kant 160, 162, 165

F

faculdade mediadora 20
fantasia, 130, 176, 178, 179
Fichte, Johann Gottlieb 186
filosofar 26, 37, 38, 48, 114, 131, 149, 150, 162, 165, 168
filosofia (diferente do filosofar)
  7, 9, 13, 14, 15, 16, 18, 21, 22, 23, 25, 26, 27, 28, 30, 31, 32, 34, 36, 37, 38, 42, 44, 45, 47, 48, 49, 51, 57, 58, 59, 63, 68, 70, 71, 72, 81, 85, 86, 87, 89, 90, 96, 97, 98, 99, 100, 101, 102, 103, 104, 108, 110, 111, 112, 113, 114, 115, 116, 117, 119, 122, 132, 134, 139, 140, 141, 142, 143, 145, 146, 147, 149, 150, 157, 158, 159, 160, 161, 163, 165, 167, 168, 172, 182
final 10, 11, 21, 26, 41, 44, 45, 46, 52, 53, 56, 60, 92, 93, 94, 95, 96, 99, 112, 143, 157, 172, 174
Fricke, Christel 187
Frierson, Patrick 187

G

gênio 11, 24, 27, 53, 82, 83, 85, 104, 130, 171, 172, 173, 174, 180, 181
Ginsborg, Hannah 187
gosto 10, 12, 15, 16, 20, 22, 24, 26, 41, 48, 50, 54, 55, 66, 71, 73, 74, 75, 76, 80, 81, 82, 84, 85, 99, 119, 120, 121, 123, 125, 134, 172, 173
Gottsched, J. C. 187
Grenberg, Jeanine 187
Guyer, Paul 187

H

Haym, Rudolf 187

Heidegger, Martin 187
Heinrich von Ofterdingen 150
Helfer, Martha 187
Henrich, Dieter 187
Hölderlin, 26, 142, 147, 152, 153, 154, 155, 156, 157, 160, 188
Homero 130
Hyperion 153, 154, 155, 156, 188, 191

I

ideais/ ideação inconsciente 24, 127, 133, 166, 181
Idealismo alemão 28, 140
ideia/ ideação inconsciente 8, 10, 13, 30, 35, 39, 41, 49, 59, 63, 66,
    67, 78, 92, 93, 98, 112, 118, 121, 122, 123, 124, 134, 135, 150,
    162, 164, 171, 173, 174, 176
imaginação, 12, 35, 43, 48, 50, 51, 56, 64, 65, 67, 72, 101, 111, 113,
    115, 117, 118, 119, 120, 121, 122, 129, 130, 139, 167
improviso 175
indireto 74, 79, 82
influência de Kant 12
intelectual 36, 43, 75, 76, 77, 78, 79, 81, 84, 85, 96, 111, 124, 131,
    132, 134, 135, 137, 142, 145, 146, 147, 152, 153, 161, 164,
    168, 169
interesse 16, 17, 20, 23, 24, 48, 54, 56, 68, 71, 73, 74, 75, 76, 77,
    78, 79, 80, 81, 82, 83, 84, 85, 86, 87, 97, 106, 107, 109, 110,
    123, 124, 128, 134, 135, 162
intuição 12, 13, 14, 34, 36, 47, 48, 65, 66, 116, 117, 118, 122, 123,
    137, 142, 145, 146, 147, 148, 149, 152, 153, 161, 163, 164,
    168
irracionalista 27, 33

J

Jacobi 30, 68
juízos 10, 12, 15, 20, 22, 24, 49, 50, 54, 55, 56, 71, 73, 75, 80, 85,
    101, 117, 118, 119, 120, 124, 125, 134, 177
juízos de gosto 15, 20, 22, 54, 73

K

Kant 1, 3, 4, 5, 6, 7, 8, 9, 10, 11, 12, 13, 14, 15, 16, 17, 18, 19, 20,
    21, 22, 23, 24, 25, 26, 27, 28, 29, 30, 31, 32, 33, 34, 35, 36, 37,
    38, 39, 40, 41, 42, 43, 44, 45, 46, 47, 48, 49, 50, 51, 53, 54, 55,

56, 57, 58, 59, 60, 61, 62, 63, 64, 65, 66, 67, 68, 69, 70, 71, 72,
73, 74, 75, 76, 77, 78, 79, 80, 81, 82, 83, 84, 85, 86, 87, 88, 89,
90, 91, 92, 93, 94, 95, 96, 97, 98, 99, 100, 101, 102, 103, 104,
105, 106, 107, 108, 109, 110, 111, 112, 113, 114, 115, 116,
117, 118, 119, 120, 121, 122, 123, 124, 125, 126, 127, 128,
129, 130, 131, 132, 133, 134, 135, 136, 137, 138, 139, 140,
141, 142, 143, 144, 152, 153, 156, 157, 158, 159, 160, 161,
162, 163, 164, 165, 166, 167, 169, 171, 172, 173, 174, 175,
176, 177, 178, 179, 180, 181, 182, 183, 184, 185, 186, 187,
188, 189, 190, 191, 192, 193, 201
Kant sobre o 12, 15, 26, 90, 103, 117, 119, 120, 124, 128, 139, 167
Korsgaard, Christine 189

L

Larmore, Charles 189
Laursen, John Christian 189
Lessing, Gotthold Ephraim 189
Lessing sobre o 173
liberdade 5, 11, 12, 14, 17, 20, 21, 23, 24, 27, 28, 29, 30, 39, 40, 46,
    47, 48, 49, 52, 53, 54, 55, 56, 57, 59, 63, 64, 66, 67, 68, 69, 70,
    71, 89, 94, 95, 97, 99, 100, 102, 103, 104, 110, 120, 121, 130,
    141, 142, 152, 160, 169, 173, 174, 175, 176, 179, 180
liberdade de (liberdade imaginativa)
  56, 59, 175, 176, 180
logaritimização 37
Longueness, Beatrice 190
Louden, Robert B. 190

M

Makkreel, Rudolf 190
Martindale, Colin 190
metafísica 22, 24, 25, 26, 35, 42, 58, 61, 70, 86, 93, 96, 97, 98, 99,
    100, 105, 107, 115, 128, 129, 131, 132, 133, 134, 135, 137,
    138, 159, 160, 162, 163, 166
metafísico 42, 100, 124, 133, 135, 160, 164, 166, 167, 180
metodológica 16, 25, 58, 87, 90, 97, 98, 115
moral/ prática 13, 14, 16, 17, 18, 19, 20, 22, 23, 24, 25, 26, 27, 29,
    31, 36, 37, 38, 40, 41, 44, 45, 46, 47, 48, 49, 53, 54, 55, 56, 57,
    58, 59, 60, 61, 62, 63, 64, 65, 66, 67, 68, 70, 71, 72, 73, 74, 75,
    76, 77, 78, 79, 80, 81, 83, 84, 85, 86, 87, 89, 90, 93, 94, 95, 97,

98, 99, 100, 101, 102, 103, 104, 105, 107, 108, 109, 110, 115, 119, 120, 123, 124, 125, 126, 127, 128, 129, 130, 131, 133, 134, 135, 136, 137, 138, 141, 142, 143, 144, 152, 159, 166, 169, 180
Munzel, Felicitas 190

N

na arte 51, 52, 68, 121, 139, 157, 166, 181
natural (da natureza) 17, 19, 26, 37, 38, 40, 41, 43, 47, 56, 57, 59, 62, 64, 66, 71, 76, 77, 78, 79, 82, 83, 85, 98, 100, 105, 108, 127, 129, 133, 135, 141, 157, 164, 171, 173, 174, 176, 177, 178, 179
naturalista 35, 177
natureza 11, 15, 17, 18, 20, 21, 23, 24, 25, 26, 27, 34, 35, 37, 38, 39, 40, 41, 42, 43, 45, 47, 48, 50, 51, 54, 55, 56, 59, 61, 64, 65, 67, 68, 69, 70, 71, 73, 74, 75, 76, 77, 78, 79, 80, 81, 82, 83, 84, 85, 90, 91, 92, 93, 94, 95, 97, 98, 99, 101, 102, 103, 104, 105, 107, 108, 109, 110, 111, 113, 115, 117, 118, 119, 122, 123, 126, 130, 135, 136, 137, 141, 142, 143, 144, 149, 150, 154, 156, 157, 160, 167, 169, 170, 172, 173, 175, 176, 177, 179, 180, 181
Novalis, 15, 16, 26, 27, 28, 31, 33, 37, 43, 72, 142, 146, 147, 148, 149, 150, 151, 155, 160, 161, 164, 165, 166, 167, 168, 171, 179, 180, 181, 182, 183
Novalis sobre o 167, 168

O

O'Neill, Onora
 190
original/ intelectual 14, 32, 41, 91, 112, 120, 137, 142, 147, 150, 151, 164, 166, 177, 180, 181, 183

P

para Fichte 141, 142, 143, 144, 171
para Novalis 23, 33, 38, 147, 148, 149, 151, 159, 161, 165, 166, 167, 168, 179, 180
patológico, 83
pela natureza 79, 80, 81, 82, 83, 84, 135, 136, 137
perigoso 33, 128, 135, 162, 181
Platão 37, 127, 130, 135, 137, 152

Pluhar, Werner 190
potencializar (Potenzierung)
    150
prática 12, 14, 19, 21, 25, 31, 36, 39, 43, 44, 45, 47, 54, 56, 57, 58,
    59, 60, 61, 63, 64, 68, 74, 86, 87, 88, 89, 90, 92, 93, 94, 95, 96,
    97, 98, 99, 100, 102, 103, 104, 105, 106, 107, 108, 109, 110,
    127, 128, 132, 133, 134, 139, 141, 143, 144, 150, 160, 165,
    183
prazer 12, 24, 35, 40, 42, 73, 74, 75, 76, 77, 79, 80, 81, 92, 95, 98,
    99, 101, 119, 133, 134, 135, 136, 137, 155, 172, 175
primazia da 21, 25, 44, 86, 89, 90, 92, 97, 99, 102, 103, 105, 106,
    107, 108, 110, 112
princípio de 89, 90, 118, 141, 153
problema da razão 44, 90, 100, 101
produtiva 13, 55, 65, 116, 117, 180
propósito/ finalidade
    17, 19, 40, 41, 47, 54, 56, 60, 76, 78, 93, 94, 95, 108, 109, 116,
    118, 121, 129, 132, 135, 137, 172, 176, 177, 178

R

razão 10, 12, 13, 14, 18, 19, 21, 24, 25, 34, 36, 40, 41, 43, 44, 45,
    46, 47, 48, 49, 50, 51, 53, 54, 56, 57, 58, 59, 60, 61, 62, 63,
    64, 65, 66, 67, 68, 71, 72, 73, 74, 76, 77, 78, 79, 80, 84, 85, 86,
    87, 88, 89, 90, 91, 92, 93, 94, 95, 96, 97, 98, 99, 100, 101, 102,
    103, 104, 105, 106, 107, 108, 109, 110, 112, 113, 114, 115,
    121, 122, 123, 124, 125, 127, 128, 129, 130, 131, 132, 134,
    135, 136, 138, 140, 141, 143, 144, 151, 157, 161, 162, 164,
    165, 167, 168, 169, 179, 181, 182
razão prática 12, 21, 25, 36, 44, 47, 54, 56, 57, 59, 60, 61, 64, 86,
    87, 88, 89, 90, 92, 93, 95, 96, 97, 98, 99, 103, 104, 105, 106,
    107, 108, 109, 127, 128, 141, 143, 144, 165
reflexão estética 5, 20, 25, 29, 45, 48, 54, 78, 85, 86, 87, 101, 104,
    130, 135, 180
reflexivo 11, 12, 21, 22, 25, 35, 39, 40, 54, 55, 66, 69, 77, 78, 80,
    81, 83, 85, 90, 91, 92, 94, 95, 96, 109, 117, 118, 119, 132, 134,
    135, 147, 149, 168
regras 10, 11, 17, 51, 52, 53, 83, 112, 130, 131, 172, 173, 176
reprodutiva 116
revolução 31, 38, 68, 69, 88, 102, 103, 126, 167
Revolução Francesa 7, 69, 125

Riley, Patrick 190
romance, o (der Roman), - 156
romantismo alemão 9, 15, 21, 22, 28, 48, 157, 160
romantismo de Kant 6, 26, 158
romantizar 32, 33

S

Santner, Eric 191
Schleuning, Peter 191
Schmidt, James 191
Schott, Robin May 191
senso comum/ sensus communis 68
sentimentos 24, 41, 52, 56, 62, 65, 79, 83, 84, 95, 104, 131, 139
Silber, John R. 191
si mesmo absoluto (conhecimento)
   146, 163
sistemática 18, 34, 38, 43, 47, 50, 53, 57, 102, 107, 142, 144, 152
sociabilidade 17, 75, 136
subordinada 22, 87, 106
sumo bem / summum bonum
   18, 49, 57, 58, 59, 62, 63, 64, 65, 67, 68, 70, 71, 72, 77, 78, 105,
      107, 124, 125, 132, 180

T

teleologia/ juízo teleológico
   17, 101
"teodiceia da razão" 44, 100
Tugendhat, Ernst 191

U

unidade da 26, 40, 41, 45, 76, 103, 111, 112, 123, 154

W

Wilson, Holly 191
Wood, Allen 192
Wood, David 192

Y

Yovel, Yirmiyahu 192